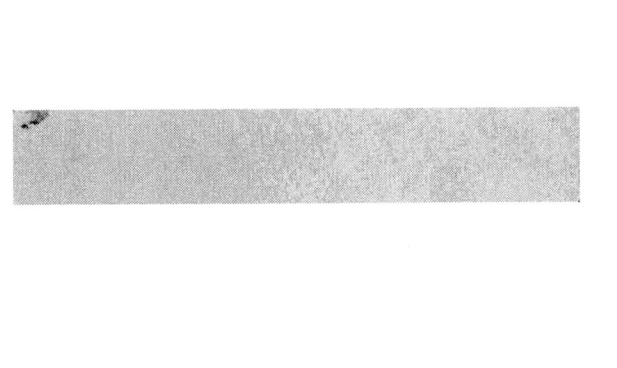

שַׁעַר הָרִאשׁוֹן
אֶל לְשׁוֹן הַקֹּדֶשׁ

ספֶר הַדִּקְדוּק
בִּלְשׁוֹן עִבְרִי וּבְעֶנְגְלִישׁ:

A

HEBREW GRAMMAR,

IN THE

ENGLISH LANGUAGE,

BY

JOSEPH SAMUEL C. F. FREY,

EDITOR OF VAN DER HOOGHT'S

Hebrew Bible.

LONDON:
PUBLISHED FOR THE AUTHOR,
By Gale, Curtis, and Fenner, *Paternoster Row.*

Printed and Sold by B. R. GOAKMAN, at the London Society's Office,
9, Church Street, Spitalfields.

Replacing 7832

A

HEBREW GRAMMAR,

ENGLISH LETTERS,

BY

JOSEPH SAMUEL C. F. FREY,

LONDON:

PREFACE.

THE knowledge of different Languages has ever been considered the only genuine key to the records of History and the learning of past ages.

The Greek and Latin, amongst the more ancient Languages, have each their peculiar advantages, which have been estimated by the learned of all countries. Of late years, the Arabic, Persian, and other Eastern Tongues, have also been studied with considerable success, and great augmentation to the general stores of Literature. But to the Scholar, to the Christian, and more especially to the Minister of the Gospel, the acquirement of the Hebrew Language, it being that in which the Old Testament was originally written, presents itself with peculiar force and propriety, as an object very greatly to be desired.

At the present enlightened period of the world, and in the happy Country in which we live, where zealous endeavours are making to promote the conversion of the Jews, it might be urged that the *Hebrew Language*, if well understood, rightly pronounced,* and brought into use, for that purpose, might be most efficacious to prove, from Moses and the Prophets, that Jesus is the Christ.

There are, however, comparatively, but very few persons, who have a knowledge of the Old Testament in the Original Tongue: one cause of which, may be the *want* of *suitable Grammars;* those in use, being, in general, either so bulky as to exhaust the strength and patience of the student, or so intricate as to perplex and bewilder him; and there are yet others, which in order to avoid these evils, are so short that they fail entirely of conveying the desired instruction. There are, indeed, a few which are in some measure free from these defects; but, being written in Latin, they are to the generality of readers, sealed up and useless. Thus many persons who, from love and veneration to the Bible, would gladly study *Hebrew,* are either afraid to begin, or are soon wearied with the task.

A consideration of these several circumstances, has led the Author to revise and enlarge the present Work, originally composed for the instruction of the Students in the Missionary Seminary at Gosport; and, for a number of years together, it has been his study to improve, from every source of which he could avail himself in the Hebrew,

* If Christian Preachers were sensible of the good or bad effect produced upon the minds of the Jews, according as they pronounce the Hebrew Language correctly, they would think no time too long and no pains too great, to acquire the correct and accurate Pronunciation. This Note is particularly worthy the consideration of the Anti-Punctuists.

Latin, English, and German Languages, and to render it as *simple*, yet, at the same time, as *comprehensive* as possible.

From the office of Hebrew Teacher, which the Author sustained amongst his own Nation, and from the numerous Pupils he has since had amongst Christians, he has had opportunities of trying and altering the Rules as long as the Pupils met with any difficulty, and he humbly hopes, he has, in some measure, succeeded in opening a way to obtain the knowledge of this most ancient and Sacred Language, in less time, and with far less difficulty and perplexity than any other Language, whether ancient or modern. This Grammar is divided into distinct chapters, and each chapter followed by exercises according to the preceding rules, that practice and theory might go hand in hand. And to make the Student perfect in the right pronunciation of the language, the Author has given the pronunciation of the Hebrew words in English throughout the work.

The Author cannot let this opportunity pass without expressing his grateful thanks to the Subscribers of his Hebrew Bible, for the great encouragement afforded him, though a stranger and foreigner in the land, in the publication of that work; and it will ever give him pleasure, to render to the Christian every assistance in his power, to make the study of this language, certainly one of the most ancient, as plain and easy as possible. A regular series of Hebrew Exercises through all the parts of Speech, agreeable to the Rules of this Grammar, are nearly ready for the Press; and a Lexicon containing all the Roots in the Hebrew Language, will appear in the last Part of the Bible, and soon after, if the Author's life be spared, the Public may expect a Hebrew Dictionary, on an entire new Plan, in Two Parts; the first containing, under one Alphabet, all the primitives, and every derivative, with its prefixes, suffixes, and divers variations, with the English pronunciation and signification; and the second, the principle words in the English language, with a Hebrew Translation.

Notwithstanding the greatest care and attention, a few Typographical errors, chiefly in the points have been discovered, which the Reader will have the goodness to pardon and correct.

London:
Mount Street, Whitechapel Road.
May—1813.

THE AUTHOR.

CONTENTS.

ERRATA

Page.	Rule.			
3	10	Gutterals	Read	Gutturals
—	—	Deuntals	—	Dentals
7	19	Gutterals	—	Gutturals
8	21	גלוי	—	גָלוי
—	—	גוי	—	גּוי
—	23	חזק	—	חזק
9	26	דרכי	—	דרכי
—	27	Gutterals	—	Gutturals
11		Mu-nooch	—	Moo-nach
27	Chap. 5.	rticle	—	Article
		Widom	—	Wisdom
29	41	ציון	—	ציון
—		ולנקבה	—	וְלנקבה
32		הבל	—	חבל
34		גדי	—	גדי
36	Regimen sing.	אֲבִי	—	אֲבִי
—	Ditto.	אַחִי	—	אַחִי
—		עֲרִי	—	עָרֵי
38		זֵהָב	—	זָהָב
39		כנוים	—	כנוים
47	7	התלמד	—	התלמד
59	Imperative pl.	תלמידי	—	הלמידו
		תלמדנה	—	הלמדנה
61	Infinitive	הלמד	—	הלמד
63	Imperative sing.	התלמדו	—	התלמד
	pl.	התלמדו	—	התלמדו
64		ספר	—	ספר
66	77	נת	—	נתן
70	Hiphil	התגשם	—	הגשתם
71	Ditto.	המציאה	—	המציאה
—	Ditto.	הגלה	—	הגלה
81	Under the מ pl. of	מ למד	—	מ
84	Paool	למודתך	—	למודתך
94	107	כפרעֹ	—	כפרעה
96	115	ו Waw	—	נ Noon

THE

HEBREW GRAMMAR

In English.

CHAPTER I.

אותיות *O-THI-YOTH.—Letters or Alphabet.*

1. The Hebrew letters are twenty two* in number, see Col. 2.

2. But there are five letters (Col. 1.) called by the same name as those opposite (Col. 2.) with the addition of the word *final*, because they are used only at the end of a word, whilst the others are used in the beginning and middle only.

3. In pronouncing the names in Col. 4. (and whenever the pronunciation of a Hebrew word is given in English letters) be very careful to sound the letter *a* like *a* in *Father*, the letter *e* like *e* in *Men*, and the letter *i* like *i* in *it*. The Student must be particularly cautious in pronouncing the letter *i*, not to sound it like *i* in *Time*.

---

* That the present number and order of letters, in the Hebrew alphabet, are the same as those used during the reign of David and Solomon, is evident from several of the Psalms, especially the cxix. from Prov. xxxi. 10, throughout, where the verses begin alphabetically, and also from the Lamentations of Jeremiah.

4. Reading will be greatly facilitated if the corresponding letters (Col. 5.) are well remembered.

Note. A-leph and A-yin have no corresponding letter.

5. The letters are used as numerals, and increase in units from א to י, in tens from כ to ק, and in hundreds from ר to ת, see Col. 6.

6. the numerals 11, 12, 21, 22, &c. are formed by placing the tens to the right and the units to the left as יא 11, יב 12, כא 21, כב 22, לא 31, &c.

Exception. The numerals יה 15 and יו 16 are placed thus טו 15 טז 16 because the preceding form is a part of the sacred name יְהֹוָה Ye-ho-wah.

7. The numerals from 500 and upwards are expressed in the following manner תק or ך 500. תר or ם 600. תש or ן 700. תת or ף 800. תתק or ץ 900. א 1000. ב 2000.*

Hebrew words are never divided so as to have one

* The Hebrews count their time from the creation of the world, and the present is with them the year 5572. (1812) This is called פְּרַט גָּדוֹל Pe-rat Ga-dol, i. e. the great or full number. In general the Millenary number is omitted, as בִּשְׁנַת תִּקְעַב לפ״ק i. e. in the year 572 according to the smaller reckoning. The date of Hebrew books is placed at the bottom of the title page, where the Student will observe a line in which certain letters are of a larger size, these must be counted and their number united will give the date of the year when the book was printed, as בשנת לישע עמך לישע. את משיחך the sum of these letters (א 1, מ 40, ש 300, י 10, ח 8, and ך 20,) shews that the book was printed in the year of the Jewish Æra 379. i. e. A. C. 1619.

part of the word at the end of one line and the other part at the beginning of the next. To fill up the line the following letters are, in print, made large ת ם ל ה א and in MS. these also are used ך ק נ כ ח ד ב. Sometimes a letter at the end of the line is inverted.

9. Carefully observe the difference between the letters in Col. 7.

10. The letters are divided into five classes according to the organs by which they are formed as,

Gutterals or throat letters		-	אֲהַחַע	A-ha-cha
Labiales	— Lip	- -	בּוּמַף	Boo-maph
Palati	— Palate	- -	גִּיכַק	Gi-chack
Linguales	— Tongue	- -	דַּטְלַנַת	Dat-la-nath
Deutales	— Teeth	- -	זַסְצְרַשׁ	Zas-tze-rash

11. Letters formed by the same Organ frequently change one with the other*

12. The letters אֶהֱוִי E-he-vi also change often one with the other,† and because their sound is but little heard in pronunciation, they are frequently omitted, in which case the word is called חָסֵר cha-sar i. e. deficient, and on the contrary they are sometimes unnecessarily inserted and the word called מָלֵא Ma-lay i. e. full.

---

* פָּדָה for פָּדַע, כּוֹבַע for קוֹבַע, בָּזַר for פָּזַר, פַּרְוָר for פַּרְבָּר, טָעָה for תָּעָה, צָחַק for שָׂחַק, צָעַק for זָעַק, זָבַח for טָבַח, עָלַז for עָלַס or עָלַץ, סוּר for שׂוּר.

† אַשְׁכִּים for הִשְׁכִּים, קָנִיתִי for קָנַהְתִּי, תֹּאסִיפוּן for תּוֹסִיפוּן, תַּאֲמִינוּ for תַּיְמִינוּ, וְקִיו for וְקָאוּ, עִירֹה for עִירוֹ, הָיָה for הָוָה, רָפָה for רָפָא.

TABLE I.

THE ALPHABET.							
1.	2.		3.	4.	5.	6.	7.
Final Letters.	Figure or Form.		Rabbinical Letters.	Names.	Corresponding Roman Letters.	Numerical Power.	Similarly formed.
	א	1	א	אָלֶף Aleph	- - -	1	
	בּ ב	2	ב	בֵּית Bayth	B or V	2	ב כ נ
	ג	3	ג	גִּמֶל Gimmel	G	3	ג נ
	ד	4	ד	דָּלֶת Daleth	D	4	ד ר ך
	ה	5	ה	הֵיא Hay	H	5	ה ח ת
	ו	6	ו	וָו Wav	W or V*	6	
	ז	7	ז	זַיִן Za-yin	Z	7	
	ח	8	ח	חֵית Cheth	Ch	8	
	ט	9	ט	טֵית Teth	T	9	ט מ
	י	10	י	יוֹד Yood	Y	10	י ז ו ן
ך	כּ כ	11	כ ך	כַּף Caph	K or Ch	20	
	ל	12	ל	לָמֶד Lamed	L	30	
ם	מ	13	מ ם	מֵם Mem	M	40	ם ס
ן	נ	14	נ ן	נוּן Noon	N	50	
	ס	15	ס	סָמֶךְ Samech	S	60	
	ע	16	ע	עַיִן A-yin	- - -	70	
ף	פּ פ	17	פ ף	פֵּי Pay	P or Ph	80	
ץ	צ	18	צ ץ	צָדֵי Tzaday	Tz	90	ע צ
	ק	19	ק	קוֹף Kooph	K	100	
	ר	20	ר	רֵישׁ Raish	R	200	
	שׁ שׂ	21	ש	שִׁין Sheen שִׂין Seen	Sh or S	300	ש ש
	תּ ת	22	ת	תָּו Tav	T or Th	400	

* ו without a vowel is V.

EXERCISE I.

LETTERS ONLY.

בראשית ברא אלהים את השמים ואת הארץ והארץ
היתה תהו ובהו וחשך על־פני תהום ורוח אלהים
מרחפת על־פני המים ויאמר אלהים יהי אור ויהי־אור
וירא אלהים את־האור כי־טוב ויבדל אלהים בין האור
ובין החשך ויקרא אלהים לאור יום ולחשך קרא לילה
ויהי־ערב ויהי־בקר יום אחד פ

ויאמר אלהים יהי רקיע בתוך המים ויהי מבדיל בין מים
למים ויעש אלהים את־הרקיע ויבדל בין המים אשר
מתחת לרקיע ובין המים אשר מעל לרקיע ויהי־כן ויקרא
אלהים לרקיע שמים ויהי־ערב ויהי־בקר יום שני פ

ויאמר אלהים יקוו המים מתחת השמים אל־מקום אחד
ותראה היבשה ויהי־כן ויקרא אלהים ליבשה ארץ
ולמקוה המים קרא ימים וירא אלהים כי־טוב ויאמר
אלהים תדשא הארץ דשא עשב מזריע זרע עץ פרי
עשה פרי למינו אשר זרעו־בו על הארץ ויהי־כן ותוצא
הארץ דשא עשב מזריע זרע למינהו ועץ עשה פרי אשר
זרעו־בו למינהו וירא אלהים כי־טוב ויהי ערב ויהי־
בקר יום שלישי פ

ויאמר אלהים יהי מארת ברקיע השמים להבדיל בין
היום ובין הלילה והיו לאתת ולמועדים ולימים ושנים
והיו למאורת ברקיע השמים להאיר על־הארץ ויהי

CHAP. II.

נְקוּדוֹת *Ne-koo-doth*—*Points.*

13. The various Characters, besides the Letters, are explained in the following Sections.

Section I. תְּנוּעוֹת *Te-noo-oth*—Vowels.

14. The Vowels are Ten in number.

1. Five long. תְּנוּעוֹת גְּדוֹלוֹת Te-noo-oth Ge-do-loth, or אָבוֹת A-voth.

קָמֵץ	Ka-maitz	דָ*	as	*a*	in	Father
צֵירֵי	Tzai-ray	דֵ	-	*ay*	-	Hay
חִירֶק	Chi-rik	דִי	-	*i*	-	It
חוֹלָם	Cho-lom	דֹ	-	*o*	-	Lo
שׁוּרֶק / מְלוּפּוּם	Shoo-raik or Me-looph-poom	וּ	-	*oo*	-	Boot

2. Five short. תְּנוּעוֹת קְטַנּוֹת Te-noo-oth Ke-tan-noth תּוֹלָדוֹת To-le-doth.

פַּתַח	Pa-thach	דַ	as	*a*	in	Art
סֶגוֹל	Se-gol	דֶ	-	*e*	-	Men
חִירֶק	Chi-rik	דִ	-	*i*	-	In
קִבּוּץ	Kiv-bootz	דֻ	-	*u*	-	Must
שְׁוָא	Shewa	דְ	-	*e*	-	Below

15. The long chirik is distinguished from the short by a י following it, as לִי li.

---

* The letter ד is used merely to shew the position of the vowel.

Excep. Chirik without a י in the last syllable, having an accent, or in the middle of a word, not followed by (ְ) shewa or dagesh, is a long chirik, as דָּוִד Da-vid, נְפִלִים Ne-phi-lim.

16. Cholom is sometimes without a ו, as לֹא Lo. When it precedes a שׁ its place is supplied by the dot upon the שׁ, as מֹשֶׁה Mo-she. When שׂ has no vowel its own dot serves as a cholom, as שֹׂנֵא So-nay.

17. The ו which bears the cholom or shooraik is not sounded except it has a vowel, as תְּכוֹנֵן Te-cho-nain, תְּמוּתוּן Temoo-thoon, הֹוָה Ho-wah.

18. Shewa (ְ) is pronounced in the following instances, and is called shewah נָע Na, i. e. to move,

1, In the beginning of a word, as בְּנִי be-ni.

2, In the middle of a word after a (ְ) as תִּלְמְדוּ Tilmedu.

3, In the middle of a word after a long vowel, without the tonic accent, as וּלְשׁוֹן U-le-shon.

4, Under a letter that is followed by the same letter, as הִנְנִי Hi-ne-ni, הַלְלוּיָהּ Ha-le-loo-yah.

In all other cases the (ְ) is not sounded, and therefore called shewa נָח Nach, i. e. to rest or to be quiescent, and the letter under which it stands is pronounced with the preceding vowel, as נִשְׁמַת Nish-math.

19. When the (ְ) Na ought to be under one of the gutterals, a vowel is added, namely (ֲ) (ֱ) or (ֳ) and is called in general a compound shewa, but receives its particular name from that vowel with which it is compounded, and which is

united with the word חֲטַף cha-taph (to snatch) as,

Chataph Pathach	ֲ		exceedingly short like	a
——— Segol	ֱ			e
——— Kamaitz	ֳ			o

20. Kamaitz (ָ) before a single or a compound (ְ) Shewa, without a metheg or accent between, or at the end of a word followed by a consonant, except ה or א, is pronounced like an *o*, and is called Kamaitz Chataph, as הָלְמַד Hol-mad, קָסְמִי Ko-so-mi, וַיָּקָם Wy-ya-kom, חָכְמָה Choch-mah, בָּרָא Ba-ra.

21. In the Hebrew language there is but one diphthong, viz. a (י) without a vowel preceded by (ָ), (ַ), (ֹ), or (וּ), as אֲדֹנָי A-do-ny, עַצְמוֹתַי Atz-mo-thy, גּוֹי Goy, גָּלוּי Ga-looy.

Section II. מַפִּיק *Maph-pik.*

22. Maphpik is a dot in a הּ at the end of a a word, the sign of the third person singular feminine of the possessive pronoun, and strengthens the sound of the ה. From this rule is excepted the dot in אֱלוֹהַּ, and that of the third radical in the verbs תמהּ, נגהּ, כמהּ, גבהּ.

Section III. דָּגֵשׁ *Da-gesh.*

23. Dagesh is either single, and called דָּגֵשׁ קַל Dagesh Kal, lené, or double, and called דָּגֵשׁ חָזָק Da-gesh Cha-zak, forté, or euphonic.

24. The single dagesh is only to be found in the letters בְּגַד כְּפַת Be-GaD Ca-PHaTH, and causes the letter in which it stands to be pronounced harder, as

With a Dagesh,	תּ	פּ	כּ	דּ	גּ	בּ
	T.	P	C	D	G	B
Without a Dagesh,	ת	פ	כ	ד	ג	ב
	Th	Ph	Ch	Dh	Gh	V

25. This Dagesh is used only in the beginning of a word, as בְּנִי be-ni בָּרָא ba-ra, and after a Shewa Nach, as מִשְׁפָּט Mish-pat.

26. The single Dagesh is omitted,—1. In the beginning of a word, when the preceding word ends with one of the Ehevi letters, without a pause or kingly accent. But if the preceding word be יְהוָה Ye-ho-wah, or if the dageshed letter be succeeded by a similar letter, the dagesh remains, as יְהוָה בַּשָּׁמַיִם Ye-ho-wah Bash-sha-ma-yim, בְּנֵי דְּדָן Be-nay Dai-dan.—2. In the affixes כֶם chem and כֶן chen; in the Regimen or Plural form, as בִּרְכוֹת, Bir-choth, דַּרְכֵי Dar-chay; before the paragogic ה, as נֶגְדָּה Neg-dah; before the infinitive suffix, as בְּמָלְכוֹ Be-mol-cho, or before the termination וּת ooth, as מַלְכוּת Mal-chooth.

27. The double Dagesh may be found in any letter, except the gutterals and ר; and the letter which has such a dagesh is considered as if written twice, the first of which has a Shewa Nach understood, as לִמֵּד lim-maid, instead of לִמְמֵד.

Section IV. מַקָּף Mak-kaph.

28. Mak-kaph is a small stroke like a hyphen,

between two words, joining them together, as עַל־פְּנֵי al pe-nay.

Note 1. A Mak-kaph generally follows words of one syllable, and changes the long vowel into its correspondent short one, except it be prevented by Metheg, or by ה or א ending the word, as כָּל־הָאָרֶץ Col Ha-a-retz, תֵּת־כֹּחָהּ Taith Co-chah, מָה־ Mah, לֹא־ Lo, צֵא־ Tzay.

Note 2. In some instances words of more than one syllable also have their long vowel changed, through the influence of the Mak-kaph, as מִדְבַּר־צִן Mid-bar Tzin, instead of מִדְבָּר, בְּיַד־מֹשֶׁה Be-yad Mo-she, instead of בְּיָד.

Section V. טְעָמִים *Ta-a-mim.*

29. Every word in the Bible, except when followed by Mak-kaph, has an accent, the principle use of which is to direct the pronunciation.*

30. The accent, when placed on the last syllable, is called מִלְרַע Mil-ra, but when placed in the beginning or middle of a word it is called מִלְעֵיל Mil-ail.

31. The accents are divided into Kings, Ministers, and Servants, and are distinguished by their names and forms, as will be seen by the adjoining Table.

---

* "The Jews," (saith David Levi) "firmly believe that both the points and accents were from *Moses*, but affixed to the letters by *Ezra*, who being a ready scribe in the law of God, was thoroughly acquainted with the true signification of every accent, and which we, through the length of our captivity, and the severe persecution we have undergone, together with the loss and destruction of the writings of our eminent men, are at present unable to comprehend. But, although we cannot boast of thorough knowledge of *every one* of the accents, we, however, have yet some small knowledge remaining of the utility and signification of many of them." *Heb. Gram. p.* 338.

TABLE II.—*ACCENTS.*

Form and position.		
	KINGS.	
א֑	אַתְנַח	Ath-nach
א֜	גֵּרֵשׁ	Ge-resh
א֞	גֵּרְשַׁיִם	Gair-sha-yim
א֮	זַרְקָא	Sar-ka
א֕	זָקֵף גָּדוֹל	Sa-kaiph Ga-dol
א֔	זָקֵף קָטוֹן	Sa-kaiph Ka-ton
א֖	טִפְחָא	Tiph-cha
א֚	יְתִיב	Ye-thiv
אֽ	סִלּוּק	Sil-look
א֒	סְגוֹלְתָּא	Se-gol-ta
א֡	פָּזֵר	Pa-zair
א׀	פְּסִיק }	Pe-sik
	לְגַרְמֵיהּ }	Le-gar-may
א֙	פַּשְׁטָא	Pash-ta
א֟	קַרְנֵי פָרָה	Kar-nay Pa-ra
א֗	רְבִיעַ	Re-vi-a
א֓	שַׁלְשֶׁלֶת	Shal-she-leth
א֛	תְּבִיר	Te-vir
א֠	תְּלִישָׁא גְדוֹלָה	Te-li-sha Ge-do-lah
	MINISTERS.	
א֧	דַּרְגָּא	Dar-ga
א֪	יֶרַח־בֶּן יוֹמוֹ	Ye-rech ben Yo-mo
א֣	מוּנַח	Mu-nooch
א֤	מַהְפַּךְ	Mah-pach
א֥	מֵרְכָא	Mair-cha
א֨	קַדְמָא	Kad-ma
א֩	תְּלִישָׁא קְטַנָּה	Te-li-sha Ke-tan-na
	SERVANTS.	
א֦	מֵרְכָא כְּפוּלָה	Mair-cha Ke-phoo-lah
אֽ	מֶתֶג	Me-theg

Note 1. To these accents modern Grammarians have added סוֹף־פָּסוּק Soph pa-sook (:) which is placed at the end of every verse in the Bible.

Note 2. A circle (◦) over a letter, shews that the word is read otherwise than it is written, i. e. according to the vowels in the text and the letters in the margin. The word in the text is called כְּתִיב Ke-thiv, and that in the margin קְרִי Ke-ri.

Note 3. Te-li-sha Ge-do-lah is always in the beginning of the word, but Te-li-sha Ke-tan-na is placed at the end of the word, as אַשְׁרֵי Te-li-sha Ge-do-lah, אַשְׁרֵי Te-li-sha Ke-tan-na.

Note 4. Le-gar-may is generally followed by Moo-nach and Re-vi-a, or Re-via alone, as וַיֹּאמֶר ׀ יְהוָה אֱלֹהִים, or וְאֵיבָה ׀ אָשִׁית, by which it is distinguished from Pe-sik, which is always a pause, and is generally between a King and a Minister, as אֶל־מֶלֶךְ־אַשּׁוּר ׀ לָכִישָׁה ׀ לֵאמֹר ׀ חָטָאתִי.

Note 5. There must always be a syllable or Shewa na, or dagesh between the accent and the metheg, as הָֽאָדָם Ha-a-dam, אָֽכְלוּ A-che-loo.

32. The following accents should be particularly remembered, as they supply the English stops,

אׂ	רְבִיעַ	Re-vi-a	Comma	,
א֖	טִפְחָא	Tiph-cha		
אּ	סְגוֹלְתָּא	Se-gol-ta	Semi Colon	;
אֹ	זָקֵף קָטוֹן	Sa-kaiph Ka-ton		
אֽ	אַתְנָח	Ath-nach	Colon	:
א׀	פְּסִיק	Pe-sik	or Period	.
אֽ	סִלּוּק	Sil-look	Period	.

EXERCISE II.

LETTERS AND POINTS.

סֵפֶר תּוֹלְדֹת יֵשׁוּעַ הַמָּשִׁיחַ בֶּן־דָּוִד בֶּן־אַבְרָהָם׃
אַבְרָהָם הוֹלִיד אֶת־יִצְחָק וְיִצְחָק
הוֹלִיד אֶת־יַעֲקֹב וְיַעֲקֹב הוֹלִיד אֶת־יְהוּדָה וְאֶת־אֶחָיו׃
וִיהוּדָה הוֹלִיד אֶת־פֶּרֶץ וְאֶת־זֶרַח מִתָּמָר וּפֶרֶץ הוֹלִיד
אֶת־חֶצְרוֹן וְחֶצְרוֹן הוֹלִיד אֶת־רָם׃ וְרָם הוֹלִיד
אֶת־עַמִּינָדָב וְעַמִּינָדָב הוֹלִיד אֶת־נַחְשׁוֹן וְנַחְשׁוֹן
הוֹלִיד אֶת־שַׂלְמוֹן׃ וְשַׂלְמוֹן הוֹלִיד אֶת־בֹּעַז מֵרָחָב
וּבֹעַז הוֹלִיד אֶת־עוֹבֵד מֵרוּת וְעוֹבֵד הוֹלִיד אֶת־יִשָׁי׃
וְיִשַׁי הוֹלִיד אֶת־דָּוִד הַמֶּלֶךְ וְדָוִד הַמֶּלֶךְ הוֹלִיד אֶת־
שְׁלֹמֹה מִמֶּנָּה אֲשֶׁר הָיְתָה אֵשֶׁת אוּרִיָּה׃ וּשְׁלֹמֹה
הוֹלִיד אֶת־רְחַבְעָם וּרְחַבְעָם הוֹלִיד אֶת־אֲבִיָּה וַאֲבִיָּה
הוֹלִיד אֶת־אָסָא׃ וְאָסָא הוֹלִיד אֶת־יְהוֹשָׁפָט וִיהוֹשָׁפָט
הוֹלִיד אֶת־יְהוֹרָם וִיהוֹרָם הוֹלִיד אֶת־עֻזִּיָּהוּ׃ וְעֻזִּיָּהוּ
הוֹלִיד אֶת־יוֹתָם וְיוֹתָם הוֹלִיד אֶת־אָחָז וְאָחָז הוֹלִיד
אֶת־חִזְקִיָּהוּ׃ וְחִזְקִיָּהוּ הוֹלִיד אֶת־מְנַשֶּׁה וּמְנַשֶּׁה
הוֹלִיד אֶת־אָמוֹן וְאָמוֹן הוֹלִיד אֶת־יֹאשִׁיָּהוּ׃ וְיֹאשִׁיָּהוּ
הוֹלִיד אֶת־יְכָנְיָהוּ וְאֶת־אֶחָיו לְעֵת גָּלוּת בָּבֶל׃ וְאַחַר
גָּלוּת בָּבֶל יְכָנְיָהוּ הוֹלִיד אֶת־שְׁאַלְתִּיאֵל וּשְׁאַלְתִּיאֵל
הוֹלִיד אֶת־זְרֻבָּבֶל׃ וּזְרֻבָּבֶל הוֹלִיד אֶת־אֲבִיהוּד
וַאֲבִיהוּד הוֹלִיד אֶת־אֶלְיָקִים וְאֶלְיָקִים הוֹלִיד אֶת־
עָזוֹר׃ וְעָזוֹר הוֹלִיד אֶת־צָדוֹק וְצָדוֹק הוֹלִיד אֶת־

EXERCISE III.

LETTERS, POINTS, AND ACCENTS.

אָכִים וְאָכִים הוֹלִיד אֶת־אֱלִיהוּד׃ וֶאֱלִיהוּד הוֹלִיד
אֶת־אֶלְעָזָר וְאֶלְעָזָר הוֹלִיד אֶת־מַתָּן וּמַתָּן הוֹלִיד אֶת־
יַעֲקֹב׃ וְיַעֲקֹב הוֹלִיד אֶת־יוֹסֵף אִישׁ־מִרְיָם אֲשֶׁר
מִמֶּנָּה נוֹלַד יֵשׁוּעַ הַנִּקְרָא מָשִׁיחַ׃ וַיִּהְיוּ כָל־הַדֹּרוֹת
מֵאַבְרָהָם עַד־דָּוִד אַרְבָּעָה עָשָׂר דֹּרוֹת וּמִדָּוִד עַד־
גָּלוּת־בָּבֶל אַרְבָּעָה עָשָׂר דֹּרוֹת וּמִן גָּלוּת־בָּבֶל עַד־
הַמָּשִׁיחַ אַרְבָּעָה עָשָׂר דֹּרוֹת׃ פ
וְלֵדַת יֵשׁוּעַ הַמָּשִׁיחַ הָיְתָה כֹּה בִּהְיוֹת מִרְיָם אִמּוֹ
מְאֹרָשָׂה לְיוֹסֵף וּבְטֶרֶם יִתְאַחֲדוּ נִמְצְאָה הָרָה מֵרוּחַ
הַקֹּדֶשׁ׃ וְיוֹסֵף אִישָׁהּ הָיָה צַדִּיק וְלֹא אָבָה תִּתָּהּ
לְרַאֲוָה בָּהּ וַיֹּאמֶר בְּלִבּוֹ לְשַׁלְּחָהּ בַּסָּתֶר׃ וּבְחָשְׁבוֹ
עַל־אֵלֶּה הִנֵּה מַלְאַךְ יְהוָה נִרְאָה אֵלָיו בַּחֲלוֹם
לֵאמֹר יוֹסֵף בֶּן־דָּוִד אַל תִּירָא מִקַּחַת מִרְיָם אִשְׁתֶּךָ
כִּי אֵת אֲשֶׁר הָרָה בָהּ מֵרוּחַ הַקֹּדֶשׁ הוּא׃ וְיָלְדָה
בֵּן וְקָרָאתָ אֶת־שְׁמוֹ יֵשׁוּעַ כִּי הוּא יוֹשִׁיעַ אֶת־עַמּוֹ
מֵחַטֹּאתֵיהֶם׃ וְכָל־זֶה הָיָה לְמַלֹּאת אֶת־אֲשֶׁר נֶאֱמַר
עַל־פִּי יְהוָה בְּיַד הַנָּבִיא לֵאמֹר׃ הִנֵּה הָעַלְמָה תַּהַר
וְיֹלֶדֶת בֵּן וְקָרְאוּ שְׁמוֹ עִמָּנוּאֵל כִּי אֵל עִמָּנוּ׃ וַיִּיקַץ
יוֹסֵף מִשְּׁנָתוֹ וַיַּעַשׂ כַּאֲשֶׁר צִוָּהוּ אֹתוֹ מַלְאַךְ יְהוָה
וַיִּקַּח אֶת־אִשְׁתּוֹ׃ וְלֹא יָדַע אֹתָהּ עַד־כִּי יָלְדָה אֶת־
בְּנָהּ הַבְּכוֹר וַיִּקְרָא אֶת־שְׁמוֹ יֵשׁוּעַ׃ ס

CHAP. III.

Reading.

33. Hebrew is read from the right to the left hand, as בָּרָא ba-ra.

34. Syllables are composed of Consonants and Vowels, and are either pure or mixed

1, A pure Syllable consists of a Consonant and Vowel, as לָ La.

2, A mixed Syllable has two or three Consonants and one vowel only, as מַד mad, מַדְתְּ madt.

35. Every Syllable begins with a Consonant, as מֶלֶךְ me-lech, except וּ in the beginning of a word, as וּרְבוּ oo-re-voo, pathach at the end of a word under ה or ח which is called פַּתַח גְּנוּבָה Pa-thach Ge-noo-vah, or furtivum, as רוּחַ Roo-ach, אֱלוֹהַּ E-lo-ah.

36. Every letter requires a vowel, except at the end of the word, where a Shewa Nach is understood, as לָמַד La-mad, instead of לָמַדְ.

Exception 1. The letters Ehevi are sometimes without a vowel, and are silent, and therefore called quiescents, as the א in בָּרָא Ba-ra, מָצָאתָ Ma-tza-tha; the ה in רָאָה Ra-ah; and the ו when bearing the cholom or shuraik, as שְׁמוֹ She-mo, הָיוּ Ha-yoo.

Note. ו Wav without a vowel is pronounced, as פִּיו Piv. Ex. 2. The following letters בגדטפכקתך at the end of a word, preceded by (ְ), have a Shewa Nach expressed, as מֶלֶךְ Me-lech, תּוֹסְףְּ Tosph, קשְׁטְ Kosht, יַשְׁקְ Yashk, יִשְׁבְּ Yishb.

37. A long Vowel may end the Syllable, as לָ La; but at the end of a word or sentence it takes also the succeeding Consonant, as גֵּר Gair, or יָשָׁב Ya-shav, and עָמָד A-mad, in Ps. i. 1. in which case it becomes a short vowel.

38. A short Vowel requires a Consonant besides its own, as סַר Sar, except when accented, or followed by Metheg, as פְּקָדָנִי Pe-ka-da-ni וַאֲשֶׁר Wa-a-sher.

EXERCISE IV.

Pure or One Syllable.—Long Vowels.

Rule 34, 1.

אָ	a	אֵ	ay	אִי	i	אוֹ	o	אוּ	oo
בָּ	ba	בֵּ	bay	בִּי	bi	בּוֹ	bo	בּוּ	boo
בָ	va	בֵ	vay	בִי	vi	בוֹ	vo	בוּ	voo
גָּ	ga	גֵּ	gay	גִּי	gi	גּוֹ	go	גּוּ	goo
דָּ	da	דֵּ	day	דִּי	di	דּוֹ	do	דּוּ	doo
הָ	ha	הֵ	hay	הִי	hi	הוֹ	ho	הוּ	hoo
וָ	wa	וֵ	way	וִי	wi	ווֹ	wo	ווּ	woo
זָ	za	זֵ	zay	זִי	zi	זוֹ	zo	זוּ	zoo
חָ	cha	חֵ	chay	חִי	chi	חוֹ	cho	חוּ	choo
טָ	ta	טֵ	tay	טִי	ti	טוֹ	to	טוּ	too
יָ	ya	יֵ	yay	יִי	yi	יוֹ	yo	יוּ	yoo
כָּ	ka	כֵּ	kay	כִּי	ki	כּוֹ	ko	כּוּ	koo
כָ	cha	כֵ	chay	כִי	chi	כוֹ	cho	כוּ	choo
לָ	la	לֵ	lay	לִי	li	לוֹ	lo	לוּ	loo
מָ	ma	מֵ	may	מִי	mi	מוֹ	mo	מוּ	moo
נָ	na	נֵ	nay	נִי	ni	נוֹ	no	נוּ	noo
סָ	sa	סֵ	say	סִי	si	סוֹ	so	סוּ	soo
עָ	a	עֵ	ay	עִי	i	עוֹ	o	עוּ	oo
פָּ	pa	פֵּ	pay	פִּי	pi	פּוֹ	po	פּוּ	poo
פָ	pha	פֵ	phay	פִי	phi	פוֹ	pho	פוּ	phoo
צָ	tza	צֵ	tzay	צִי	tzi	צוֹ	tzo	צוּ	tzoo
קָ	ka	קֵ	kay	קִי	ki	קוֹ	ko	קוּ	koo
רָ	ra	רֵ	ray	רִי	ri	רוֹ	ro	רוּ	roo
שָׁ	sha	שֵׁ	shay	שִׁי	shi	שׁוֹ	sho	שׁוּ	shoo
שָׂ	sa	שֵׂ	say	שִׂי	si	שׂוֹ	so	שׂוּ	soo
תָּ	ta	תֵּ	tay	תִּי	ti	תּוֹ	to	תּוּ	too
תָ	tha	תֵ	thay	תִי	thi	תוֹ	tho	תוּ	thoo

EXERCISE V.

A mixed Syllable of two or more Consonants.

Rule 34, 2.

אַף	aph	אֶל	el	אִם	im	אֻב	uv	בַּדְתְּ	badt
בַּד	bad	בֶּן	ben	בִּן	bin	בֻּן	bun	בַּרְתְּ	bart
בַד	vad	בֶן	ven	בִל	vil	בֻם	vum	גַּשְׁתְּ	gasht
גַל	gal	גֶשׁ	gesh	גִד	gid	גֻר	gur	דַּלְתְּ	dalt
דַם	dam	דֶל	del	דִב	div	דֻן	dun	דַּקְתְּ	dakt
הַר	har	הֶם	hem	הִן	hin	הֻל	hul	הַלְתְּ	halt
וַו	wav	וֶר	wer	וִן	win	וֻשׁ	wush	זַזְתְּ	zazt
זַר	zar	זֶם	zem	זִף	ziph	זֻם	zum	זַרְתְּ	zart
חַג	chag	חֶם	chem	חִט	chit	חֻף	chuph	חַנְתְּ	chant
טַל	tal	טֶן	ten	טִם	tim	טֻם	tum	חַרְתְּ	chart
יַד	yad	יֶשׁ	yesh	יִם	yim	יֻד	yud	טַלְתְּ	talt
כַּף	kaph	כֶּר	ker	כִּשׁ	kish	כֻּב	kuv	יֵבְךְ	yaivch
כַר	char	כֶם	chem	כִר	chir	כֻן	chun	יֵרְדְּ	yaird
לַח	lach	לֶד	led	לִן	lin	לֻד	lud	יֵשְׁתְּ	yaisht
מַר	mar	מֶן	men	מִן	min	מֻת	muth	לַכְתְּ	lacht
נַשׁ	nash	נֶר	ner	נִד	nid	נֻג	nug	מַרְתְּ	mart
סַף	saph	סֶד	sed	סִר	sir	סֻךְ	such	נֵרְדְּ	naird
עַל	al	עֶר	er	עִז	iz	עֻץ	utz	סַרְתְּ	sart
פַּח	pach	פֶּן	pen	פִּל	pil	פֻּס	pus	עַרְתְּ	art
פַל	phal	פֶל	phel	פִר	phir	פֻר	phur	פַקְתְּ	phakt
צַף	tzaph	צֶל	tzel	צִן	tzin	צֻן	tzun	צַרְתְּ	tzart
קַן	kan	קֶב	kev	קִב	kiv	קֻם	kum	קֹשְׁטְ	kosht
רַב	rav	רֶם	rem	רִג	rig	רֻץ	rutz	רַרְתְּ	rart
שַׁל	shal	שֶׁר	sher	שִׁר	shir	שֻׁב	shuv		
שַׂר	sar	שֶׂב	sev	שִׂם	sim	שֻׂם	sum		
תַּם	tam	תֶּן	ten	תִּר	tir	תֻּד	tud		
תַם	tham	תֶם	them	תִף	thiph	תֻף	thuph		

EXERCISE VI.

Words of Two Syllables.

1. The first Syllable pure, the other mixed.		2. Both mixed.	
אָמַר	A-mar	אֶקֹּב	Ek-kov
בָּחַר	Ba-char	בִּלְמוֹד	Bil-mod
גָּדַל	Ga-dal	גָּפְרִית	Goph-rith
דָּרַשׁ	Da-rash	דַלְתוֹת	Dal-thoth
הָדַר	Ha-dar	הַוּוֹת	Hav-woth
וָהַב	Wa-hav	וּתְשַׁע	Oo-the-sha
זָבַת	Za-vath	זִכְרָם	Zich-ram
חָלַק	Cha-lak	חַדְרֵי	Chad-ray
טָרַח	Ta-rach	טֻמְאָה	Tum-ah
יָדַד	Ya-dad	יִפְשַׁע	Yiph-sha
כָּבַד	Ka-vad	כַּנְפוֹת	Kan-photh
לָמַד	La-mad	לָמָּה	Lam-mah
מָוֶת	Ma-wath	מַקְשִׁיב	Mak-shiv
נָגַשׁ	Na-gash	נִשְׁמַת	Nish-math
סָגַר	Sa-gar	סַרְתֶּם	Sar-tem
עָבֹד	A-vod	עֶזְרַת	Ez-rath
פָּתַר	Pa-thar	פָּתְהֶן	Poth-hen
צָמַח	Tza-mach	צִדְקַת	Tzid-kath
קָדַשׁ	Ka-dash	קִבֹּת	Kiv-both
רָחַץ	Ra-chatz	רִשְׁעַת	Rish-ath
שָׁלַח	Sha-lach	שִׁטִּים	Shit-tim
שָׂלַם	Sa-lam	תִּתְרַע	Tith-ra
תָּוֶךְ	Ta-wech		

EXERCISE VII.

Words of Three Syllables.

אֲמַרְתִּי	A-mar-ti	לוֹמֶדֶת	Lo-me-deth
אַבְרָהָם	Av-ra-ham	לְמוּדִים	Le-moo-dim
בִּתְבוּנָם	Bith-voo-nam	מוֹלַדְתִּי	Mo-lad-ti
בִּגְדֵיהֶם	Big-dai-hem	מְלַמֵּד	Me-lam-maid
גּוֹזָלוֹת	Go-za-loth	נֶאֱדָר	Ne-e-dar
גַּאֲוָה	Ga-a-wah	נִלְמֶדֶת	Nil-me-deth
דַּלְתֹתָיו	Dal-tho-thav	סְמָמִית	Se-ma-mith
דְּבוֹרָה	De-vo-rah	סִינוֹנִית	Si-no-nith
הִתְאַבֵּךְ	Hith-av-baich	עֲתִידוֹת	A-thi-doth
הִתְאַבֵּל	Hith-av-bail	עַכָּבִישׁ	Ach-ka-vish
וַיֹּאמֶר	Wy-yo-mer	פַּרְעוֹשִׁים	Par-o-shim
וַיִּקְרָא	Wy-yik-ra	פִּסְיוֹנֵי	Pis-yo-nay
זִבְחֵיכֶם	Ziv-chai-chem	צִפְעוֹנִי	Tziph-o-ni
זוֹחֲלֵי	Zo-cha-lay	צִפֳּרִים	Tziph-pa-rim
חַשְׁמַלִּים	Chash-ma-lim	קֳדָשִׁים	Ko-da-shim
חֲנָמַל	Cha-na-mal	קְדוֹשִׁים	Ke-do-shim
טַבַּעַת	Tav-ba-ath	רְבִיבִים	Re-vi-vim
טְבוּלִים	Te-voo-lim	רְסִיסִים	Re-si-sim
יִשְׂרָאֵל	Yis-ra-ail	שִׁנְאַנִּים	Shin-an-nim
יִתְאַדָּם	Yith-ad-dam	שְׂרָפִים	Se-ra-phim
כַּאֲבֵל	Ka-a-vel	תִּלְמְדִי	Til-me-di
כְּרוּבִים	Ke-roo-vim	תִּלְמוֹדְנָה	Til-mode-nah

EXERCISE VIII.

Words of Four and Five Syllables.

אֶבְיוֹנֶיהָ	Ev-yo-ne-ha
אַמְתְּחֹתֵנוּ	Em-te-cho-thai-noo
בְּהֵאָבְקוֹ	Be-hai-ov-ko
בְּמוֹעֲדֵיכֶם	Be-mo-a-dai-chem
גֻּלְגְּלֹתָם	Gul-ge-lo-tham
גְּדִיּוֹתָיִךְ	Ge-di-yo-tha-yich
דְּחִיתַנִי	De-chi-tha-ni
דֹּרוֹתֵיכֶם	Do-ro-thai-chem
הָאֲדָמָה	Ha-a-da-mah
הַיִּשְׂרְאֵלִית	Hy-yis-re-ai-lis
וְאַבְנֵטְךָ	We-av-nai-te-cha
וַיִּתְאַבְּכוּ	Wy-yith-av-be-choo
זִבְחֵיכֶם	Ziv-chai-chem
זְנַחְתָּנוּ	Ze-nach-ta-noo
חֲפַרְפֵּרוֹת	Cha-phar-phai-roth
חָכְמָתֶךָ	Choch-ma-the-cha
טַבְּעוֹתָם	Tav-be-o-tham
טַבְּעֹתֵיהֶם	Tav-be-o-thai-hem
יַאֲדִימוּ	Ya-a-di-moo
יוֹלַדְתֶּךָ	Yo-lad-te-cha
כְּדָרְלָעֹמֶר	Ke-dor-la-o-mer
כְּכַלֹּתוֹ	Ke-chal-lo-tho

לְהוֹבָדָה	Le-ho-va-dah
לַאֲבוֹתֵינוּ	La-a-vo-thai-noo
מַאֲבוּסִים	Ma-a-voo-sim
מַאֲבֻסֶיהָ	Ma-a-voo-se-ha
נֶאֱדָרִי	Ne-e-da-ri
נְבוּכַדְרֶאצַּר	Ne-voo-chad-re-tzar
סְבָבוּנִי	Se-va-voo-ni
סְבִיבוֹתֶיהָ	Se-vi-vo-the-ha
עֹלֹתֵיכֶם	O-lo-thai-chem
עֲקַלְקַלּוֹתָם	A-kal-kal-lo-tham
פְּדִיתִיךָ	Pe-di-thi-cha
פְּלִיטֵיהֶם	Pe-li-tai-hem
צִדְקֹתֵינוּ	Tzid-ko-thai-noo
צֶאֱצָאֵיהֶם	Tze-e-tza-ai-hem
קָרְבָּנֶךָ	Kor-ba-ne-cha
קָרְבְּנֵיהֶם	Kor-ba-nai-hem
רִבֹּתַיִם	Riv-bo-tha-yim
רְדָפוּךָ	Re-da-phoo-cha
שַׁעֲשׁוּעָיו	Sha-a-shoo-av
שְׁאֵרִיתֶךָ	She-ai-ri-the-cha
תַּרְנְגוֹלֶת	Tar-ne-go-leth
תְּלֻנֹּתֵיכֶם	Te-lu-no-thai-chem.

EXERCISE IX.

Reading Lessons.

ha-a-retz we-aith hash-sha-ma-yim aith E-lo-him ba-ra Be-rai-shith

בְּרֵאשִׁית בָּרָא אֱלֹהִים אֵת הַשָּׁמַיִם וְאֵת הָאָרֶץ׃

pe-nay al we-cho-shech wa-vo-hoo tho-hoo ha-ye-tha we-ha-a-retz

וְהָאָרֶץ הָיְתָה תֹהוּ וָבֹהוּ וְחֹשֶׁךְ עַל־פְּנֵי

ham-ma-yim pe-nay al me-ra-che-pheth E-lo-him we-roo-ach the-hom

תְהוֹם וְרוּחַ אֱלֹהִים מְרַחֶפֶת עַל־פְּנֵי הַמָּיִם׃

E-lo-him wy-yar or wa-ye-hi or ye-hi E-lo-him wy-yo-mer

וַיֹּאמֶר אֱלֹהִים יְהִי אוֹר וַיְהִי־אוֹר׃ וַיַּרְא אֱלֹהִים

oo-vain ha-or bain E-lo-him wy-yav-dail tov ki ha-or eth

אֶת־הָאוֹר כִּי־טוֹב וַיַּבְדֵּל אֱלֹהִים בֵּין הָאוֹר וּבֵין

ka-ra we-la-cho-shech yom la-or E-lo-him wy-yik-ra ha-cho-shech

הַחֹשֶׁךְ׃ וַיִּקְרָא אֱלֹהִים לָאוֹר יוֹם וְלַחֹשֶׁךְ קָרָא

wy-yo-mer e-chad yom vo-ker wa-ye-hi e-rev wa-ye-hi ly-lah

לָיְלָה וַיְהִי־עֶרֶב וַיְהִי־בֹקֶר יוֹם אֶחָד׃ וַיֹּאמֶר

bain mav-dil wi-hi ham-ma-yim be-thoch ra-ki-a ye-hi E-lo-him

אֱלֹהִים יְהִי רָקִיעַ בְּתוֹךְ הַמָּיִם וִיהִי מַבְדִּיל בֵּין

wy-yav-dail ha-ra-ki-a eth E-lo-him wy-ya-as la-ma-yim ma-yim

מַיִם לָמָיִם׃ וַיַּעַשׂ אֱלֹהִים אֶת־הָרָקִיעַ וַיַּבְדֵּל

ham-ma-yim oo-vain la-ra-ki-a mith-ta-chath a-sher ham-ma-yim bain

בֵּין הַמַּיִם אֲשֶׁר מִתַּחַת לָרָקִיעַ וּבֵין הַמַּיִם

E-lo-him wy-yik-ra chain wa-ye-hi la-ra-ki-a mai-al a-sher

אֲשֶׁר מֵעַל לָרָקִיעַ וַיְהִי־כֵן׃ וַיִּקְרָא אֱלֹהִים

yom vo-ker wa-ye-hi e-rev wa-ye-hi sha-ma-yim la-ra-ki-a

לָרָקִיעַ שָׁמָיִם וַיְהִי־עֶרֶב וַיְהִי־בֹקֶר יוֹם

mith-ta-chath ham-ma-yim yik-ka-woo E-lo-him wy-yo-mer shai-ni

שֵׁנִי׃ וַיֹּאמֶר אֱלֹהִים יִקָּווּ הַמַּיִם מִתַּחַת

hy-yav-ba-shah. we-thai-ra-eh e-chad ma-kom el hash-sha-ma-yim

הַשָּׁמַיִם אֶל־מָקוֹם אֶחָד וְתֵרָאֶה הַיַּבָּשָׁה

e-retz ly-yav-ba-shah E-lo-him wy-yik-ra chain wa-ye-hi

וַיְהִי־כֵן׃ וַיִּקְרָא אֱלֹהִים ׀ לַיַּבָּשָׁה אֶרֶץ

ki E-lo-him wy-yar yam-mim ka-ra ham-ma-yim oo-le-mik-waih

וּלְמִקְוֵה הַמַּיִם קָרָא יַמִּים וַיַּרְא אֱלֹהִים כִּי־

ai-sev de-she ha-a-retz tad-shay E-lo-him wy-yo-mer tov

טוֹב׃ וַיֹּאמֶר אֱלֹהִים תַּדְשֵׁא הָאָרֶץ דֶּשֶׁא עֵשֶׂב

vo zar-o a-sher le-mi-no pe-ri o-se pe-ri aitz ze-ra maz-ri-a

מַזְרִיעַ זֶרַע עֵץ פְּרִי עֹשֶׂה פְּרִי לְמִינוֹ אֲשֶׁר זַרְעוֹ־בוֹ

ai-sev de-she ha-a-retz wath-to-tzay chain wa-ye-hi ha-a-retz al

עַל־הָאָרֶץ וַיְהִי־כֵן׃ וַתּוֹצֵא הָאָרֶץ דֶּשֶׁא עֵשֶׂב

zar-o a-sher pe-ri o-seh we-aitz le-mi-nai-hoo ze-ra maz-ri-a

מַזְרִיעַ זֶרַע לְמִינֵהוּ וְעֵץ עֹשֶׂה־פְּרִי אֲשֶׁר זַרְעוֹ־

e-rev wa-ye-hi tov ki E-lo-him wy-yar le-mi-nai-hoo vo

בוֹ לְמִינֵהוּ וַיַּרְא אֱלֹהִים כִּי־טוֹב׃ וַיְהִי־עֶרֶב

ye-hi E-lo-him wy-yo-mer she-li-shi yom vo-ker wa-ye-hi

וַיְהִי־בֹקֶר יוֹם שְׁלִישִׁי׃ וַיֹּאמֶר אֱלֹהִים יְהִי

oo-vain hy-yom bain le-hav-dil hash-sha-ma-yim bir-ki-a me-o-roth

מְאֹרֹת בִּרְקִיעַ הַשָּׁמַיִם לְהַבְדִּיל בֵּין הַיּוֹם וּבֵין

we-sha-nim oo-le-ya-mim oo-le-mo-a-dim le-o-thoth we-ha-yoo hal-ly-lah

הַלָּיְלָה וְהָיוּ לְאֹתֹת וּלְמוֹעֲדִים וּלְיָמִים וְשָׁנִים׃

al le-ha-ir hash-sha-ma-yim bir-ki-a lim-o-roth we-ha-yoo

וְהָיוּ לִמְאוֹרֹת בִּרְקִיעַ הַשָּׁמַיִם לְהָאִיר עַל־

chain wa-ye-hi ha-a-retz

הָאָרֶץ וַיְהִי־כֵן׃

LESSON II.

עוּרִי עוּרִי לִבְשִׁי עֻזֵּךְ צִיּוֹן לִבְשִׁי ׀ בִּגְדֵי תִפְאַרְתֵּךְ יְרוּשָׁלִַם
עִיר הַקֹּדֶשׁ כִּי לֹא יוֹסִיף יָבֹא־בָךְ עוֹד עָרֵל וְטָמֵא׃
הִתְנַעֲרִי מֵעָפָר קוּמִי שְּׁבִי יְרוּשָׁלִָם הִתְפַּתְּחוּ מוֹסְרֵי
צַוָּארֵךְ שְׁבִיָּה בַּת־צִיּוֹן׃ כִּי־כֹה אָמַר יְהוָה
חִנָּם נִמְכַּרְתֶּם וְלֹא בְכֶסֶף תִּגָּאֵלוּ׃ כִּי כֹה
אָמַר אֲדֹנָי יֱהוִה מִצְרַיִם יָרַד־עַמִּי בָרִאשֹׁנָה לָגוּר שָׁם
וְאַשּׁוּר בְּאֶפֶס עֲשָׁקוֹ׃ וְעַתָּה מַה־לִּי־פֹה נְאֻם־יְהוָה כִּי־
לֻקַּח עַמִּי חִנָּם מֹשְׁלָו יְהֵילִילוּ נְאֻם־יְהוָה וְתָמִיד כָּל־
הַיּוֹם שְׁמִי מִנֹּאָץ׃ לָכֵן יֵדַע עַמִּי שְׁמִי לָכֵן בַּיּוֹם הַהוּא
כִּי־אֲנִי־הוּא הַמְדַבֵּר הִנֵּנִי׃ מַה־נָּאווּ עַל־
הֶהָרִים רַגְלֵי מְבַשֵּׂר מַשְׁמִיעַ שָׁלוֹם מְבַשֵּׂר טוֹב מַשְׁמִיעַ
יְשׁוּעָה אֹמֵר לְצִיּוֹן מָלַךְ אֱלֹהָיִךְ׃ קוֹל צֹפַיִךְ נָשְׂאוּ קוֹל
יַחְדָּו יְרַנֵּנוּ כִּי עַיִן בְּעַיִן יִרְאוּ בְּשׁוּב יְהוָה צִיּוֹן׃ פִּצְחוּ
רַנְּנוּ יַחְדָּו חָרְבוֹת יְרוּשָׁלִָם כִּי־נִחַם יְהוָה עַמּוֹ גָּאַל
יְרוּשָׁלִָם׃ חָשַׂף יְהוָה אֶת־זְרוֹעַ קָדְשׁוֹ לְעֵינֵי כָּל־הַגּוֹיִם
וְרָאוּ כָּל־אַפְסֵי־אָרֶץ אֵת יְשׁוּעַת אֱלֹהֵינוּ׃

סוּרוּ סוּרוּ צְאוּ מִשָּׁם טָמֵא אַל־תִּגָּעוּ צְאוּ
מִתּוֹכָהּ הִבָּרוּ נֹשְׂאֵי כְּלֵי יְהוָה׃ כִּי לֹא בְחִפָּזוֹן תֵּצֵאוּ
וּבִמְנוּסָה לֹא תֵלֵכוּן כִּי־הֹלֵךְ לִפְנֵיכֶם יְהוָה וּמְאַסִּפְכֶם
אֱלֹהֵי יִשְׂרָאֵל׃ הִנֵּה יַשְׂכִּיל עַבְדִּי יָרוּם
וְנִשָּׂא וְגָבַהּ מְאֹד׃ כַּאֲשֶׁר שָׁמְמוּ עָלֶיךָ רַבִּים כֵּן־מִשְׁחַת
מֵאִישׁ מַרְאֵהוּ וְתֹאֲרוֹ מִבְּנֵי אָדָם׃ כֵּן יַזֶּה גּוֹיִם רַבִּים עָלָיו
יִקְפְּצוּ מְלָכִים פִּיהֶם כִּי אֲשֶׁר לֹא־סֻפַּר לָהֶם רָאוּ וַאֲשֶׁר

LESSON II. (Continued.)

לֹא־שָׁמְעוּ הִתְבּוֹנָ֑נוּ : מִי הֶאֱמִין לִשְׁמֻעָתֵנוּ וּזְרוֹעַ יְהֹוָה
עַל־מִי נִגְלָֽתָה : וַיַּעַל כַּיּוֹנֵק לְפָנָיו וְכַשֹּׁרֶשׁ מֵאֶרֶץ צִיָּה
לֹא־תֹאַר לוֹ וְלֹא הָדָר וְנִרְאֵהוּ וְלֹא־מַרְאֶה וְנֶחְמְדֵהוּ :
נִבְזֶה וַחֲדַל אִישִׁים אִישׁ מַכְאֹבוֹת וִידוּעַ חֹלִי וּכְמַסְתֵּר
פָּנִים מִמֶּנּוּ נִבְזֶה וְלֹא חֲשַׁבְנֻהוּ : אָכֵן חֳלָיֵנוּ הוּא נָשָׂא
וּמַכְאֹבֵינוּ סְבָלָם וַאֲנַחְנוּ חֲשַׁבְנֻהוּ נָגוּעַ מֻכֵּה אֱלֹהִים
וּמְעֻנֶּֽה : וְהוּא מְחֹלָל מִפְּשָׁעֵנוּ מְדֻכָּא מֵעֲוֹנֹתֵינוּ מוּסַר
שְׁלוֹמֵנוּ עָלָיו וּבַחֲבֻרָתוֹ נִרְפָּא־לָֽנוּ : כֻּלָּנוּ כַּצֹּאן תָּעִינוּ
אִישׁ לְדַרְכּוֹ פָּנִינוּ וַיהֹוָה הִפְגִּיעַ בּוֹ אֵת עֲוֹן כֻּלָּֽנוּ : נִגַּשׂ
וְהוּא נַעֲנֶה וְלֹא יִפְתַּח־פִּיו כַּשֶּׂה לַטֶּבַח יוּבָל וּכְרָחֵ֫ל
לִפְנֵי גֹזְזֶיהָ נֶאֱלָמָה וְלֹא יִפְתַּח פִּיו : מֵעֹצֶר וּמִמִּשְׁפָּט
לֻקָּח וְאֶת־דּוֹרוֹ מִי יְשׂוֹחֵחַ כִּי נִגְזַר מֵאֶרֶץ חַיִּים מִפֶּשַׁע
עַמִּי נֶגַע לָֽמוֹ : וַיִּתֵּן אֶת־רְשָׁעִים קִבְרוֹ וְאֶת־עָשִׁיר בְּמֹתָיו
עַל לֹא־חָמָס עָשָׂה וְלֹא מִרְמָה בְּפִיו : וַיהֹוָה חָפֵץ דַּכְּאוֹ
הֶחֱלִי אִם־תָּשִׂים אָשָׁם נַפְשׁוֹ יִרְאֶה זֶרַע יַאֲרִיךְ יָמִים
וְחֵפֶץ יְהֹוָה בְּיָדוֹ יִצְלָֽח : מֵעֲמַל נַפְשׁוֹ יִרְאֶה יִשְׂבָּע
בְּדַעְתּוֹ יַצְדִּיק צַדִּיק עַבְדִּי לָרַבִּים וַעֲוֹנֹתָם הוּא יִסְבֹּל :
לָכֵן אֲחַלֶּק־לוֹ בָרַבִּים וְאֶת־עֲצוּמִים יְחַלֵּק שָׁלָל תַּחַת
אֲשֶׁר הֶעֱרָה לַמָּוֶת נַפְשׁוֹ וְאֶת־פֹּשְׁעִים נִמְנָה וְהוּא
חֵטְא־רַבִּים נָשָׂא וְלַפֹּשְׁעִים יַפְגִּֽיעַ :
רָנִּי עֲקָרָה לֹא יָלָדָה פִּצְחִי רִנָּה וְצַהֲלִי לֹא־חָלָה כִּי־
רַבִּים בְּנֵי־שׁוֹמֵמָה מִבְּנֵי בְעוּלָה אָמַר יְהֹוָה : הַרְחִיבִי
מְקוֹם אָהֳלֵךְ וִירִיעוֹת מִשְׁכְּנוֹתַיִךְ יַטּוּ אַל־תַּחְשֹׂכִי

E

LESSON II. (Continued.)

הַאֲרִיכִי מֵיתָרַיִךְ וִיתֵדֹתַיִךְ חַזֵּקִי׃ כִּי־יָמִין וּשְׂמֹאול
תִּפְרֹצִי וְזַרְעֵךְ גּוֹיִם יִירָשׁ וְעָרִים נְשַׁמּוֹת יוֹשִׁיבוּ׃ אַל־
תִּירְאִי כִּי־לֹא תֵבוֹשִׁי וְאַל־תִּכָּלְמִי כִּי לֹא תַחְפִּירִי כִּי
בֹשֶׁת עֲלוּמַיִךְ תִּשְׁכָּחִי וְחֶרְפַּת אַלְמְנוּתַיִךְ לֹא תִזְכְּרִי־
עוֹד׃ כִּי בֹעֲלַיִךְ עֹשַׂיִךְ יְהוָה צְבָאוֹת שְׁמוֹ וְגֹאֲלֵךְ קְדוֹשׁ
יִשְׂרָאֵל אֱלֹהֵי כָל־הָאָרֶץ יִקָּרֵא׃ כִּי־כְאִשָּׁה עֲזוּבָה
וַעֲצוּבַת רוּחַ קְרָאָךְ יְהוָה וְאֵשֶׁת נְעוּרִים כִּי תִמָּאֵס אָמַר
אֱלֹהָיִךְ׃ בְּרֶגַע קָטֹן עֲזַבְתִּיךְ וּבְרַחֲמִים גְּדוֹלִים אֲקַבְּצֵךְ׃
בְּשֶׁצֶף קֶצֶף הִסְתַּרְתִּי פָנַי רֶגַע מִמֵּךְ וּבְחֶסֶד עוֹלָם
רִחַמְתִּיךְ אָמַר גֹּאֲלֵךְ יְהוָה׃ כִּי־מֵי נֹחַ
זֹאת לִי אֲשֶׁר נִשְׁבַּעְתִּי מֵעֲבֹר מֵי־נֹחַ עוֹד עַל־הָאָרֶץ כֵּן
נִשְׁבַּעְתִּי מִקְּצֹף עָלַיִךְ וּמִגְּעָר־בָּךְ׃ כִּי הֶהָרִים יָמוּשׁוּ
וְהַגְּבָעוֹת תְּמוּטֶינָה וְחַסְדִּי מֵאִתֵּךְ לֹא־יָמוּשׁ וּבְרִית
שְׁלוֹמִי לֹא תָמוּט אָמַר מְרַחֲמֵךְ יְהוָה׃ עֲנִיָּה
סֹעֲרָה לֹא נֻחָמָה הִנֵּה אָנֹכִי מַרְבִּיץ בַּפּוּךְ אֲבָנַיִךְ
וִיסַדְתִּיךְ בַּסַּפִּירִים׃ וְשַׂמְתִּי כַּדְכֹד שִׁמְשֹׁתַיִךְ וּשְׁעָרַיִךְ
לְאַבְנֵי אֶקְדָּח וְכָל־גְּבוּלֵךְ לְאַבְנֵי־חֵפֶץ׃ וְכָל־בָּנַיִךְ לִמּוּדֵי
יְהוָה וְרַב שְׁלוֹם בָּנָיִךְ׃ בִּצְדָקָה תִּכּוֹנָנִי רַחֲקִי מֵעֹשֶׁק כִּי־
לֹא תִירָאִי וּמִמְּחִתָּה כִּי לֹא־תִקְרַב אֵלָיִךְ׃ הֵן גּוֹר יָגוּר
אֶפֶס מֵאוֹתִי מִי־גָר אִתָּךְ עָלַיִךְ יִפּוֹל׃ הֵן אָנֹכִי בָּרָאתִי
חָרָשׁ נֹפֵחַ בְּאֵשׁ פֶּחָם וּמוֹצִיא כְלִי לְמַעֲשֵׂהוּ וְאָנֹכִי
בָּרָאתִי מַשְׁחִית לְחַבֵּל׃ כָּל־כְּלִי יוּצַר עָלַיִךְ לֹא יִצְלָח
וְכָל־לָשׁוֹן תָּקוּם־אִתָּךְ לַמִּשְׁפָּט תַּרְשִׁיעִי זֹאת נַחֲלַת
עַבְדֵי יְהוָה וְצִדְקָתָם מֵאִתִּי נְאֻם־יְהוָה׃

CHAP. IV

ה׳יְדוּעָה *Hay Yedooah. The definite Article.*

39. The Hebrews have but one article, express-ed by ה *Hay*, with a (ַ) *Pathach* prefixed to the Noun and a Dagesh in the succeding letter, as, הַשָּׁמַיִם Hashshamayiin, the Heavens.

Excep. 1. When the letter does not admit of a Dagesh the article has a (ָ) Kametz, as הָאִישׁ Haish, the Man. But if the letter be a ח cheth the article retains its pathach, as, הַחֹזֶה Ha-chozeh, the Seer.

Excep. 2. When the article is succeeded by a (ָ) Kametz, its pathach is changed into (ֶ) Segol, as הֶהָרִים Heharim, the Mountains.

Note. To distinguish the article from the ה Hay interrogative observe that the latter is generally pointed by (ֲ) chataph-pathach, as, הֲטוֹבָה Hatovah, whether it be good.

CHAP. V.

שֵׁמוֹת *Shaimoth, Nouns.*

A Substantive or Noun is the name of any thing we can hear, see or discourse of, as אִישׁ ish, Man; כְּנַעַן Kenaan, and is generally distinguished by its admitting of an rticle or pronoun, as הַבַּיִת Havba-ith, that house; הָעֵץ Haaitz, the tree; סִפְרִי Siphri, my book; or by its making sense of itself, as חָכְמָה chochmah, widom; עֲנָוָה Anawah, humility.

In Nouns is chiefly to be noticed their Formation, Genders, Numbers, Cases and Government or Regimen.

40. Nouns are generally formed from the third person Singular of the Preterite Tense, first Conjugation Active:

1, By changing its vowel or vowels, as דָּבָר Davar, a word from דָּבַר Davar, he spake, or מֶלֶךְ Melech, a King from מָלַךְ he did reign; or,

2, By dropping a radical letter, as חֵן chain, grace from חָנַן chanan, he was gracious; or,

3, By adding one or more of the הָאֶמַנְתִּיו Hemantiv letters, as מִכְסֶה Michsaih, a covering from כָּסָה Casah, he did cover, or מִלָּה Millah, a word from מִלֵּל Millail, he spake; or מַתָּנָה Mathtanah, a gift from נָתַן Nathan, he gave.

41. Nouns are either Masculine, Feminine or Common.

1, לְשׁוֹן זָכָר Leshon Sachar, Masculine, are generally those words that consist of the radical letters only, as דָּבָר Davar, a word; and the names of Men, as אַבְרָהָם Avraham; of offices occupied by Men, as מֶלֶךְ Melech, a King; of Idles, as דָּגוֹן Dagon; of Angels, as מִיכָאֵל Michaail; of nations, as מִצְרַיִם Mitzrayim; of Rivers, as פִּישׁוֹן Pishon; of Mountains, as כַּרְמֶל Carmel; and of Months, as נִיסָן Nisan.

2, לְשׁוֹן נְקֵבָה Leshon Nekaivah, Feminine, are those that end in ה Hay or ת Tav, as אֲדָמָה Adamah, Earth, דֶּלֶת Deleth, a Door. Also the names of women as רָחֵל Rachail; of cities, as צִיּוֹן Tziyon; and of countries, as כְּנַעַן Kenaan.

3. שָׁוֶה לְזָכָר וּלְנְקֵבָה Shave lezachar ulenekaivah, common to both genders, are the names of beasts, as בָּקָר Bakar, cattle; צֹאן Tzon, sheep; דּוֹב Dov, a bear; זְאֵב Zeaiv, a wolf. Also the numerals 20 עֶשְׂרִים Esrim; 30 שְׁלֹשִׁים Sheloshim; &c. 100 מֵאָה Maiah; 1000 אֶלֶף Eleph, &c.

42. The feminine noun is formed by adding ה Hay and a preceding (ָ) to the Masculine, as מַלְכָּה Malcah, a Queen from מֶלֶךְ Melech, a King. But if the last letter be ה Hay, the points only are changed, as יָפֶה Yapheh, masc. יָפָה Yaphah, fem. and when the masc. ends in י Yod, a ת Tav is generally added, as מִצְרִי Mitzri, an Egyptian man, מִצְרִית Mitzrith, an Egyptian woman.

43. Nouns have three numbers:

1, לְשׁוֹן אֶחָד Leshon Echad, singular, speaking of one thing only.

2, לְשׁוֹן שְׁנַיִם Leshon Shenayim, dual, speaking of two things, and is used particularly in reference to those things which are two by nature, or by art, as hands, ears, eyes, &c. a pair of scales; mill stones, &c.

3, לְשׁוֹן רַבִּים Leshon Ravbim, plural, respects two or more things.

44. The masc. forms its dual by adding to the sing. the termination יִם Yim, and a (-) Pathach under

the preceding letter, as יָד Yad, a hand, dual has יָדַיִם Yadayim, two hands; and its plural by adding ם Mem and י Yod and a (·) Chirik under the preceding letter, as דָּבָר Davar, a word, plural has דְּבָרִים Devarim, words.

45. The fem. forms its dual in the same manner as the masc. but changes likewise the ה Hay into ת tav, as שָׂפָה Saphah, a lip, dual שְׂפָתַיִם Sephathayim, lips; and its plural is formed thus:

If the sing. ends in ה that letter is changed into וֹת, as נַעֲרָה Naarah, a damsel, plural נְעָרוֹת Naaroth. If in ית tav and yod with a (.) chirik preceding the י yod receives a ֹ cholem, as מִצְרִית Mitzrith, plural מִצְרִיּוֹת Mitzriyoth. If the termination be וּת the וּ shurek is changed into a וֹ cholem, with a daegshed י yod preceding it, and a (.) kivbutz under the preceding letter, as מַלְכוּת Malchus, plu. מַלְכֻיּוֹת Malchuyoth.

46. The cases in Hebrew Nouns are not distinguished by terminations as in other languages, but by particles prefixed to the noun and which are the same in the different numbers and genders, as,

Nom.	מֶלֶךְ	Melech,	a king
Gen.	שֶׁל־מֶלֶךְ	*Shel-Melech,	of a king
Dat.	לְמֶלֶךְ	Lemelech,	to a king
Acc.	אֶת־מֶלֶךְ	Eth-Melech,	a king
Voc.	הַמֶּלֶךְ	Hammelech,	o king
Abl.	מִן־מֶלֶךְ	Min-Melech,	from a king
	מִמֶּלֶךְ	Mimmelech,	from a king
	בְּמֶלֶךְ	Bemelech,	in a king

*This Prefix is used only a few times in Scripture, but frequently in Rabbinical writings.

Note. Though this example is given to point out the cases *commonly* signified by the prefixes, yet it is necessary to observe that the ל, את, מ, and ב are sometimes used to point out all the cases exept the voc. and ה is used to point out the gen. and acc. The connection will best determine the cases of nouns.

47. When two nouns are related to each other so as to require the preposition *of* between them, the former is *governed* and undergoes a change, and is said to be in *regimen*, or *contracted.*

1, The masc. sing. shortens the vowels, as בֶּן־דָּוִד Ben-David, instead of בֵּן; or דְּבַר אֱלֹהִים Devar Elohim, the word of God, instead of דָּבָר Davar; and the plural drops its ם Mem and changes the preceding (.) chirik into a (..) tzairay, as דִּבְרֵי אֱלֹהִים Divray Elohim, the words of God, instead of דְּבָרִים Devarim.

2, The fem. sing. changes the ה Hay into ת Tav and the preceding (ָ) Kametz into (ַ) Pathach, as תּוֹרַת אֱלֹהִים Torath Elohim, the law of God, instead of תּוֹרָה Torah, a law; and the plur. shortens its first vowel, as בִּרְכוֹת אָבִיךָ Birchoth Avicha, the blessings of thy father; instead of בְּרָכוֹת Berachoth, blessings.

3, The dual of both genders is contracted by dropping its final ם Mem together with the preceding (.) and changing the preceding (-) Pathach into (..) Tzairay, as רַגְלֵי אֲנָשִׁים Raglay anashim, the feet of men, instead of רַגְלַיִם Raglayim.

EXAMPLES

Of Nouns and Adjectives,* according to their variations in number and regimen.

EXERCISE X. MASCULINE.

Words undergoing the same variations as those in the opposite columns.	Plural. Regimen.	Plural. Absolute.	Singular. Regimen.	Singular. Absolute.	Signification.
מָשָׁל יָשָׁר צָבָא	דִּבְרֵי	דְּבָרִים	דְּבַר	דָּבָר	A word.
עָשָׁן עָנָן עָנָף	חַכְמֵי	חֲכָמִים	חֲכַם	חָכָם	A wise man.
סָרָב	חָרָשֵׁי	חָרָשִׁים	חָרַשׁ	חָרָשׁ	A Smith.
כָּבֵד יָשֵׁן	זִקְנֵי	זְקֵנִים	זְקַן	זָקֵן	An old man.
הָבֵל אָבֵל שָׂמֵחַ	חֲפֵצֵי	חֲפֵצִים	חֲפֵץ	חָפֵץ	Desirous.
	מָגִנֵּי	מָגִנִּים	מְגֵן	מָגֵן	A Shield.
נָשִׂיא כָּלִיל נָדִיב	שְׂכִירֵי	שְׂכִירִים	שְׂכִיר	שָׂכִיר	A Hireling.
פָּרִיץ סָרִיס שָׁלִישׁ	עָרִיצֵי	עָרִיצִים	עָרִיץ	עָרִיץ	Terrible.
מָסָךְ מָסַךְ	מָעֻזֵּי	מָעֻזִּים	מָעוֹז	מָעוֹז	A Fortification.
גָּדוֹל כָּבוֹד קָטוֹן	מְרוֹמֵי	מְרוֹמִים	מְרוֹם	מָרוֹם	High.
קָרוּא בָּלוּל קָרוּעַ	יְלוּדֵי	יְלוּדִים	יְלוּד	יָלוּד	Born.
שָׁבוּעַ עָמוּק	חָרוּצֵי	חָרוּצִים	חָרוּץ	חָרוּץ	Diligent.
שָׂדֶה בָּלֶה	יְפֵי	יָפִים	יְפֵה	יָפֶה	Beautiful.
תָּוֶךְ אָוֶן	מוֹתֵי	מוֹתִים	מוֹת	מָוֶת	Death.
תָּם עָם יָם	חַמֵּי	חַמִּים	חַם	חָם	Warm.
רַע קַר דָּם	צָרֵי	צָרִים	צַר	צָר	An Enemy.
חֲמֹר	צַלְעוֹת	צְלָעִים	צֶלַע	צֶלַע	A Rib.

*Though the Rules of Adjectives have not yet been given, yet it is most proper to mix them in the examples of Nouns as will appear by the next chapter.

EXAMPLES

EXERCISE X. MASCULINE.

Words undergoing the same variations as those in the opposite columns.	Plural. Regimen.	Plural. Absolute.	Singular. Regimen	Singular. Absolute	Signification.
יָרֵא	מְלֵאֵי	מְלֵאִים	מְלֵא	מָלֵא	Full.
	שַׂעֲרַת	not used	שְׂעַר	שֵׂעָר	A hair.
	חֵרְשֵׁי	חֵרְשִׁים	חֵרֵשׁ	חֵרֵשׁ	Deaf.
	מְסִבֵּי	מְסִבִּים / מְסִבּוֹת	not used	מֵסַב	Round about
סֵתֶר נֵצֶר נֵצַח	סִפְרֵי	סְפָרִים	סֵפֶר	סֵפֶר	A book.
עֵשֶׂב חֶבֶל חֵלֶב	חֶפְצֵי	חֲפָצִים	חֵפֶץ	חֵפֶץ	Desire
גֵּר זֵד	עֲצֵי	עֵצִים	עֵץ	עֵץ	A tree.
חֵץ אֵשׁ	עִזֵּי	עִזִּים	עֵז	עֵז	A goat.
אֹפֶן	כּוֹכְבֵי	כּוֹכָבִים	כּוֹכַב	כּוֹכָב	A star.
אוֹיֵב יוֹנֵק אֹפֶה	שׁוֹמְרֵי	שׁוֹמְרִים	שׁוֹמֵר	שׁוֹמֵר	A keeper.
	כֹּהֲנֵי	כֹּהֲנִים	כֹּהֵן	כֹּהֵן	A priest.
בֹּקֶר	חָדְשֵׁי	חֳדָשִׁים	חֹדֶשׁ	חֹדֶשׁ	A month.
אֹסֶף	אָהֳלֵי	אֹהָלִים	אֹהֶל	אֹהֶל	A tent.
בּוּס דּוּד דּוֹר	טוֹבֵי	טוֹבִים	טוֹב	טוֹב	Good.
רֹב חֹק	עֻזֵּי	עֻזִּים	עֹז	עֹז	Strength.
טוּר דּוּד	צוּרֵי	צוּרִים	צוּר	צוּר	A rock.
טַבָּח סַבָּל	גַּנָּבֵי	גַּנָּבִים	גַּנַּב	גַּנָּב	A thief
צַדִּיק שַׂגִּיא	לַפִּידֵי	לַפִּידִים	לַפִּיד	לַפִּיד	A torch.
חַנּוּן שַׁכּוּל	אַלּוּפֵי	אַלּוּפִים	אַלּוּף	אַלּוּף	A prince.
שַׁעַר נַחַל	נַעֲרֵי	נְעָרִים	נַעַר	נַעַר	A lad.
אַיִל לַיִל יַיִן	זֵיתֵי	זֵיתִים	זֵית	זַיִת	An olive tree.
	גַּחֲלֵי	גֶּחָלִים	גַּחַל	גַּחַל	A coal.
רֶשֶׁף נֶקֶב	נִסְכֵּי	נְסָכִים	נֶסֶךְ	נֶסֶךְ	A drink-offering.
גֶּפֶן דֶּרֶךְ	מַלְכֵי	מְלָכִים	מֶלֶךְ	מֶלֶךְ	A king.

EXAMPLES.

EXERCISE X. MASCULINE.

Words undergoing the same variations as those in the opposite columns.	Plural. Regimen.	Plural. Absolute.	Singular. Regimen.	Singular. Absolute.	Signification.
אֶבֶן	עַבְדֵי	עֲבָדִים	עֶבֶד	עֶבֶד	A servant.
פֶּשַׁע פִּשְׁעֵי	זַרְעֵי	זְרָעִים	זֶרַע	זֶרַע	Seed.
כִּכָּר	אִכָּרֵי	אִכָּרִים	אִכַּר	אִכָּר	A husbandman.
עִוֵּר אִטֵּר	עִקְּשֵׁי	עִקְּשִׁים	עִקֵּשׁ	עִקֵּשׁ	Perverse.
בִּכּוּר פִּגּוּל	לִמּוּדֵי	לִמּוּדִים	לִמּוּד	לִמּוּד	Learned.
	כְּלֵי	כֵּלִים	כְּלִי	כְּלִי	A vessel.
גְּדִי		צְבָיִים צְבָאִים צְבָאוֹת	צְבִי	צְבִי	A roe.
	חָלְיֵי	חֳלָיִים חֳלָיִם	חֳלִי	חֳלִי	A decease.

DUAL.

	Regimen.	Absolute.	Regimen.	Absolute.	Signification.
	שִׂפְתֵי	שְׂפָתַיִם	שְׂפַת	שָׂפָה	A lip.
	כַּנְפֵי	כְּנָפַיִם	כְּנַף	כָּנָף	A wing.
	יַרְכֵי	יְרֵכַיִם	יֶרֶךְ	יָרֵךְ	A thigh.
	יְדֵי	יָדַיִם	יַד	יָד	A hand.
	שִׁנֵּי	שִׁנַּיִם	שֵׁן שֶׁן	שֵׁן	A tooth.
	אָזְנֵי	אָזְנַיִם	אֹזֶן	אֹזֶן	An ear.
	נַעֲלֵי נַעֲלוֹת	נַעֲלַיִם	נַעַל	נַעַל	A shoe.
	עֵינֵי	עֵינַיִם	עֵין	עַיִן	An eye.
	אַפֵּי	אַפַּיִם	אַף	אַף	A nose.
	רַגְלֵי	רַגְלַיִם	רֶגֶל	רֶגֶל	A foot.
	דַּלְתֵי	דְּלָתַיִם	דֶּלֶת	דֶּלֶת	A door.
	בִּרְכֵּי	בִּרְכַּיִם	בֶּרֶךְ	בֶּרֶךְ	A knee.

FEMININE.

Words undergoing the same variations as those in the opposite columns.	PLURAL. Regimen.	PLURAL. Absolute.	SINGULAR. Regimen.	SINGULAR. Absolute.	Signification
בָּבָה בָּמָה קָמָה	יְפוֹת	יְפוֹת	יְפַת	יָפָה	Beautiful
אַרְבֶּה	חָכְמוֹת	חֲכָמוֹת	חָכְמַת	חָכְמָה	Wisdom
עֵדָה	עֲצוֹת	עֵצוֹת	עֲצַת	עֵצָה	Counsel.
מַשְׂכִּית	שְׁנִיּוֹת	שְׁנִיּוֹת	not used.	שֵׁנִית	The second
יַבָּשָׁה בְּהָרָה בַּטָּחָה	בַּקָּשׁוֹת	בַּקָּשׁוֹת	בַּקָּשַׁת	בַּקָּשָׁה	A request
	מַמְלְכוֹת	מַמְלָכוֹת	מַמְלֶכֶת	מַמְלָכָה	A kingdom
גָּלוּת	מַלְכֻיּוֹת	מַלְכֻיּוֹת	מַלְכוּת	מַלְכוּת	A kingdom
שַׁלְוָה	שַׂלְמוֹת	שְׂלָמוֹת	שַׂלְמַת	שַׂלְמָה	A garment
	עַלְמוֹת	עֲלָמוֹת	עַלְמַת	עַלְמָה	A virgin.
	נַעֲרוֹת	נְעָרוֹת	נַעֲרַת	נַעֲרָה	A damsel
אֶבְרָה חֶלְקָה עֶדְנָה	חֶרְפּוֹת	חֲרָפוֹת	חֶרְפַּת	חֶרְפָּה	Reproach
מַחֲשָׁבָה	מֶמְשְׁלוֹת	מֶמְשָׁלוֹת	מֶמְשֶׁלֶת	מֶמְשָׁלָה	Dominion
גִּבְעָה	שִׂמְחוֹת	שְׂמָחוֹת	שִׂמְחַת	שִׂמְחָה	Joy.
תִּפְאָרָה	מִשְׁפְּחוֹת	מִשְׁפָּחוֹת	מִשְׁפַּחַת	מִשְׁפָּחָה	A family.
צְדָקָה	בִּרְכוֹת	בְּרָכוֹת	בִּרְכַּת	בְּרָכָה	A blessing
אֲפֵלָה גְּזֵרָה תְּאֵנָה	בְּרֵכוֹת	בְּרֵכוֹת	בְּרֵכַת	בְּרֵכָה	A pool.
	בַּהֲמוֹת	בְּהֵמוֹת	בֶּהֱמַת	בְּהֵמָה	Cattle.
	מַלְאֲכוֹת	מְלָאכוֹת	מְלֶאכֶת	מְלָאכָה	A work.
חֲנִית	שְׁחִיתוֹת	שְׁחִיתוֹת	שְׁחִית	שְׁחִית	A pit.

48. Some nouns are irregular, having the masculine termination in the singular, and the feminine, or both, in the plural, as שֵׁם Shaim, a name, שֵׁמוֹת Shaimoth, names; עָב Av, a cloud, עָבִים Avim, and

עָבוֹת Avoth, clouds. Others have the feminine termination in the singular, and the masculine in the plural, as אִשָּׁה Ishsha, a woman, נָשִׁים Nashim, women; and some have both the dual and plural terminations joined together, as חוֹמָה Choma, a wall, חוֹמוֹתַיִם Chomothayim, walls.

EXAMPLES OF IRREGULAR NOUNS.

Words undergoing the same variations as those in the opposite columns.	PLURAL. Regimen.	Absolute.	SINGULAR. Regimen.	Absolute.	Signification.
	אֲבוֹת	אָבוֹת	אֲבִי	אָב	A father.
חָם	אֲחֵי	אַחִים	אֲחִי	אָח	A brother.
	בְּנֵי	בָּנִים	בֶּן	בֵּן	A son.
	בָּתֵּי	בָּתִּים	בֵּית	בַּיִת	A house.
	רָאשֵׁי	רָאשִׁים	רֹאשׁ	רֹאשׁ	A head.
	יְמֵי	יָמִים	יוֹם	יוֹם	A day.
	אַנְשֵׁי	אֲנָשִׁים	אֱנוֹשׁ	אֱנוֹשׁ	A man.
	גְּדָיֵי	גְּדָיִים	גְּדִי	גְּדִי	A kid.
	צִיֵּי	צִים / צִיִּים	צִי	צִי	A ship.
שׁוֹר חוֹחַ	שׁוּקֵי	שְׁוָקִים	שׁוּק	שׁוּק	A street.
	פִּיּוֹת	פִּים	פִּי	פֶּה	A mouth.
	בְּהֹנוֹת	בְּהֹנוֹת	בֹּהֶן	בֹּהֶן	A thumb.
			מֵי מֵימֵי	מַיִם	Water.
	אִמּוֹת	אִמּוֹת	אֵם	אֵם	A mother.
חָמוֹת	אַחְיוֹת	אֲחָיוֹת	אֲחוֹת	אָחוֹת	A sister.
	בְּנוֹת	בָּנוֹת	בַּת	בַּת	A daughter
	אַמְהוֹת	אֲמָהוֹת	אֲמַת	אָמָה	A maid-servant.
	מְנָאוֹת / מְנָיוֹת	מָנוֹת	מְנָת מְנַת	מָנָה	A portion.
	נְשֵׁי	נָשִׁים	אֵשֶׁת	אִשָּׁה	A woman.
	עָרֵי	עֲיָרִים / עָרִים	עִיר	עִיר	A city

CHAP. VI.

שֵׁם הַתּוֹאַר. *Shaim Hathtoar.* *Adjective.*

An Adjective is a word added to the Substantive, to describe its quality, as אִישׁ טוֹב Ish Tov, a *good* Man, בַּיִת גָּדוֹל Bayith Gadol, a *large* House.

49. An adjective must agree with its Substantive, in Gender and Number, as נַעַר טוֹב Naar *tov*, a *good* Lad; נַעֲרָה טוֹבָה Naarah tovah, a good Damsel; נְעָרִים טוֹבִים Nearim tovim, good Lads; נְעָרוֹת טוֹבוֹת Nearoth tovoth, good Damsels.

50. An adjective (also verb or participle) belonging to two or more Substantives must be in the plural Number; and if one of the Nouns be Mas. the adjective (verb or participle) must be of the Mas. Gend. as אַבְרָהָם וְשָׂרָה זְקֵנִים Avraham wesarah zekainim, Abraham and Sarah were old. בָּנֶיךָ וּבְנוֹתֶיךָ נְתוּנִים Banecha UvenothechaNethoonim, thy sons and thy daughters shall be given.

51. The degrees of comparison are three:

First, the Positive, as טוֹב tov, good.

Second, the Comparative, which is formed by prefixing to the Substantive to which the preference is given, or the adjective belonging to that noun, a מִ Mem with a(.)chirik, and a dagesh in the succeeding letter, as וְנָתַתִּי שֵׁם טוֹב מִבָּנִים וּמִבָּנוֹת Wenathathti shaim tov mivbanim umivbanoth, And I will give thee a name better than sons and daughters; וְהַנָּחָשׁ הָיָה עָרוּם מִכֹּל חַיַּת Wehannachash hayah aroom michcol chayath, and the serpent was more subtle than any beast; and if the letter does not admit of a dagesh, the (ִ) chirik is changed into (ֵ) zairay, as טוֹב־לִי תוֹרַת־פִּיךָ מֵאַלְפֵי זָהָב וָכָסֶף Tov li thorath picha maialphay zahav wachaseph, the law of thy mouth is better to me than thousands of gold and silver; or by prefixing מִן־ Min and a makaph, as טוֹבִים הַשְּׁנַיִם מִן־הָאֶחָד Tovim hashshenayim min haechad, two are better than one.

Third, the superlative degree, which is made by joining the word מְאֹד Meod with the adjective, as טוֹב מְאֹד Tov meod, very good.

Prefixing a בּ Baith to the noun, as הַטּוֹב בַּנָּשִׁים Hattov bannashim, the best amongst women.

Repeating the adjective, as טוֹב טוֹב Tov tov, exceedingly good.

Using two synonymous words, עָנִי וְאֶבְיוֹן Ani weevyon, poor and needy, i. e. exceedingly poor.

Doubling the noun, as שְׁמֵי הַשָּׁמַיִם Shemay hashshamayim, the heaven of heavens, or the highest heaven.

Note.—For examples and exercises respecting the variations of adjectives, in number and regimen, the student is referred to the examples in the preceding chapter.

CHAP. VII.

. כִּנּוּיִם *Kinooyim. Pronouns.*

A pronoun is a word used instead of the noun, to avoid the too frequent repetition of the same word, as Man is the creature of God, for *he* (i. e. Man) was made by *him*; namely, by God.

In the Hebrew the pronouns are either separable, consisting of distinct words; or inseparable, i. e. letters added or affixed to the noun.

52. Separable pronouns are either personal, relative, demonstrative, or interrogative.

I. PERSONAL PRONOUNS:

In which are to be noticed, Genders, Numbers, and Cases.

	Sing.				*Plu.*		
1.	אָנֹכִי	Anochi		1. Com.	אֲנַחְנוּ	Anachnoo	We
	אֲנִי	Ani			נַחְנוּ	Nachnoo	
					אֲנוּ	Anoo	
2.	אַתָּה	Athtah	Thou	Mas.	אַתֶּם	Athtem	Ye
	אַתְּ	Atht		Fem.	אַתֶּן	Athten	
					אַתֵּנָה	Athtena	
3.	הוּא	Hoo	He	Mas.	הֵם	Haim	They
					הֵמָּה	Haimmah	
	הִיא	Hi	She	Fem.	הֵן	Hain	
	הִוא	Hi			הֵנָּה	Hainnah	

53. The personal pronouns are declined thus:

SINGULAR.

	1st Pers. Com.	2d Pers. Mas.	2d Pers. Fem.	3d Pers. Mas.	3d Pers. Fem.
Nom.	Ani I אֲנִי	Athta Thou אַתָּה	Atht Thou אַתְּ	Hoo He הוּא	Hi She הִיא
Gen.	Shelli Of me שֶׁלִּי	Shellecha Of thee שֶׁלְּךָ	Shellach Of thee שֶׁלָּךְ	Shello, Of him שֶׁלּוֹ	Shellah Of Her שֶׁלָּהּ
Dat.	Li To me לִי	Lecha To thee לְךָ	Lach To thee לָךְ	Lo To him לוֹ	Lah To Her לָהּ
Acc.	Othi Me אוֹתִי	Othecha Thee אוֹתְךָ	Othach Thee אוֹתָךְ	Otho Him אוֹתוֹ	Othah Her אוֹתָהּ
Abl.	Mimmenni From me מִמֶּנִּי	Mimmecha From thee מִמְּךָ	Mimmach From thee מִמֵּךְ	Mimmennoo From him מִמֶּנּוּ	Shimmenuah From her מִמֶּנָּה
Abl.	Bi In me בִּי	Becha In thee בְּךָ	Bach, In thee בָּךְ	Bo In him בּוֹ	Bah In her בָּהּ

PLURAL.

	1st Pers. Com.	2d Pers. Mas.	2d Pers. Fem.	3d Pers. Mas.	3d Pers. Fem.
Nom.	Nachnoo We נַחְנוּ	Athtem You אַתֶּם	Athten You אַתֶּן	Haim They הֵם	Hain They הֵן
Gen.	Shellanoo Of us שֶׁלָּנוּ	Shellaschem Of you שֶׁלָּכֶם	Shellachen Of you שֶׁלָּכֶן	Shellahem Of them שֶׁלָּהֶם	Shellahen Of them שֶׁלָּהֶן
Dat.	Lanoo To us לָנוּ	Lachem To you לָכֶם	Lachen To you לָכֶן	Lahem To them לָהֶם	Lahen To them לָהֶן
Acc.	Othanoo Us אוֹתָנוּ	Ethchem You אֶתְכֶם	Ethchen You אֶתְכֶן	Otham Them אוֹתָם	Othan Them אוֹתָן
Abl.	Mimmennoo From us מִמֶּנּוּ	Mimmechem From you מִמְּכֶם	Mimmechen From you מִמְּכֶן	Maihem From them מֵהֶם	Maihen From them מֵהֶן
Abl.	Banoo In us בָּנוּ	Bachem In you בָּכֶם	Bachen In you בָּכֶן	Bam In them בָּם Bachem בָּהֶם	Bahen In them בָּהֶן

II. Relative Pronoun.

אֲשֶׁר Asher, that, which, who, Sing. and Plur. Mas. and Fem.

III. Demonstrative Pronouns.

זֶה Zeh, this, that, mas. sing. אֵל Ail / אֵלֶּה Ailleh } these pl.

זֹה Zoh / זוֹ Zo / זֹאת Zoth } this, that, fem. sing.

זוּ Zoo / הַלָּז Hallaz } this, that, com.

IV. Interrogative Pronouns.

מִי Mi, who, what person?

מָה Mah, מַה Mah, or מֶה Meh, which or what thing?

EXAMPLES.

וְהָיָה הָאִישׁ אֲשֶׁר לֹא יִשְׁמַע And it shall come to pass, that the man *that* will not hearken.

וְאָשׁוּבָה אֶל־אַחַי אֲשֶׁר־בְּמִצְרַיִם And I will return unto my brethren *that* are in Egypt.

וְהוֹרֵיתִיךָ אֲשֶׁר תְּדַבֵּר And I will teach thee, *what* thou shalt say.

אַתָּה וּבִנְךָ וּבִתֶּךָ עַבְדְּךָ וַאֲמָתְךָ וּבְהֶמְתֶּךָ וְגֵרְךָ אֲשֶׁר בִּשְׁעָרֶיךָ Thou, nor thy son, nor thy daughter, thy man-servant, nor thy maid-servant, nor thy cattle, nor thy stranger *that* is within thy gates.

וַיִּקְרָא אֶת־שְׁמוֹ נֹחַ לֵאמֹר זֶה יְנַחֲמֵנוּ And he called his name Noach, saying, *this* shall comfort us.

זֶה אֵלִי *This* is my God.

אֵל נוּלְּדוּ לְהָרָפָא *These* were born unto the giants.

הַגּוֹיִם הָאֵל *Those* nations.

שְׁלֹשָׁה אֵלֶּה בְּנֵי־נֹחַ וּמֵאֵלֶּה נָפְצָה כָל־הָאָרֶץ *These* are the three sons of Noach, and of *them* was the whole earth overspread.

אֵלֶּה תּוֹלְדֹת נֹחַ *These* are the generations of Noach.

לֹא־זֶה הַדֶּרֶךְ וְלֹא־זֹה הָעִיר This is not the way, nor is *this* the City.

זוֹ לְעֲגָם בְּאֶרֶץ מִצְרָיִם *This* shall be their derision in the land of Egypt.

זֹאת עֲשׂוּ Do *this*, זֹאת חֻקַּת הַפָּסַח *This* is the ordinance of the Passover.

מִן־הַדּוֹר זוּ From *this* generation.

עַם זוּ גָּאָלְתָּ *This* people whom thou hast redeemed.

אֶל־הַסֶּלַע הַלָּז Upon *this* Rock.

מִי־הָאִישׁ הַלָּזֶה What man is *this*?

בַּת־מִי אַתְּ *Whose* daughter art thou?

מִי אַתָּה *Who* art thou?

מִי אֵלֶּה לָךְ *Who* are those with thee?

מָה אֱנוֹשׁ *What* is man? מָה הוּא לָהּ *What* he was unto her.

מַה שְּׁמוֹ וּמַה שֶּׁם־בְּנוֹ *What* is his name and *what* is his son's name?

מֶה־לַּעֲשׂוֹת לָךְ *What* can be done for thee?

מֶה־הָיָה לוֹ *What* is become of him?

54. Inseparable Pronouns are particles affixed to Nouns, Verbs, Participles and Adverbs.

Those affixed to Nouns are contained in the following Table.

TO A NOUN SINGULAR.

A plural Pronoun.					*A singular Pronoun.*				
3.fem.	3.mas.	2.fem.	2.mas.	1.com.	3.fem.	3.mas.	2.fem.	2.mas.	1.com
ָן ,ָן	ָם, הֶם, מוֹ their	ְכֶן	ְכֶם your	ָנוּ ,ֵנוּ our	ָהּ her	וֹ ,ֵהוּ ,ֹה his	ֵךְ ,ֵכִי	ָךְ ,כָה ,ְךָ ,ֶךָ thy	ִי my

TO A NOUN PLURAL.

3.fem.	3.mas.	2.fem.	2.mas.	1.com.	3.fem.	3.mas.	2.fem.	2.mas.	1.com
ֵיהֶן	ֵימוֹ ,ֵיהֶם	ֵיכֶן	ֵיכֶם	ֵינוּ	ֶיהָ	ֵיהוּ ,ָיו	ַיִךְ ,ֵיכִי	ֶיךָ	ַי ,ָי

*The Vowel preceding the Affix belongs to the last letter of the Noun.

EXAMPLE I.

A NOUN, Masculine.

A pl. Noun דְּבָרִים *DEVARIM, Words.*		*A sing. Noun* דָּבָר *DAVAR, a Word.*		
pl. pron.	*sing. pron.*	*pl. pron.*	*sing. pron.*	
דְּבָרֵינוּ Devarainoo, our words.	דְּבָרַי Devary, my words.	דְּבָרֵנוּ Devarainoo, our words.	דְּבָרִי Devari, my word.	*Com.* 1.
דִּבְרֵיכֶם Divraichem, your words.	דְּבָרֶיךָ Devaraicha, thy words.	דְּבַרְכֶם Devorchem, your word.	דְּבָרְךָ Devorcha, thy word.	*M.* 2.
דִּבְרֵיכֶן Divraichen, your words.	דְּבָרַיִךְ Devaravich, thy words.	דְּבַרְכֶן Devorchen, your word.	דְּבָרֵךְ Devaraich, thy word.	*F.* 2.
דִּבְרֵיהֶם Divraihem, their words.	דְּבָרָיו Devarov, his words.	דְּבָרָם Devaram, their word.	דְּבָרוֹ Devaro, his word.	*M.* 3.
דִּבְרֵיהֶן Divraihen, their words.	דְּבָרֶיהָ Devareha, her words.	דְּבָרָן Devaran, their word.	דְּבָרָהּ Devarah, her word.	*F.* 3.

EXAMPLE II.

A NOUN, Feminine.

תּוֹרוֹת *TOROTH, Laws.*		תּוֹרָה *TORAH, a Law.*		
תּוֹרוֹתֵינוּ Torothainoo, our laws.	תּוֹרוֹתַי Torothy, my laws.	תּוֹרָתֵנוּ Torathainoo, our law.	תּוֹרָתִי Torathi, my law.	*Com.* 1.
תּוֹרוֹתֵיכֶם Torothaichem, your laws.	תּוֹרוֹתֶיךָ Torothecha, thy laws.	תּוֹרַתְכֶם Torathchem, your law.	תּוֹרָתְךָ Torothcha, thy law.	*M.* 2.
תּוֹרוֹתֵיכֶן Torothaichen, your laws.	תּוֹרוֹתַיִךְ Torothavich, thy laws.	תּוֹרַתְכֶן Torathchen, your law.	תּוֹרָתֵךְ Torathaych, thy law.	*F.* 2.
תּוֹרוֹתֵיהֶם Torothaihem, their laws.	תּוֹרוֹתָיו Torothav, his laws.	תּוֹרָתָם Toratham, their law.	תּוֹרָתוֹ Toratho, his law.	*M.* 3.
תּוֹרוֹתֵיהֶן Torothaihen, their laws.	תּוֹרוֹתֶיהָ Torotheha, her laws.	תּוֹרָתָן Torathan, their law.	תּוֹרָתָהּ Torathah, her law.	*F.* 3.

CHAP. VIII.

פּוֹעַל *Po-ail*, *Verb.*

A Verb is a part of speech, which signifies to be, to do, or to suffer, and is either מָלֵא Malay, perfect or regular or חָסֵר Chasair, imperfect or irregular.

A Verb generally consists of three radical letters, the first with a (ָ) Kametz, and the second with a (ַ) Pathach, as פָּעַל Pa-al, but sometimes with a (ֵ) Tzairay, as חָפֵץ Chaphaitz, or with a (ֹ) Cholam, as קָטוֹן Katon, and always with (ָ) Kametz, when the third radical is א Aleph, or ה Hay, as מָצָא Matza, גָּלָה Galah.

In a regular Verb is to be noticed, its Conjugations, Voices, Moods, Tenses, Numbers, Persons, and Genders.

55. In the Hebrew language, correctly speaking, is but *one** conjugation, called בִּנְיָן Binyan, but

* The Author takes leave to state briefly the reason why he differs from all the eminent Grammarians that have gone before him, who numerate seven distinct conjugations.

In the Latin language, all Grammarians are agreed that there are *four* conjugations, and that every regular Verb is declined or conjugated after the example of one of these conjugations, but in Hebrew all perfect Verbs are conjugated after the *one* example of Pa-al. And though the Verb varies in its signification seven times, yet it would be very improper to call these variations distinct conjugations. No one ever supposed that Amo and Amor are two different conjugations,

has seven significations, which are distinguished from each other by different names and characteristic marks, as

1. פָּעַל Pa-al, he wrought, and is called קַל Kal, i. e. light, because it is simple in its signification and not burthened with any characteristic marks.

2. נִפְעַל Niph-al, he was wrought upon; characterised by a prefix נ Noon, or by a Dagesh in the first radical.

3. פִּעֵל Pi-ail, he wrought diligently; characterised by a Dagesh in the second radical, as לִמֵּד Limmaid.

4. פֻּעַל Pu-al, he was diligently wrought upon; characterised by a (ֻ) Kivbutz, under the first radical and a dagesh in the second, as לֻמַּד Lummad.

5. הִפְעִיל Hiph-il, he caused another to work; characterised for the most part by a ה Hay pre-

why then should the active and the passive in Hebrew be stiled so? Is it to be wondered at therefore, that many a Hebrew student has been discouraged by being told he had to learn seven conjugations, especially after he had experienced the great difficulty of making himself master of the four Latin Conjugations. Would it not naturally suggest to him the idea, that he has to learn in each conjugation, an active and passive voice, which would make fourteen paradigms, and the Indicative and Subjunctive of each voice would double the number, and make it twenty-eight, whilst in reality there are but seven simple paradigms, and differing so little from each other, that if the first be once learned, the others will soon be known.

fix and a י Yood inserted between the second and third radicals.

6. הָפְעַל Hoph-al, he was caused to work; characterised by a (ְ) Sheva, under the first radical and a (ֻ) Kivbutz or (ֳ) Chateph-Kametz under the prefix.

7. הִתְפַּעֵל Hith-pa-ail, he wrought upon himself; characterised by the syllable הִת Hith prefixed and a Dagesh in the second radical, as הִתְלַמֵּד Hith-lammaid; except when the first radical is ס Samech, שׁ Sheen, or שׂ Seen, the characteristic ת Tav, changes place with the first radical, as הִסְתַּבֵּל Histavbail for הִתְסַבֵּל Hithsavbail; הִשְׁתַּמֵּר Hishtammair, and not הִתְשַׁמֵּר Hithshammair; הִשְׂתַּכֵּר Aithtachcair for הִתְשַׂכֵּר Hithsachcair.—When the first radical is צ Tzaday, the ת Tav is changed into ט Teth, and the ט Teth changes place with the first radical, as הִצְטַדֵּק Hitztaddaik for הִתְצַדֵּק Hithtzaddaik.—And when the first radical is ד Daleth, ט Teth or ת Tav, the characteristic ת Tav is omitted and a Dagesh placed in the first radical, as אֶדַּמֶּה Eddammeh for אֶתְדַּמֶּה Ethdammeh, הִטַּהֵר Hittahair for הִתְטַהֵר Hithtahair, הִתַּמְּהוּ Hithtammehoo for הִתְתַּמְּהוּ Hithtammehoo.

56. A Verb has two Voices; the Active, speaking of the person that performs the action, called פּוֹעֵל Po-ail, and the Passive, speaking of the person or thing upon whom the action is performed, and is called פָּעוּל Pa-ool: except in

those verbs in which the nature of the action cannot admit of a passive, called intransitive verbs, as I sleep, I walk, &c.

57. In the preceding paradigms Pa-al or Kal, Pi-ail and Hiphail are active; Niph-al, Pu-al, and Hoph-al, are passive; and Hith-pa-ail is both active and passive.

58. The Moods are three.

The Indicative, describing the action as done, doing, or to be done, with certainty.

The Imperative, צִוּוּי Ziv-woy, commanding a thing to be done.

The Infinitive מָקוֹר Makor; simply speaking of the action without any regard to time.

59. The Tenses are three only.

עָבָר Avar, past or preterite, expressing the action already done, and includes the preterperfect, the preterimperfect, and the preterpluperfect.

עָתִיד Athid, Future, declaring the action yet to be done.

בֵּינוֹנִי Bainoni, Intermediate, i. e. between the past and future, of which there are two, פּוֹעֵל Po-ail, or present participle, and פָּעוּל Pa-ool, or past, passive participle.

60. Numbers are two; the Singular and the Plural.

61. There are three persons שְׁלשָׁה גוּפוֹת She-loshah Goo-photh, in most parts of the Verb.

1. The first person, עַצְמוֹ Atzmo, or מְדַבֵּר בְּעַדוֹ Medavbair baado, the person speaking of himself.

2. The second person, נִמְצָא Nimtza or שֶׁלְנוֹכַח Shellenochach, the person spoken to.

3. The third person, בִּלְתִּי נִמְצָא Bilti Nimtza, שֶׁלֹּא לְנוֹכַח Shello Lenochach, שֶׁלֹּא בְּפָנִים Shello Vephanim, or נִסְתָּר Nistar, the person spoken of.

62. Genders are two, Mas. and Fem. except the first person Sing. and Plural in the preterite and future, and the third person plural preterite which are Common.

63. The different numbers, persons, and genders are formed by prefixes and affixes, joined to the Root of the Verb in the following order, in which, observe, the *dots* represent the radicals.

Participle Passive	Participle Present	Imperative Affixes	Future Prefixed and affixed	Preter Affixed	SINGULAR.
Sing.	Sing.	···	י···	···	he
···	··· Mas.	···ִי	ת···	···ָה	she
···ָה	···ָה } Fem.		ת···	···ָתּ	thou mas.
	···ֶת }		ת···ִי	···ְתְּ	thou fem.
			א···	···ְתִּי	I com.
					PLURAL.
				···וּ	they com.
			י···וּ		they mas.
Plur.	Plur.		ת···ְנָה or ן		they fem.
···ִים	···ִים Mas.	···וּ	ת···וּ	···ְתֶּם	ye mas.
···וֹת	···וֹת Fem.	···ְנָה ן	ת···ְנָה or ן	···ְתֶּן	ye fem.
			נ···	···ְנוּ	we com.

64. A perfect verb is conjugated after the example of לָמַד lamad.

Note. The word used by the ancient Grammarians for an example of a verb was פָּעַל paal, from whence the different paradigms have derived their names (see R. 55.) Hence the first letter of a verb is called פ Pay, the second ע Ayin, and the third ל Lamed. But modern Grammarians have justly chosen another word instead of פָּעַל Paal, because of the dagesh lene in the פ, which might be mistaken for the characteristic dagesh; and because of the ע which admits of no dagesh at all.

65. 1. Paradigm פָּעַל Paal or קַל Kal.

INDICATIVE MOOD. PRETER TENSE.

Person.	SINGULAR.	*Gender.*
3*	לָמַד lamad, he did learn.	Mas.
	לָמְדָה lamedah, she did learn.	Fem.
2	לָמַדְתָּ lamadta, thou didst learn.	Mas.
	לָמַדְתְּ lamadt, thou didst learn.	Fem.
1	לָמַדְתִּי lamadti, I did learn.	Com.
	PLURAL.	
3	לָמְדוּ lamedoo, they did learn.	Com.
2	לְמַדְתֶּם lemadtem, ye did learn.	Mas.
	לְמַדְתֶּן lemadten, ye did learn.	Fem.
1	לָמַדְנוּ lamadnoo, we did learn.	Com.

FUTURE TENSE.

	SINGULAR.	
1	אֶלְמוֹד elmod, I shall or will learn.	com.
2	תִּלְמוֹד tilmod, thou shalt or wilt learn.	Mas.
	תִּלְמְדִי tilmedi, thou shalt or wilt learn.	Fem.
3	יִלְמוֹד yilmod, he shall or will learn.	Mas.
	תִּלְמוֹד tilmod, she shall or will learn.	Fem.

* The third person is used first because it is the שֹׁרֶשׁ Shoresh, Root of the whole Verb.

Person.	PLURAL.	Gender.
1	נִלְמוֹד nilmod, we shall or will learn.	Com.
2	תִּלְמְדוּ tilmedoo, ye shall or will learn.	Mas.
	תִּלְמוֹדְנָה tilmodenah, they shall learn.	Fem.
3	יִלְמְדוּ yilmedoo, they shall learn.	Mas.
	תִּלְמוֹדְנָה tilmodenah, ye shall learn.	Fem.

IMPERATIVE MOOD.

SINGULAR.

2	לְמוֹד lemod, learn thou.	Mas.
	לִמְדִי limdi, learn thou.	Fem.

PLURAL.

2	לִמְדוּ limdoo, learn ye.	Mas.
	לְמוֹדְנָה lemodenah, learn ye.	Fem.

INFINITIVE MOOD.

לָמוֹד Lamod, to learn.

PARTICIPLE PRESENT.

SINGULAR.

3	לוֹמֵד lomaid, he is learning.	Mas.
	לוֹמְדָה lomedah, she is learning.	Fem.
	לוֹמֶדֶת lomedeth, she is learning.	Fem.

PLURAL.

3	לוֹמְדִים lomedim, they are learning.	Mas.
	לוֹמְדוֹת lomedoth, they are learning.	Fem.

66. The first and second person is formed by prefixing their respective pronouns, as אֲנִי לוֹמֵד Aani lomaid, I am learning אַתָּה לוֹמֵד Athta lomaid, thou art learning.

PARTICIPLE PASSIVE.

SINGULAR.

3	לָמוּד lamood, he is learned.	Mas.
	לְמוּדָה lemoodah, she is learned.	Fem.

PLURAL.

3	לְמוּדִים lemoodim, they are learned.	Mas.
	לְמוּדוֹת lemoodoth, theyare learned.	Fem.

66. 2. *Paradigm*, נִפְעַל *Niphal*.

INDICATIVE MOOD. PRESENT TENSE.

SINGULAR.

Person.			*Gender.*
3	נִלְמַד	Nilmad, he was taught,	Mas.
	נִלְמְדָה	Nilmedah,	Fem.
2	נִלְמַדְתָּ	Nilmadta, thou wast taught,	Mas.
	נִלְמַדְתְּ	Nilmadt,	Fem.
1	נִלְמַדְתִּי	Nilmadti, I was taught,	Com.

PLURAL.

3	נִלְמְדוּ	Nilmedoo, they were taught,	Com.
2	נִלְמַדְתֶּם	Nilmadtem, ye were taught,	Mas.
	נִלְמַדְתֶּן	Nilmadten,	Fem.
1	נִלְמַדְנוּ	Nilmadnoo, we were taught,	Com.

FUTURE TENSE.

SINGULAR.

1	אֶלָּמֵד	Ellamaid, I shall or will be taught,	Com.
2	תִּלָּמֵד	Tillamaid, thou shalt or wilt be taught,	Mas.
	תִּלָּמְדִי	Tillamedi,	Fem.
3	יִלָּמֵד	Yillaimaid, he shall or will be taught,	Mas.
	תִּלָּמֵד	Tillamaid,	Fem.

PLURAL.

1 נִלָּמֵד Nillamaid, we shall or will be taught Com.

2 { תִּלָּמְדוּ Tillamedoo, ye shall or will be taught, Mas.
תִּלָּמַדְנָה Tillamaidenah, Fem.

3 { יִלָּמְדוּ Yillamedoo, they shall or will be taught, Mas.
תִּלָּמַדְנָה Tillamaidenah, Fem.

IMPERATIVE MOOD.

SINGULAR.

2 { הִלָּמֵד Hillamaid, be thou taught, Mas.
הִלָּמְדִי Hillamedi, Fem.

PLURAL.

2 { הִלָּמְדוּ Hillamedoo, be ye taught, Mas.
הִלָּמַדְנָה Hillamaidenah, Fem.

INFINITIVE MOOD.

הִלָּמֵד Hillamaid, being taught.

PRESENT PARTICIPLE.

SINGULAR.

3 { נִלְמָד Nilmad, being taught, Mas.
נִלְמָדָה Nilmadah, } Fem.
נִלְמֶדֶת Nilmedeth, }

PLURAL.

3 { נִלְמָדִים Nilmadim, being taught, Mas.
נִלְמָדוֹת Nilmadoth, Fem.

67. 3. *Paradigm* פִּעֵל *Piail.*

INDICATIVE MOOD. PRETER TENSE.

Person.		SINGULAR.	*Gender.*
3	לִמֵּד	Limmaid, he did teach diligently.	Mas.
	לִמְּדָה	Limmedah.	Fem.
2	לִמַּדְתָּ	Limmadta, thou didst teach diligently.	Mas.
	לִמַּדְתְּ	Limmadt.	Fem.
1	לִמַּדְתִּי	Limmadti, I did teach diligently.	Com.
		PLURAL.	
3	לִמְּדוּ	Limmedoo, they did teach diligently.	Com.
2	לִמַּדְתֶּם	Limmadtem, ye did teach diligently.	Mas.
	לִמַּדְתֶּן	Limmadten.	Fem.
1	לִמַּדְנוּ	Limmadnoo, we did teach diligently.	Com.

FUTURE TENSE.

		SINGULAR.	
1	אֲלַמֵּד	Alammaid, I shall or will, teach diligently.	Com.
2	תְּלַמֵּד	Telammaid, thou shalt or wilt teach diligently.	Mas.
	תְּלַמְּדִי	Telammedi.	Fem.
3	יְלַמֵּד	Yelammaid, he shall or will teach diligently.	Mas.
	תְּלַמֵּד	Telammaid.	Fem.

PLURAL.

1 נְלַמֵּד Nelammaid, we shall or will teach diligently. Com.

2 { תְּלַמְּדוּ Telammedoo, ye shall or will teach diligently. Mas.
תְּלַמֵּדְנָה Telammaidnah. Fem.

3 { תְּלַמְּדוּ Telammedoo, they shall or will teach diligently. Mas.
תְּלַמֵּדְנָה Telammaidenah. Fem.

IMPERATIVE.

SINGULAR.

2 { לַמֵּד Lammaid, teach thou diligently. Mas.
לַמְּדִי Lammedi. Fem.

PLURAL.

2 { לַמְּדוּ Lammedoo, teach ye diligently. Mas.
לַמֵּדְנָה Lammaidnah. Fem.

INFINITIVE.

לַמֵּד Lammaid, to teach diligently.

PARTICIPLE PRESENT.

SINGULAR.

3 { מְלַמֵּד Melammaid, he is teaching diligently. Mas.
מְלַמְּדָה Telammedah. } Fem.
מְלַמֶּדֶת Melammedeth. }

PLURAL.

3 { מְלַמְּדִים Melammedim, they are teaching diligently. Mas.
מְלַמְּדוֹת Mlammedoth, they are teaching diligently. Fem.

68. 4. *Paradigm* פֻּעַל Pual.

INDICATIVE MOOD. PRETER TENSE.

Person.		SINGULAR.	*Gender.*
3	לֻמַּד	lummad, he was taught diligently,	Mas.
	לֻמְּדָה	lummedah,	Fem.
2	לֻמַּדְתָּ	lummadta, thou wast taught diligently,	Mas.
	לֻמַּדְתְּ	lummadt,	Fem,
1	לֻמַּדְתִּי	lummadti, I was taught diligently,	Com.

PLURAL.

3	לֻמְּדוּ	lummedoo, they were taught diligently,	Com.
2	לֻמַּדְתֶּם	lummadtem, ye were taught diligently,	Mas.
	לֻמַּדְתֶּן	lummadten,	Fem.
1	לֻמַּדְנוּ	lummadnoo, we were taught diligently,	Com.

FUTURE TENSE. SINGULAR.

1	אֲלֻמַּד	Alummad, I shall or will be taught diligently,	Com.
2	תְּלֻמַּד	telummad, thou shalt or wilt be taught diligently,	Mas.
	תְּלֻמְּדִי	telummedi,	Fem.
3	יְלֻמַּד	Yelummad, he shall or will be taught diligently,	Mas.
	תְּלֻמַּד	telummad,	Fem.

PLURAL.

1 נְלֻמַּד Nelummad, we shall or will be taught diligently. Com.
2 { תְּלֻמְּדוּ Telummedoo, ye. Mas.
תְּלֻמַּדְנָה Telummadnah. Fem.
3 { יְלֻמְּדוּ Yelummedoo, they. Mas.
תְּלֻמַּדְנָה Telummadnah. Fem.

IMPERATIVE. NOT USED.

INFINITIVE.

לֻמּוֹד Lummod, to be taught diligently.

PARTICIPLE PRESENT.

SINGULAR.

3 { לֻמַּד Lummad, he is taught diligently. Mas.
לֻמָּדָה Lummadah. Fem.

PLURAL.

3 { לֻמָּדִים Lummadim, they. Mas.
לֻמָּדוֹת Lummadoth. Fem.

PARTICIPLE PASSIVE.

SINGULAR.

3 { מְלֻמָּד Melummad, he being taught diligently. Mas.
מְלֻמָּדָה Melummadah. } Fem.
מְלֻמֶּדֶת Melummedeth. }

PLURAL.

3 { מְלֻמָּדִים Melummadim, they being taught diligently. Mas.
מְלֻמָּדוֹת Melummadoth. Fem.

62. 5. *Paradigm* הִפְעִל Hiphil.

INDICATIVE MOOD. PRETER TENSE.

Person.	SINGULAR		*Gender.*
3	הִלְמִיד	Hilmid, he caused to teach.	Mas.
	הִלְמִידָה	Hilmidah.	Fem.
2	הִלְמַדְתָּ	Hilmadta, thou causedst to teach.	Mas.
	הִלְמַדְתְּ	Hilmadt.	Fem.
1	הִלְמַדְתִּי	Hilmadti, I caused to teach.	Com.

PLURAL.

3	הִלְמִידוּ	Hilmidoo, they.	Com.
2	הִלְמַדְתֶּם	Hilmadtem, ye.	Mas.
	הִלְמַדְתֶּן	Hilmadten.	Fem.
1	הִלְמַדְנוּ	Hilmadnoo, We.	Com.

FUTURE TENSE.

SINGULAR.

1	אַלְמִיד	Almid, I shall or will cause to teach.	Com.
2	תַּלְמִיד	Talmid, thou.	Mas.
	תַּלְמִידִי	Talmidi.	Fem.
3	יַלְמִיד	Yalmid, he.	Mas.
	תַּלְמִיד	Talmid.	Fem.

PLURAL.

I	נַלְמִיד	Nalmid, we shall or will cause to teach.	Com.
2	תַּלְמִידוּ	Talmidoo, ye.	Mas.
	תַּלְמֵדְנָה	Talmaidenah.	Fem.
3	יַלְמִידוּ	Yalmidoo, ye.	Mas.
	תַּלְמֵדְנָה	Talmaidenah.	Fem.

INFINITIVE MOOD.

הַלְמִיד Halmid,
הַלְמֵד Halmaid, } to cause to teach.

IMPERATIVE MOOD.

SINGULAR.

2	הַלְמֵד	Halmaid, cause thou to teach.	Mas.
	הַלְמִידִי	Halmidi.	Fem.

PLURAL.

2	תַּלְמִידִי	Talmidoo, cause ye to teach.	Mas.
	תַּלְמֵדְנָה	Talmaidenah.	Fem.

PRESENT PARTICIPLE.

SINGULAR.

2	מַלְמִיד	Malmid, He caused to teach.	Mas.
	מַלְמִידָה	Malmidah.	Fem.
	מַלְמֶדֶת	Malmedeth,	Fem.

PLURAL.

2	מַלְמִידִים	Malmidim, they caused to teach.	Mas.
	מַלְמִידוֹת	Malmidoth.	Fem.

70. 6. *Paradigm.* הָפְעַל Hophal.

INDICATIVE MOOD. PRETER TENSE.

Person.	SINGULAR.	Gender.
3	הָלְמַד Holmad, he caused to be taught.	Mas.
	הָלְמְדָה Holmedah.	Fem.
2	הָלְמַדְתָּ Holmadta, thou causedst to be taught.	Mas.
	הָלְמַדְתְּ Holmadt.	Fem.
1	הָלְמַדְתִּי Holmadti, I caused to be taught.	Com.

PLURAL.

Person.	PLURAL.	Gender.
3	הָלְמְדוּ Holmedoo, they caused to be taught.	Com.
2	הָלְמַדְתֶּם Holmadtem, ye caused to be taught.	Mas.
	הָלְמַדְתֶּן Holmadten.	Fem.
1	הָלְמַדְנוּ Holmadnoo, we caused to be taught.	Com.

FUTURE TENSE.

Person.	SINGULAR.	Gender.
1	אָלְמַד Olmad, I shall or will cause to be taught.	Com.
2	תָּלְמַד Tolmad, thou shalt or wilt cause to be taught.	Mas.
	תָּלְמְדִי Tolmedi.	Fem.
3	יָלְמַד Yolmad, he shall or will cause be taught.	Mas.
	תָּלְמַד Tolmad.	Fem.

PLURAL.

1	נַלְמֵד	Nolmad, We shall or will cause to be taught.	Com.
2	תָּלְמְדוּ	Tolmedoo, ye shall or will cause to be taught.	Mas.
	תָּלְמַדְנָה	Tolmadnah.	Fem.
3	יָלְמְדוּ	Yolmedoo, they will or shall cause to be taught.	Mas.
	תָּלְמַדְנָה	Tolmadnah.	Fem.

INFINITIVE MOOD.

הָלְמֵד Holmaid, to cause to be taught.

IMPERATIVE. NOT USED.

PARTICIPLE PRESENT.

SINGULAR.

3	מָלְמָד	Molmad, ye caused to be taught.	Mas.
	מָלְמָדָה	Molmadah.	Fem.
	מָלְמֶדֶת	Molmedeth.	Fem.

PLURAL.

2	מָלְמָדִים	Molmadim. they caused to be taught.	Mas.
	מָלְמָדוֹת	Molmadoth.	Fem.

71. 7. *Paradigm*, הִתְפַּעֵל *Hithpaail.*

INDICATIVE MOOD. PRESENT TENSE.

Person.		SINGULAR.	*Gender.*
3	הִתְלַמֵּד	Hithlammaid, He did teach himself.	Mas.
	הִתְלַמְּדָה	Hithlammedah.	Fem.
2	הִתְלַמַּדְתָּ	Hithlammadta, thou didst teach thyself.	Mas.
	הִתְלַמַּדְתְּ	Hithlammadt.	Fem.
1	הִתְלַמַּדְתִּי	Hithlammadti, I did teach myself.	Com.

PLURAL.

3	הִתְלַמְּדוּ	Hithlammedoo, they did teach themselves.	Com.
2	הִתְלַמַּדְתֶּם	Hithlammadtem, ye did teach yourselves.	Mas.
	הִתְלַמַּדְתֶּן	Hithlammadten.	Fem.
1	הִתְלַמַּדְנוּ	Hithlammadnoo, we did teach ourselves.	Com.

FUTURE TENSE.

SINGULAR.

1	אֶתְלַמֵּד	Ethlammaid, I shall or will teach myself.	Com.
2	תִּתְלַמֵּד	Tithlammaid, thou shalt or wilt teach thyself.	Mas.
	תִּתְלַמְּדִי	Tilthammedi.	Fem.
3	יִתְלַמֵּד	Yithlammaid, he shall or will teach himself.	Mas.
	תִּתְלַמֵּד	Tithlammaid.	Fem.

Person.			Gender.
		PLURAL.	
1	נִתְלַמֵּד	Nithlammaid, we shall or will teach ourselves.	Com.
2	תִּתְלַמְּדוּ	Tithlammedoo, ye shall or will teach yourselves.	Mas.
	תִּתְלַמֵּדְנָה	Tithlammaidenah.	Fem.
3	יִתְלַמְּדוּ	Yithlammedoo, they shall or will teach themselves.	Mas.
	תִּתְלַמֵּדְנָה	Tithlammaidenah.	Fem.
		INFINITIVE MOOD.	
	הִתְלַמֵּד	Hithlammaid, to teach one's-self.	
		IMPERATIVE MOOD.	
		SINGULAR.	
2	הִתְלַמֵּדוּ	Hithlammaid, teach thou thy-self.	Mas.
	הִתְלַמְּדִי	Hithlammedi.	Fem.
		PLURAL.	
2	הִתְלַמֵּדוּ	Hithlammaidoo, teach ye yourselves.	Mas.
	הִתְלַמֵּדְנָה	Hithlammaidenah.	Fem.
		PARTICIPLE PRETER TENSE.	
		SINGULAR.	
3	מִתְלַמֵּד	Mislammaid, he is teaching himself.	Mas.
	מִתְלַמְּדָה	Mithlammedah.	Fem.
	מִתְלַמֶּדֶת	Mithlommedeth.	
		PLURAL.	
3	מִתְלַמְּדִים	Mithlammedim, they are teaching themselves.	Mas.
	מִתְלַמְּדוֹת	Mithlammedoth.	Fem.

XI. EXERCISE.

The following Verbs are conjugated in the same manner as lammad.*

בָּטַל Batal, he did hinder.
גָּמַל Gamal, he recompensed.
דָּבַק Davak, he cleaved.
זָכַר Zachar, he remembered.
חָדַל Chadal, he ceased.
חָסַר Chasar, he diminished.
טָרַף Taraph, he tore, spoiled.
כָּזַב Cazav, he failed, deceived.
לָקַט Lakad, he collected, gathered.
לָבַשׁ Lavash, he clothed.
מָלַךְ Malach, he reigned.
מָשַׁח Mashach, he annointed.
סָגַר Sagar, he shut.
סָפַד Saphad, he mourned.
סָפַר Saphar, he counted.
עָזַב Azav, he forsook.
עָקַשׁ Akash, he perverted.
פָּטַר Patar, he dismissed.
פָּרַשׁ Parash, he scattered.
צָדַק Tzadak, he justified.
צָרַף Tzaraph, he purged.
קָשַׁר Kashar, he bound together.
קָדַשׁ Kadash, he separated, sanctified.
רָגַל Ragal, he walked about, investigated.
רָדַף Radaph, he pursued, persecuted.
שָׁבַר Shavar, he broke.
שָׁלַט Shalat, he ruled.
תָּמַךְ Tamach, he sustained.

* Few Verbs, however, are conjugated in all the parts of the Verb. In many of the Verbs changes take place in some of the points which will be noticed in the proper place.

CHAP. IX.

בִּלְתִּי שְׁלֵמִים Bilti-Shelaimim, irregular Verbs.

72. Irregular Verbs are generally arranged under seven classes, of which the third and fifth are called *defectives* and the other *quiescents*, as,

1, When פ Pay (i. e. the first radical, see the note in Rule 64.) is an א Aleph, as אָכַל Achal, he did eat.

2, When פ Pay is a י Yood, as יָשַׁב Yashav, he did sit.

3, When פ Pay is a נ Noon, as נָגַשׁ Nagash, he drew near.

4, When ע Ayin (i. e. the second radical) is a ו Wav, as קוּם Koom, he did arise.

5, When ע Ayin is Geminatum, (i. e. the same as the third radical) as סָבַב Savav, he surrounded.

6, When ל Lamed (i. e. the third radical) is an א Aleph, as מָצָא Matza, he found.

7, When ל is a ה Hay, as גָּלָה Galah, he revealed.

To these however may be added the Verb הָיָה Hayah, to be.

The following rules will greatly assist in learning the irregular Verbs.

1. Quiescent פ"א Pay-Aleph, אָכַל Achal.

73. The first radical א Aleph, is generally omitted to prevent two alephs coming together, as אֹכַל for אאְכַל.

Exception. אָהַב, אָחַז, and אָסַף are sometimes formed like לָמַד.

2. Quiescent פ"י Pay-Yood, יָשַׁב Yashav.

74. י Yood, the first radical is omitted after every one of the letters האמנתי Heemanti, and its place is generally supplied by a long vowel, as אוֹכַל.

The י Yood is also omitted in the imperative of Kal, as שֵׁב; and in the infinitive of Kal, but has a Tav added, as שֶׁבֶת.

Excep. 1. יָדַע, יָדָה, יָכַח and יָסַר, change י Yood into ו Wav consonant in Hithpaail, as הִתְוַדַּע

Excep. 2. These four יָטַב, יָלַל, יָנַק and יָמַן retain the י Yood, as הֵיטִיב.

Excep. 3. The following Verbs in פ"י are more or less conjugated after the manner of נָגַשׁ, as יצב, יצג, ינח, יצע, יצת and יקף, constantly; יצק, יצר and יסר, generally; יקץ, יחם, ינע and ישר only once.

3. Defective פ"נ Pay-Noon, נָגַשׁ Nagash.

75. The נ Noon radical is dropped in the infinitive and imperative of Kal; also after any of the הָאֶמַנְתִּי letters, the נ Noon is omitted and compensated by a Dagesh in the second radical, except in the future of Niphal, in the whole of Piail, Pual, and Hithpaail.

76. When the second radical is a Guttural, the Noon is not omitted; and those whose second radical is a ו Wav, are conjugated after the example of קוּם.

77. The Verb נָתַן hath in the second per. Pret. נָתַתָּה and תַּתָּה, in the infinitive תֵּת תְּנָה נְתֹן · נָתוֹן and תֵּת־, with the suffix תִּתִּי, the imperative תֵּן תֶּן־ תְּנָה . תְּנִי, future אֶתֵּן תִּתֵּן תִּתְּנִי, plural נִתֵּן נִתַּ, inf. Niphal הִנָּתוֹן, future Hophal יֻתַּן.

4. Quiescent ע"ו Ayin-Wav,* קוּם Koom.

78. The Wav is omitted or quiescent in most parts of the verb, as will be seen by the Tables.

79. The grave Paradigms i. e. those characterized by a Dagesh, double the second radical, as קוֹמֵם, and in some Verbs both radicals, are doubled, as כִּלְכֵּל from כּוּל.

80. Those Verbs whose second radical is ו Wav, or י Yood consonant, are regularly conjugated like לָמַד.

5. Defective ע Ayin-Geminatum, סָבַב Savav.

81. The second radical is frequently omitted,

*To this Class, belong those Verbs whose second radical is י Yood.

and the omission compensated, either by a long vowel under the formatives האמנתי, or by a Dagesh in the first or second radical when an addition is made to the root, see the Tables.

82. The characteristic dagesh is usually omitted, and instead of it, the first radical takes ו Cholem, as סוֹבֵב for סִבֵּב.

6. Quiescent ל״א Lamed-Aleph, מָצָא Matza.

83. After the Example of מָצָא, all Verbs whose third radical is Aleph, are conjugated with the following exceptions.

Excep. 1. Sometimes Aleph is omitted, as יָצָתִי.

Excep. 2. The infinitives often end in את as, מְלֹאת.

Excep. 3. The third per. sing. fem. often terminates in ת instead of ה, as קָרָאת for קָרְאָה.

Excep. 4. The Verb נָשָׂא sometimes in the participle passive changes א into י as נָשׂוּי for נָשׂוּא.

7. Quiescent ל״ה Lamed-Hay, גָּלָה Galah.

84. The ה Hay is frequently changed into י Yood or ת Tav, as will be seen by the Tables.

Excep. the Verbs גָּבַהּ, נָגַהּ, תָּמַהּ, are regular.

85. In some Verbs the first and second radicals are doubled in the grave Paradigms, as שְׁעֲשַׁע.

86. The infinitives end generally in וֹת, as גְּלוֹת, some with ה, as גְּלֹה, and others in ו, as גְּלוֹ.

87. In the Imperative of Piail and Hithpaail both the radical ה and the characteristic Dagesh are often omitted. Also in the future the ה and Dagesh are omitted when prefixed by ו Wav conversivum or the particle אַל,

88. When a Verb has י Yood, or נ Noon, for the first radical and ה Hay, for the last, it has a twofold irregularity; and is conjugated in the beginning like יָשַׁב or נָגַשׁ and at the end like גָּלָה.

89 **III. Table. The Preterite of all Verbs**

PLURAL.

1. Com.	2. Fem.	2. Mas.		3. Com.
*לָמַדְנוּ	לְמַדְתֶּן	לְמַדְתֶּם	ו	לָֽמְדוּ
	אֲכַלְתֶּן	אֲכַלְתֶּם		
קַמְנוּ	קַמְתֶּן	קַמְתֶּם		קָמוּ
סַבּוֹנוּ	סַבּוֹתֶן	סַבּוֹתֶם		סַבּוּ
מָצָאנוּ	מְצָאתֶן	מְצָאתֶם		מָֽצְאוּ
גָּלִינוּ	גְּלִיתֶן	גְּלִיתֶם		גָּלוּ
הָיִינוּ	הֲיִיתֶן	הֱיִיתֶם		הָיוּ
נִלְמַדְנוּ	נִלְמַדְתֶּן	נִלְמַדְתֶּם		נִלְמְדוּ
נֶאֱכַלְנוּ	נֶאֱכַלְתֶּן	נֶאֱכַלְתֶּם		נֶאֶכְלוּ
נוֹשַׁבְנוּ	נוֹשַׁבְתֶּן	נוֹשַׁבְתֶּם		נוֹשְׁבוּ
נִגַּשְׁנוּ	נִגַּשְׁתֶּן	נִגַּשְׁתֶּם		נִגְּשׁוּ
נְקוּמוֹנוּ	נְקוּמוֹתֶן	נְקוּמוֹתֶם		נָקוֹמוּ
נְסַבּוֹנוּ	נְסַבּוֹתֶן	נְסַבּוֹתֶם		נָסַבּוּ
נִמְצֵאנוּ	נִמְצֵאתֶן	נִמְצֵאתֶם		נִמְצְאוּ
נִגְלֵינוּ	נִגְלֵיתֶן	נִגְלֵיתֶם		נִגְלוּ
לִמַּדְנוּ	לִמַּדְתֶּן	לִמַּדְתֶּם		לִמְּדוּ
קוֹמַמְנוּ	קוֹמַמְתֶּן	קוֹמַמְתֶּם		קוֹמְמוּ
סוֹבַבְנוּ	סוֹבַבְתֶּן	סוֹבַבְתֶּם		סוֹבְבוּ
מִצֵּאנוּ	מִצֵּאתֶן	מִצֵּאתֶם		מִצְּאוּ
גִּלִּינוּ	גִּלִּיתֶן	גִּלִּיתֶם		גִּלּוּ

* The Root is put in open type to distinguish it from the Personal prefixes, and affixes, from the characteristic letters of the Paradigms and from those which are irregular.

Regular and Irregular in one View.

SINGULAR.

	1. Com.	2. Fem.	2. Mas.	3. Fem.	3. Mas.
I. פָּעַל Paal or קַל Kal.	לָמַדְתִּי	לָמַדְתְּ	ה לָמַדְתָּ (Paragogic letters.†)	לָמְדָה	לָמַד
				‡	אָכַל
					יָשַׁב
					נָגַשׁ
	קַמְתִּי	קַמְתְּ	קַמְתָּ	קָמָה	קָם
	סַבּוֹתִי	סַבּוֹת	סַבּוֹתָ	סַבָּה	סַב
	מָצָאתִי	מָצָאת	מָצָאתָ	מָצְאָה	מָצָא
	גָּלִיתִי	גָּלִית	גָּלִיתָ	גָּלְתָה	גָּלָה
	הָיִיתִי	הָיִית	הָיִיתָ	הָיְתָה	הָיָה §
II. נִפְעַל Niphal.	נִלְמַדְתִּי	נִלְמַדְתְּ	נִלְמַדְתָּ	נִלְמְדָה	נִלְמַד
	נֶאֱכַלְתִּי	נֶאֱכַלְתְּ	נֶאֱכַלְתָּ	נֶאֶכְלָה	נֶאֱכַל
	נוֹשַׁבְתִּי	נוֹשַׁבְתְּ	נוֹשַׁבְתָּ	נוֹשְׁבָה	נוֹשַׁב
	נִגַּשְׁתִּי	נִגַּשְׁתְּ	נִגַּשְׁתָּ	נִגְּשָׁה	נִגַּשׁ
	נְקוּמוֹתִי	נְקוּמוֹת	נְקוּמוֹתָ	נְקוֹמָה	נָקוֹם
	נְסַבּוֹתִי	נְסַבּוֹת	נְסַבּוֹתָ	נָסַבָּה	נָסַב
	נִמְצֵאתִי	נִמְצֵאת	נִמְצֵאתָ	נִמְצְאָה	נִמְצָא
	נִגְלֵיתִי	נִגְלֵית	נִגְלֵיתָ	נִגְלְתָה	נִגְלָה
III. פִּעֵל Piail.	לִמַּדְתִּי	לִמַּדְתְּ	לִמַּדְתָּ	לִמְּדָה	לִמֵּד
					אִכֵּל
					יִשֵּׁב
					נִגֵּשׁ
	קוֹמַמְתִּי	קוֹמַמְתְּ	קוֹמַמְתָּ	קוֹמְמָה	קוֹמֵם
	סוֹבַבְתִּי	סוֹבַבְתְּ	סוֹבַבְתָּ	סוֹבְבָה	סוֹבֵב
	מִצֵּאתִי	מִצֵּאת	מִצֵּאתָ	מִצְּאָה	מִצֵּא
	גִּלִּיתִי	גִּלִּית	גִּלִּיתָ	גִּלְּתָה	גִּלָּה

† Paragogic letters are such as are added to the end of a word to make it emphatical.

‡ Those parts which are omitted are regularly conjugated like לָמַד Lamad.

§ הָיָה is only used in Kal, and in a few instances in Niphal.

1. Com.	2. Fem.	2. Mas.	3. Com.
לָמַדְנוּ	לְמַדְתֶּן	לְמַדְתֶּם	לָמְדוּ
קוֹמַמְנוּ	קוֹמַמְתֶּן	קוֹמַמְתֶּם	קוֹמְמוּ
סוֹבַבְנוּ	סוֹבַבְתֶּן	סוֹבַבְתֶּם	סוֹבְבוּ
מְצָאנוּ	מְצָאתֶן	מְצָאתֶם	מְצָאוּ
גָּלִינוּ	גְּלִיתֶן	גְּלִיתֶם	גָּלוּ
הִלְמַדְנוּ	הִלְמַדְתֶּן	הִלְמַדְתֶּם	הִלְמִידוּ
הֶאֱכַלְנוּ	הֶאֱכַלְתֶּן	הֶאֱכַלְתֶּם	הֶאֱכִילוּ
הוֹשַׁבְנוּ	הוֹשַׁבְתֶּן	הוֹשַׁבְתֶּם	הוֹשִׁיבוּ
הִגַּשְׁנוּ	הִגַּשְׁתֶּן	הִתְגַּשְׁם	הִגִּישׁוּ
הֲקִימוֹנוּ	הֲקִימוֹתֶן	הֲקִימוֹתֶם	הֵקִימוּ
הֲסִבּוֹנוּ	הֲסִבּוֹתֶן	הֲסִבּוֹתֶם	הֵסַבּוּ
הִמְצֵאנוּ	הִמְצֵאתֶן	הִמְצֵאתֶם	הִמְצִיאוּ
הִגְלֵינוּ	הִגְלֵיתֶן	הִגְלֵיתֶם	הִגְלוּ
הָלְמַדְנוּ	הָלְמַדְתֶּן	הָלְמַדְתֶּם	הָלְמְדוּ
הָאֳכַלְנוּ	הָאֳכַלְתֶּן	הָאֳכַלְתֶּם	הָאָכְלוּ
הוּשַׁבְנוּ	הוּשַׁבְתֶּן	הוּשַׁבְתֶּם	הוּשְׁבוּ
הֻגַּשְׁנוּ	הֻגַּשְׁתֶּן	הֻגַּשְׁתֶּם	הֻגְּשׁוּ
הוּקַמְנוּ	הוּקַמְתֶּן	הוּקַמְתֶּם	הוּקְמוּ
הוּסַבּוֹנוּ	הוּסַבּוֹתֶן	הוּסַבּוֹתֶם	הוּסַבּוּ
הָמְצֵאנוּ	הָמְצֵאתֶן	הָמְצֵאתֶם	הָמְצְאוּ
הָגְלֵינוּ	הָגְלֵיתֶן	הָגְלֵיתֶם	הָגְלוּ
הִתְלַמַּדְנוּ	הִתְלַמַּדְתֶּן	הִתְלַמַּדְתֶּם	הִתְלַמְּדוּ
הִתְקוֹמַמְנוּ	הִתְקוֹמַמְתֶּן	הִתְקוֹמַמְתֶּם	הִתְקוֹמְמוּ
הִסְתּוֹבַבְנוּ	הִסְתּוֹבַבְתֶּן	הִסְתּוֹבַבְתֶּם	הִסְתּוֹבְבוּ
הִתְמַצֵּאנוּ	הִתְמַצֵּאתֶן	הִתְמַצֵּאתֶם	הִתְמַצְּאוּ
הִתְגַּלִּינוּ	הִתְגַּלֵּיתֶן	הִתְגַּלֵּיתֶם	הִתְגַּלּוּ

TENSE. SINGULAR.

1. Com.	2. Fem.	2. Mas.	3. Fem.	3. Mas.	
לֻמַּדְתִּי	לֻמַּדְתְּ	לֻמַּדְתָּ	לֻמְּדָה	לֻמַּד	IV. פֻּעַל Pual.
				אֻכַּל	
				יֻשַּׁב	
				נֻגַּשׁ	
קוֹמַמְתִּי	קוֹמַמְתְּ	קוֹמַמְתָּ	קוֹמְמָה	קוֹמַם	
סוֹבַבְתִּי	סוֹבַבְתְּ	סוֹבַבְתָּ	סוֹבְבָה	סוֹבַב	
מֻצֵּאתִי	מֻצֵּאת	מֻצֵּאתָ	מֻצְּאָה	מֻצָּא	
גֻּלֵּיתִי	גֻּלֵּית	גֻּלֵּיתָ	גֻּלְּתָה	גֻּלָּה	
הִלְמַדְתִּי	הִלְמַדְתְּ	הִלְמַדְתָּ	הִלְמִידָה	הִלְמִיד	V. הִפְעִיל Hiphil.
הֶאֱכַלְתִּי	הֶאֱכַלְתְּ	הֶאֱכַלְתָּ	הֶאֱכִילָה	הֶאֱכִיל	
הוֹשַׁבְתִּי	הוֹשַׁבְתְּ	הוֹשַׁבְתָּ	הוֹשִׁיבָה	הוֹשִׁיב	
הִגַּשְׁתִּי	הִגַּשְׁתְּ	הִגַּשְׁתָּ	הִגִּישָׁה	הִגִּישׁ	
הֲקִמוֹתִי	הֲקִימוֹת	הֲקִימוֹתָ	הֵקִימָה	הֵקִים	
הֲסִבּוֹתִי	הֲסִבּוֹת	הֲסִבּוֹתָ	הֵסַבָּה	הֵסֵב	
הִמְצֵאתִי	הִמְצֵאת	הִמְצֵאתָ	הִמְצִיאָה	הִמְצִיא	
הִגְלֵיתִי	הִגְלֵית	הִגְלֵיתָ	הִגְלְתָה	הִגְלָה	
הָלְמַדְתִּי	הָלְמַדְתְּ	הָלְמַדְתָּ	הָלְמְדָה	הָלְמַד	VI. הָפְעַל Hophal.
הָאֳכַלְתִּי	הָאָכַלְתְּ	הָאֳכַלְתָּ	הָאָכְלָה	הָאֳכַל	
הוּשַׁבְתִּי	הוּשַׁבְתְּ	הוּשַׁבְתָּ	הוּשְׁבָה	הוּשַׁב	
הֻגַּשְׁתִּי	הֻגַּשְׁתְּ	הֻגַּשְׁתָּ	הֻגְּשָׁה	הֻגַּשׁ	
הוּקַמְתִּי	הוּקַמְתְּ	הוּקַמְתָּ	הוּקְמָה	הוּקַם	
הוּסַבּוֹתִי	הוּסַבּוֹת	הוּסַבּוֹתָ	הוּסַבָּה	הוּסַב	
הָמְצֵאתִי	הָמְצֵאת	הָמְצֵאתָ	הָמְצְאָה	הָמְצָא	
הָגְלֵיתִי	הָגְלֵית	הָגְלֵיתָ	הָגְלְתָה	הָגְלָה	
הִתְלַמַּדְתִּי	הִתְלַמַּדְתְּ	הִתְלַמַּדְתָּ	הִתְלַמְּדָה	הִתְלַמֵּד	VII הִתְפַּעֵל Hithpaal
				הִתְאַכֵּל	
				הִתְיַשֵּׁב	
				הִתְנַגֵּשׁ	
הִתְקוֹמַמְתִּי	הִתְקוֹמַמְתְּ	הִתְקוֹמַמְתָּ	הִתְקוֹמְמָה	הִתְקוֹמֵם	
הִסְתּוֹבַבְתִּי	הִסְתּוֹבַבְתְּ	הִסְתּוֹבַבְתָּ	הִסְתּוֹבְבָה	הִסְתּוֹבֵב	
הִתְמַצֵּאתִי	הִתְמַצֵּאת	הִתְמַצֵּאתָ	הִתְמַצְּאָה	הִתְמַצֵּא	
הִתְגַּלֵּיתִי	הִתְגַּלֵּית	הִתְגַּלֵּיתָ	הִתְגַּלְּתָה	הִתְגַּלָּה	

91 IV. Table. The FUTURE of all Verbs

PLURAL.

3. Fem.	3. Mas.	2. Fem.	2. Mas.	1. Com.
תִּלְמוֹדְנָה	יִלְמְדוּ	תִּלְמוֹדְנָה	תִּלְמְדוּ	נִלְמוֹד ָה
תֹּאכַלְנָה	יֹאכְלוּ	תֹּאכַלְנָה	תֹּאכְלוּ	נֹאכַל
תֵּשַׁבְנָה	יֵשְׁבוּ	תֵּשַׁבְנָה	תֵּשְׁבוּ	נֵשֵׁב
תִּגַּשְׁנָה	יִגְּשׁוּ	תִּגַּשְׁנָה	תִּגְּשׁוּ	נִגַּשׁ
תְּקוּמֶנָה	יָקוּמוּ	תְּקוּמֶנָה	תָּקוּמוּ	נָקוּם
תְּסֻבֶּינָה	יָסוֹבּוּ	תְּסֻבֶּינָה	תָּסוֹבּוּ	נָסֹב
תִּמְצֶאנָה	יִמְצְאוּ	תִּמְצֶאנָה	תִּמְצְאוּ	נִמְצָא
תִּגְלֶינָה	יִגְלוּ	תִּגְלֶינָה	תִּגְלוּ	נִגְלֶה
תִּהְיֶינָה	יִהְיוּ	תִּהְיֶינָה	תִּהְיוּ	נִהְיֶה נְהִי
תִּלָּמַדְנָה	יִלָּמְדוּ	תִּלָּמַדְנָה	תִּלָּמְדוּ	נִלָּמֵד
תֵּאָכַלְנָה	יֵאָכְלוּ	תֵּאָכַלְנָה	תֵּאָכְלוּ	נֵאָכֵל
תִּוָּשַׁבְנָה	יִוָּשְׁבוּ	תִּוָּשַׁבְנָה	תִּוָּשְׁבוּ	נִוָּשֵׁב
תִּנָּגַשְׁנָה	יִנָּגְשׁוּ	תִּנָּגַשְׁנָה	תִּנָּגְשׁוּ	נִנָּגֵשׁ
תִּקּוֹמְנָה	יִקּוֹמוּ	תִּקּוֹמְנָה	תִּקּוֹמוּ	נִקּוֹם
תִּסַּבֶּינָה	יִסַּבּוּ	תִּסַּבֶּינָה	תִּסַּבּוּ	נִסַּב
תִּמָּצֶאנָה	יִמָּצְאוּ	תִּמָּצֶאנָה	תִּמָּצְאוּ	נִמָּצֵא
תִּגָּלֶינָה	יִגָּלוּ	תִּגָּלֶינָה	תִּגָּלוּ	נִגָּלֶה
תְּלַמֵּדְנָה	יְלַמְּדוּ	תְּלַמֵּדְנָה	תְּלַמְּדוּ	נְלַמֵּד
תְּקוֹמֵמְנָה	יְקוֹמְמוּ	תְּקוֹמֵמְנָה	תְּקוֹמְמוּ	נְקוֹמֵם
תְּגַלֶּינָה	יְגַלּוּ	תְּגַלֶּינָה	תְּגַלּוּ	נְגַלֶּה

both Regular and Irregular in one View.

SINGULAR.

3. Fem.	3. Mas.	2. Fem.	2. Ma.	1. Com.	
תִּלְמוֹד	יִלְמוֹד	תִּלְמְדִי	תִּלְמוֹד	אֶלְמוֹד	1 Kal.
תֹּאכַל	יֹאכַל	תֹּאכְלִי	תֹּאכַל	אֹכַל	
תֵּשֵׁב	יֵשֵׁב	תֵּשְׁבִי	תֵּשֵׁב	אֵשֵׁב	
תִּגַּשׁ	יִגַּשׁ	תִּגְּשִׁי	תִּגַּשׁ	אֶגַּשׁ	
תָּקוּם	יָקוּם	תָּקוּמִי	תָּקוּם	אָקוּם	
תָּסוֹב	יָסוֹב	תָּסוֹבִי	תָּסוֹב	אָסוֹב	
תִּמְצָא	יִמְצָא	תִּמְצְאִי	תִּמְצָא	אֶמְצָא	
תִּגְלֶה	יִגְלֶה	תִּגְלִי	תִּגְלֶה	אֶגְלֶה	
תִּהְיֶה תְּהִי	יִהְיֶה יְהִי		תִּהְיֶה תְּהִי	אֶהְיֶה אֱהִי	
תִּלָּמֵד	יִלָּמֵד	תִּלָּמְדִי	תִּלָּמֵד	אֶלָּמֵד	2 Niphal.
תֵּאָכֵל	יֵאָכֵל	תֵּאָכְלִי	תֵּאָכֵל	אֵאָכֵל	
תִּוָּשֵׁב	יִוָּשֵׁב	תִּוָּשְׁבִי	תִּוָּשֵׁב	אִוָּשֵׁב	
תִּנָּגֵשׁ	יִנָּגֵשׁ	תִּנָּגְשִׁי	תִּנָּגֵשׁ	אֶנָּגֵשׁ	
תִּקּוֹם	יִקּוֹם	תִּקּוֹמִי	תִּקּוֹם	אֶקּוֹם	
תִּסַּב	יִסַּב	תִּסַּבִּי	תִּסַּב	אֶסַּב	
תִּמָּצֵא	יִמָּצֵא	תִּמָּצְאִי	תִּמָּצֵא	אֶמָּצֵא	
תִּגָּלֶה	יִגָּלֶה	תִּגָּלִי	תִּגָּלֶה	אֶגָּלֶה	
תְּלַמֵּד	יְלַמֵּד	תְּלַמְּדִי	תְּלַמֵּד	אֲלַמֵּד	3 Piail.
				אֲאַכֵּל	
				אֲיַשֵּׁב	
				אֲנַגֵּשׁ	
תְּקוֹמֵם	יְקוֹמֵם	תְּקוֹמְמִי	תְּקוֹמֵם	אֲקוֹמֵם	
		The same as the preceding.		אֲסוֹבֵב	
			Regular.	אֲמַצֵּא	
תְּגַלֶּה	יְגַלֶּה	תְּגַלִּי	תְּגַלֶּה	אֲגַלֶּה	

נלמר תלמדו תלמדנה ילמדו תלמדנה

נקומם תקוממו תקוממנה יקוממו תקוממנה

The same as Regular, except the (-) is changed into (-) but

נגלה תגלו תגלינה יגלו תגלינה

נלמיר תלמידו תלמדנה ילמידו תלמדנה
נאכיל תאכילו תאכלנה יאכילו תאכלנה
נושיב תושיבו תושבנה יושיבו תושבנה
נגיש תגישו תגשנה יגישו תגשנה
נקים תקימו תקמנה יקימו תקמנה
נסב תסבו תסבינה יסבו תסבינה

Regular except the second and third pers. fem. pl.

נגלה תגלו תגלינה יגלו תגלינה

נלמר תלמדו תלמדנה ילמדו תלמדנה
נאכל תאכלו תאכלנה יאכלו תאכלנה
נושב תושבו תושבנה יושבו תושבנה
נגש תגשו תגשנה יגשו תגשנה

The same as Pay Yod in

נוסב תוסבו תוסבינה יוסבו תוסבינה
נמצא תמצאו תמצאנה ימצאו תמצאנה
נגלה תגלו תגלינה יגלו תגלינה

נתלמר תתלמדו תתלמדנה יתלמדו תתלמדנה

נתקומם תתקוממו תתקוממנה יתקוממו תתקוממנה
נסתובב תסתובבו תסתובבנה יסתובבו תסתובבנה
תתמצאנה תתמצאנה
נתגלה תתגלו תתגלינה יתגלו תתגלינה

TENSE. SINGULAR.

תְּלֻמַּד	יְלֻמַּד	תְּלֻמְּדִי	תְּלֻמַּד	אֲלֻמַּד	IV. Pual.
				אֲאֻכַּל	
				אֲיֻשַּׁב	
				אֲנֻגַּשׁ	
תְּקוֹמַם	יְקוֹמַם	תְּקוֹמְמִי	תְּקוֹמַם	אֲקוֹמַם	
the preceding.				אֲסוֹבַב	
the second and third pers. fem. pl. have a (ֵ)				אֲמֻצָּא	
תְּגֻלֶּה	יְגֻלֶּה	תְּגֻלִּי	תְּגֻלֶּה	אֲגֻלֶּה	
תַּלְמִיד	יַלְמִיד	תַּלְמִידִי	תַּלְמִיד	אַלְמִיד	V. Hiphil.
תַּאֲכִיל	יַאֲכִיל	תַּאֲכִילִי	תַּאֲכִיל	אַאֲכִיל	
תּוֹשִׁיב	יוֹשִׁיב	תּוֹשִׁיבִי	תּוֹשִׁיב	אוֹשִׁיב	
תַּגִּישׁ	יַגִּישׁ	תַּגִּישִׁי	תַּגִּישׁ	אַגִּישׁ	
תָּקִים	יָקִים	תָּקִימִי	תָּקִים	אָקִים	
תָּסֵב	יָסֵב	תָּסֵבִּי	תָּסֵב	אָסֵב	
have ְ and the succeding letter has no vowel.				אַמְצִיא	
תַּגְלֶה	יַגְלֶה	יַגְלִי	תַּגְלֶה	אַגְלֶה	
תָּלְמַד	יָלְמַד	תָּלְמְדִי	תָּלְמַד	אָלְמַד	VI. Hophal.
תָּאֳכַל	יָאֳכַל	תָּאָכְלִי	תָּאֳכַל	אָאֳכַל	
תּוּשַׁב	יוּשַׁב	תּוּשְׁבִי	תּוּשַׁב	אוּשַׁב	
תֻּגַּשׁ	יֻגַּשׁ	תֻּגְּשִׁי	תֻּגַּשׁ	אֻגַּשׁ	
this Paradigm.				אוּקַם	
תּוּסַב	יוּסַב	תּוּסַבִּי	תּוּסַב	אוּסַב	
תָּמְצָא	יָמְצָא	תָּמְצְאִי	תָּמְצָא	אָמְצָא	
תָּגְלֶה	יָגְלֶה	תָּגְלִי	תָּגְרֶה	אָגְלֶה	
תִּתְלַמֵּד	יִתְלַמֵּד	תִּתְלַמְּדִי	תִּתְלַמֵּד	אֶתְלַמֵּד	VII. Hithpaail.
				אֶתְאַכֵּל	
				אֶתְיַשֵּׁב	
				אֶתְנַגֵּשׁ	
תִּתְקוֹמֵם	יִתְקוֹמֵם	תִּתְקוֹמְמִי	תִּתְקוֹמֵם	אֶתְקוֹמֵם	
תִּסְתּוֹבֵב	יִסְתּוֹבֵב	תִּסְתּוֹבְבִי	תִּסְתּוֹבֵב	אֶסְתּוֹבֵב	
				אֶתְמַצֵּא	
תִּתְגַּלֶּה	יִתְגַּלֶּה	תִּתְגַּלִּי	תִּתְגַּלֶּה	אֶתְגַּלֶּה	

92 V. Table. The IMPERATIVES of all the Verbs

2. fem. pl.	2. mas. pl.	2. fem. s.	2. mas. s.	
הַלְמֵדְנָה	הַלְמִידוּ	הַלְמִידִי	הַלְמֵד	V. Hiphil.
הַאֲכֵלְנָה	הַאֲכִילוּ	הַאֲכִילִי	הַאֲכֵל	
הוֹשֵׁבְנָה	הוֹשִׁיבוּ	הוֹשִׁיבִי	הוֹשֵׁב	
הַגֵּשְׁנָה	הַגִּישׁוּ	הַגִּישִׁי	הַגֵּשׁ	
הָקֵמְנָה	הָקִימוּ	הָקִימִי	הָקֵם	
הָסֵבֶּינָה	הָסֵבּוּ	הָסֵבִּי	הָסֵב	
הַמְצֶאנָה	הַמְצִיאוּ	הַמְצִיאִי	הַמְצֵא	
הַגְלֶינָה	הַגְלוּ	הַגְלִי	הַגְלֵה	
הִתְלַמֵּדְנָה	הִתְלַמְּדוּ	הִתְלַמְּדִי	הִתְלַמֵּד	VII. Hithpaail.
			הִתְאַכֵּל	
			הִתְיַשֵּׁב	
			הִתְנַגֵּשׁ	
הִתְקוֹמֵמְנָה	הִתְקוֹמְמוּ	הִתְקוֹמְמִי	הִתְקוֹמֵם	
The same as the preceding, except transposition.			הִסְתּוֹבֵב	
הִתְמַצֶּאנָה	הִתְמַצְּאוּ	הִתְמַצְּאִי	הִתְמַצֵּא	
הִתְגַּלֶּינָה	הִתְגַּלּוּ	הִתְגַּלִּי	הִתְגַּלֵּה	

93 VI. Table. The Infinitives* of all the Verbs in one view.

VII Hithpaail.	VI Hophal.	V Hiphil.	IV Puail.	III Piail.	II Niphal.	I Kal.
הִתְלַמֵּד ו,ה	הָלְמֵד	הַלְמִיד	לֻמּוֹד	לַמֵּד	הִלָּמֵד	לְמוֹד
	הָאֳכַל	הַאֲכֵל			הֵאָכֵל	אֱכֹל
	הוּשַׁב	הוֹשִׁיב				שֶׁבֶת
	הֻגַּשׁ	הַגִּישׁ				גֶּשֶׁת
הִתְקוֹמֵם	הוּקַם	הָקִים	קוֹמַם	קוֹמֵם	הִקּוֹם	קוּם
הִסְתּוֹבֵב	הוּסַב	הָסֵב	as the preceding		הִסַּב	סוֹב
			מְצֹאת			מְצֹא
הִתְגַּלּוֹת	הָגְלוֹת	הַגְלוֹת	גֻּלּוֹת	גַּלּוֹת	הִגָּלוֹת	גְּלוֹת

*The formation of the Gerund from the Infinitive, will be noticed in chap. 12.

Regular and Irregular in one View.

2. F. Plur.	2. M. Plur.	2. F. Sing.	2. M. Sing.	
לְמוֹדְנָה	לִמְדוּ	לִמְדִי	לְמוֹד ָה	I. Kal.
אֱכֹלְנָה	אִכְלוּ	אִכְלִי	אֱכֹל	
שֵׁבְנָה	שְׁבוּ	שְׁבִי	שֵׁב	
גֵּשְׁנָה	גְּשׁוּ	גְּשִׁי	גֵּשׁ	
קוּמְנָה	קוּמוּ	קוּמִי	קוּם	
סֻבֶּינָה	סוֹבּוּ	סוֹבִּי	סוֹב	
מְצֶאנָה	מִצְאוּ	מִצְאִי	מְצָא	
גְּלֶינָה	גְּלוּ	גְּלִי	גְּלֵה	
הֱיֶינָה	הֱיוּ	הֲיִי	הֱיֵה	
הִלָּמַדְנָה	הִלָּמְדוּ	הִלָּמְדִי	הִלָּמֵד	II. Niphal.
הֵאָכַלְנָה	הֵאָכְלוּ	הֵאָכְלִי	הֵאָכֵל	
הִוָּשַׁבְנָה	הִוָּשְׁבוּ	הִוָּשְׁבִי	הִוָּשֵׁב	
			הִנָּגֵשׁ	
הִקּוֹמְנָה	הִקּוֹמוּ	הִקּוֹמִי	הִקּוֹם	
הִסַּבֶּינָה	הִסַּבּוּ	הִסַּבִּי	הִסַּב	
הִמָּצֶאנָה	הִמָּצְאוּ	הִמָּצְאִי	הִמָּצֵא	
הִגָּלֶינָה	הִגָּלוּ	הִגָּלִי	הִגָּלֵה	
לַמֵּדְנָה	לַמְּדוּ	לַמְּדִי	לַמֵּד	III. Piail.*
			אַכֵּל	
			יַשֵּׁב	
			נַגֵּשׁ	
קוֹמֵמְנָה	קוֹמְמוּ	קוֹמְמִי	קוֹמֵם	
The same as the preceding.			סוֹבֵב	
מַצֶּאנָה	מַצְּאוּ	מַצְּאִי	מַצֵּא	
גַּלֶּינָה	גַּלּוּ	גַּלִּי	גַּלֵּה	

* The imperatives of Pual, and Hophal are not used.

94 VII. Table: The Benoni, or Present

PLURAL.		SINGULAR.			
Fem.	Mas.	Fem.		Mas.	
מַלְמִידוֹת	מַלְמִידִים	מַלְמֶדֶת	מַלְמִידָה	מַלְמִיד	V. Hiphil.
מַאֲכִילוֹת	מַאֲכִילִים	מַאֲכֶלֶת	מַאֲכִילָה	מַאֲכִיל	
מוֹשִׁיבוֹת	מוֹשִׁיבִים	מוֹשֶׁבֶת	מוֹשִׁיבָה	מוֹשִׁיב	
מַגִּישׁוֹת	מַגִּישִׁים	מַגֶּשֶׁת	מַגִּישָׁה	מַגִּישׁ	
מְקִימוֹת	מְקִימִים		מְקִימָה	מֵקִים	
מְסִבּוֹת	מְסִבִּים		מְסִבָּה	מֵסֵב	
				מַמְצִיא	
מַגְלוֹת	מַגְלִים		מַגְלָה	מַגְלֶה	
מָלְמָדוֹת	מָלְמָדִים	מָלְמֶדֶת	מָלְמָדָה	מָלְמָד	VI. Hophal.
מָאֳכָלוֹת	מָאֳכָלִים		מָאֳכָלָה	מָאֳכָל	
מוּשָׁבוֹת	מוּשָׁבִים	מוּשֶׁבֶת	מוּשָׁבָה	מוּשָׁב	
הֻגָּשׁוֹת	הֻגָּשִׁים	הֻגֶּשֶׁת	הֻגָּשָׁה	הֻגָּשׁ	
מוּקָמוֹת	מוּקָמִים		מוּקָמָה	מוּקָם	
מוּסַבּוֹת	מוּסַבִּים		מוּסַבָּה	מוּסָב	
מַמְצָאוֹת	מַמְצָאִים		מַמְצָאָה	מַמְצָא	
מָגְלוֹת	מָגְלִים		מָגְלָה	מָגְלֶה	
מִתְלַמְּדוֹת	מִתְלַמְּדִים	מִתְלַמֶּדֶת	מִתְלַמְּדָה	מִתְלַמֵּד	VII. Hithpaail.
				מִתְאַכֵּל	
				מִתְיַשֵּׁב	
				מִתְנַגֵּשׁ	
מִתְקוֹמְמוֹת	מִתְקוֹמְמִים		מִתְקוֹמְמָה	מִתְקוֹמֵם	
				מִסְתּוֹבֵב	
				מִתְמַצֵּא	
מִתְגַּלּוֹת	מִתְגַּלִּים		מִתְגַּלָּה	מִתְגַּלֶּה	

Participles of all the Verbs in one view.

PLURAL.		SINGULAR.			
Fem.	Mas.	Fem.		Mas.	
לוֹמְדוֹת	לוֹמְדִים	לוֹמֶדֶת	לוֹמְדָה or	לוֹמֵד	I. Kal.
Regular except the וֹ is without ו				אֹכֵל	I. Kal.
				יוֹשֵׁב	I. Kal.
				נוֹגֵשׁ	I. Kal.
קָמוֹת	קָמִים		קָמָה	קָם	I. Kal.
סַבּוֹת	סַבִּים		סַבָּה	סָב	I. Kal.
מוֹצְאוֹת	מוֹצְאִים		מוֹצְאָה	מוֹצֵא	I. Kal.
גּוֹלוֹת	גּוֹלִים		גּוֹלָה	גּוֹלֶה	I. Kal.
הוֹוֹת	הֹוִים		הֹוָה	הֹוֶה	I. Kal.
נִלְמָדוֹת	נִלְמָדִים	נִלְמֶדֶת	נִלְמָדָה	נִלְמָד	II. Niphal.
נֶאֱכָלוֹת	נֶאֱכָלִים		נֶאֱכָלָה	נֶאֱכָל	II. Niphal.
נוֹשָׁבוֹת	נוֹשָׁבִים	נוֹשֶׁבֶת	נוֹשָׁבָה	נוֹשָׁב	II. Niphal.
נִגָּשׁוֹת	נִגָּשִׁים	נִגֶּשֶׁת	נִגָּשָׁה	נִגָּשׁ	II. Niphal.
נְקוֹמוֹת	נְקוֹמִים		נְקוֹמָה	נָקוֹם	II. Niphal.
נְסַבּוֹת	נְסַבִּים		נְסַבָּה	נָסָב	II. Niphal.
נִמְצָאוֹת	נִמְצָאִים		נִמְצָאָה	נִמְצָא	II. Niphal.
נִגְלוֹת	נִגְלִים		נִגְלָה	נִגְלֶה	II. Niphal.
מְלַמְּדוֹת	מְלַמְּדִים	מְלַמֶּדֶת	מְלַמְּדָה	מְלַמֵּד	III. Piail.
				מְאַכֵּל	III. Piail.
				מְיַשֵּׁב	III. Piail.
				מְנַגֵּשׁ	III. Piail.
מְקוֹמְמוֹת	מְקוֹמְמִים		מְקוֹמְמָה	מְקוֹמֵם	III. Piail.
The same as the preceding line.				מְסוֹבֵב	III. Piail.
				מְמַצֵּא	III. Piail.
מְגַלּוֹת	מְגַלִּים		מְגַלָּה	מְגַלֶּה	III. Piail.
מְלֻמָּדוֹת	מְלֻמָּדִים	מְלֻמֶּדֶת	מְלֻמָּדָה	מְלֻמָּד	IV. Pual.
				מְאֻכָּל	IV. Pual.
				מְיֻשָּׁב	IV. Pual.
מְנֻגָּשׁוֹת	מְנֻגָּשִׁים	מְנֻגֶּשֶׁת	מְנֻגָּשָׁה	מְנֻגָּשׁ	IV. Pual.
מְקוֹמָמוֹת	מְקוֹמָמִים		מְקוֹמָמָה	מְקוֹמָם	IV. Pual.
מְסוֹבָבִית	מְסוֹבָבִים		מְסוֹבָבָה	מְסוֹבָב	IV. Pual.
מְמֻצָּאוֹת	מְמֻצָּאִים		מְמֻצָּאָה	מְמֻצָּא	IV. Pual.
מְגֻלּוֹת	מְגֻלִּים		מְגֻלָּה	מְגֻלֶּה	IV. Pual.

95 VIII. The Participle Paool, of all the Verbs.

3. per. fem.	3. per. m. pl.	3. per. fem.	3. per. m. sin.	
לְמוּדוֹת	לְמוּדִים	לְמוּדָה	לָמוּד	I. Kal.
אֲכוּלוֹת	אֲכוּלִים	אֲכוּלָה	אָכוּל	
			יָשׁוּב	
			נָגוּשׁ	
קוּמוֹת	קוּמִים	קוּמָה	קוּם	
			חָבוּב	
			מָצוּא	
גְּלוּיוֹת	גְּלוּיִים	גְּלוּיָה	גָּלוּי	

CHAP. X.

Pronominal Affixes to the Verbs.

96 Affixes to Verbs are the parts of Pronouns joind to Verbs active only, to point out the patient, i. e. the person or thing acted upon, as לִמְּדָנִי Lemadani, he learned or taught me; but in the Infinitive it may signify the Agent or Patient, as בְּקָרְאוֹ Bekoro, when *he* cries; לְשׁוֹמְרוֹ Leshomero to keep *him*.

The following are the Affixes used to verbs, and the next exmample will show the manner in which they are affixed.

97 IX. TABLE, pronominal Affixes to Verbs.						Patient.	Agent.	Gender.	number.	Person.
נִי	ְנִי	ֵנִי	ֶנִּי	ַנִי	ִי	me	I	C.	S.	1
			ְנוּ	ָנוּ	ֵנוּ	us	we	C.	P.	
		כָה	ֶךָּ	ֶךָּ	ְךָ	thee	thou	M.	S.	2
				ֵכִי	ֵךְ	thee	thou	F.	S.	
					ְכֶם	you	ye	M.	S.	
					ְכֶן	you	ye	F.	P.	
ו	ְהוּ	ָהוּ	ֵהוּ	ֶנָּה	וֹ	him	he	M.	S.	3
			ֶנָּה	ֶהָ	ָהּ	her	she	F.	S.	
			ַם	ָם	ֵם	them	they	M.	P.	
			ַן	ָן	ֵן	them	they	F.	P.	

PRETERITE TENSE.

1 Per. Com.	2 Per. Fem.	2 Per. Mas.	3 Per. Fem.	3 Per. Mas.		Af.	Ag.
לְמָדַנִי	לְמָדֵךְ	לְמָדְךָ	לְמָדָהּ	לְמָדָהוּ	לְמָדוֹ	Sing.	לָמַד
לְמָדָנוּ	לְמַדְכֶן	לְמַדְכֶם	לְמָדָן	לְמָדָמוֹ	לְמָדָם	Plu.	
לְמָדַתְנִי	לְמָדָתֶךְ	לְמָדַתְךָ	לְמָדָתָה	לְמָדַתּוּ	לְמָדַתְהוּ	Sing.	לָמְדָה
לְמָדַתְנוּ	- - - כֶן	לְמָדַתְכֶם	לְמָדָתַן		לְמָדָתַם	Plu.	
לְמַדְתַּנִי			לְמַדְתָּה	לְמַדְתָּהוּ	לְמַדְתּוֹ	Sing.	לָמַדְתָּ
לְמַדְתָּנוּ			לְמַדְתָּן		לְמַדְתָּם	Plu.	
לְמַדְתִּינִי	לְמַדְתִּיךְ	לְמַדְתִּיךָ	לְמַדְתִּיהָ	לְמַדְתִּיהוּ	לְמַדְתִּיו	Sing.	לָמַדְתְּ
· · · · · · נוּ	· · · · · ן	לְמַדְתִּיכֶם	לְמַדְתִּין		לְמַדְתִּים	Plu.	
The same as the preceding.							לָמַדְתִּי
לְמָדוּנִי	לְמָדוּךְ	לְמָדוּךָ	לְמָדוּהָ		לְמָדוּהוּ	Sing.	לָמְדוּ
· · · · נוּ	· · · · ן	לְמָדוּכֶם	לְמָדוּן		לְמָדוּם	Plu.	
לְמַדְתּוּנִי			לְמַדְתּוּהָ		לְמַדְתּוּהוּ	Sing.	לְמַדְתֶּם
לְמַדְתּוּנוּ			לְמַדְתּוּן		לְמַדְתּוּם	Plu.	

לַמֵּדְתֶּן		The same as the preceding.					
לִמְּדֵנוּ	Sing.	לְמַדְנוּהוּ		לְמַדְנוּהָ	לְמַדְנוּךָ	לְמַדְנוּךְ	
	Plu.	לְמַדְנוּם		לְמַדְנוּן	לְמַדְנוּכֶם	....ן	
		FUTURE TENSE.					
אֶלְמוֹד	S.	אֶלְמְדוּ	אֶלְמְדֵהוּ	אֶלְמְדֵהּ...ה	אֶלְמָדְךָ....ךָ	אֶלְמְדֵךְ	אֶלְמְדֵנִי....נִי
		אֶלְמְדֶנּוּ		אֶלְמְדֶנָּה			....נִי
	Plu.	אֶלְמְדֵם	....ם	אֶלְמְדֵן....ן	אֶלְמָדְכֶם	....ןְ	אֶלְמְדֵנוּ
תִּלְמוֹד יִלְמוֹד נִלְמוֹד		The same as the preceding.					
תִּלְמְדִי	Sing.	תִּלְמְדִיהוּ		תִּלְמְדִיהָ			תִּלְמְדִינִי
	Plu.	תִּלְמְדִים		תִּלְמְדִין			תִּלְמְדִינוּ
יִלְמְדוּ	Sing.	יִלְמְדוּהוּ		יִלְמְדוּהָ	יִלְמְדוּךָ	יִלְמְדוּךְ	יִלְ מְדוּנִי
	Plu.	יִלְמְדוּם		יִלְמְדוּן	יִלְמְדוּכֶם	יִלְמְדוּכֶן	יִלְ מְדוּנוּ
תִּלְמְדוּ תִּלְמוֹדְנָה		The the same as the preceding.					

Agent	Affixes	3 Mas.	3 Fem.	2 Mas.	2 Fem.	1 Com.
		IMPERATIVE.				
לְמוֹד	P.	לְמָדוּ ·· הוּ ֶנּוּ	לְמָדָהּ ֶ ָה ֶ ָנָּה			לְמָדֵנִי
	S.	לְמָדֵם	לְמָדֵן			לְמָדֵנוּ
לִמְדִי	S.	לִמְדִיהוּ	לִמְדִיהָ			לִמְדִינִי
	P.	לִמְדִים	לִמְדִין			לִמְדִינוּ
לִמְדוּ	S.	לִמְדוּהוּ	לִמְדוּהָ			לִמְדוּנִי
	P.	לִמְדוּם	לִמְדוּן			לִמְדוּנוּ
לְמוֹדְנָה		As the preceding.				
		INFINITIVE				
לְמוֹד	S.	לְמָדוֹ } לְמָדֵהוּ	לְמָדָהּ ֶ ָה לְמָדֶנָּה	לָמְדְךָ לָמְדְךָ	לָמְדֵךְ	לָמְדִי לְמָדֵנִי
	P.	לְמָדָם ָם	לְמָדָן ָן	לְמָדְכֶם לְמָדְכֶם	לָמְדְכֶן	לְמָדֵנוּ
		PARTICIPLE PRESENT, or BENONI.				
לוֹמֵד	S.	לוֹמְדוֹ ֵ הוּ	לוֹמְדָהּ	לוֹמֶדְךָ	לוֹמְדֵךְ	לוֹמְדֵנִי
	P.	לוֹמְדָם	לוֹמְדָן	לוֹמֶדְכֶם	לוֹמֶדְכֶן	לוֹמְדֵנוּ
לוֹמֶדֶת	S.	לוֹמַדְתּוֹ	לוֹמַדְתָּהּ	לוֹמַדְתְּךָ	לוֹמַדְתֵּךְ	לוֹמַדְתִּי
	P.	לוֹמַדְתָּם	לוֹמַדְתָּן	לוֹמַדְתְּכֶם	לוֹמַדְתְּכֶן	לוֹמַדְתֵּינוּ

לוֹמְדִים	S.	לוֹמְדָיו	לוֹמְדֶיהָ	לוֹמְדֶיךָ	לוֹמְדַיִךְ	לוֹמְדַי
	P.	לוֹמְדֵיהֶם	לוֹמְדֵיהֶן	לוֹמְדֵיכֶם	לוֹמְדֵיכֶן	לוֹמְדֵינוּ
לוֹמְדוֹת	S.	לוֹמְדוֹתָיו	לוֹמְדוֹתֶיהָ	לוֹמְדוֹתֶיךָ	לוֹמְדוֹתַיִךְ	לוֹמְדוֹתַי
	P.	לוֹמְדוֹתֵיהֶם	לוֹמְדוֹתֵיהֶן	לוֹמְדוֹתֵיכֶם	לוֹמְדוֹתֵיכֶן	לוֹמְדוֹתֵינוּ

PARTICIPLE PRETER, or PAOOL.

לָמוּד	S.	לְמוּדוֹ	לְמוּדָהּ	לְמוּדְךָ	לְמוּדֵךְ	לְמוּדִי
	P.	לְמוּדָם	לְמוּדָן	לְמוּדְכֶם	לְמוּדְכֶן	לְמוּדֵנוּ
לְמוּדָה	S.	לְמוּדָתוֹ	לְמוּדָתָהּ	לְמוּדָתְךָ	לְמוּדָתֵךְ	לְמוּדָתִי
	P.	לְמוּדָתָם	לְמוּדָתָן	לְמוּדַתְכֶם	לְמוּדַתְכֶן	לְמוּדָתֵנוּ
לְמוּדִים	S.	לְמוּדָיו	לְמוּדֶיהָ	לְמוּדֶיךָ	לְמוּדַיִךְ	לְמוּדַי
	P.	לְמוּדֵיהֶם	לְמוּדֵיהֶן	לְמוּדֵיכֶם	לְמוּדֵיכֶן	לְמוּדֵינוּ
לְמוּדוֹת	S.	לְמוּדוֹתָיו	לְמוּדוֹתֶיהָ	לְמוּדוֹתֶיךָ	לְמוּדוֹתַיִךְ	לְמוּדוֹתַי
	P.	לְמוּדוֹתֵיהֶם	לְמוּדוֹתֵיהֶן	לְמוּדוֹתֵיכֶם	לְמוּדוֹתֵיכֶן	לְמוּדוֹתֵינוּ

CHAP. XI.

מִלּוֹת MILLOTH PARTICLES.

99. Under the word participles is comprehended:

1. Adverbs, words joined to verbs or adjectives, explanatory of some circumstance or quality.

2. Prepositions, expressing the relations of nouns to verbs, with respect either to situation, time, or cause of motion or rest.

3. Conjunctions, joining words or sentences together.

4. Interjections, expressing a sudden emotion of the mind, whether of joy, grief, or passion.

Note. That the student may with greater facility refer to any of the particles, they are here mixed and arranged Alphabetically.

אֲבָל	Aval, nevertheless, but, yet.	Conj.
אֲהָהּ	Ahah! woe! oh! ah! alas!	Int.
אוֹ	O, either.	Adv.
אוֹי	Oy! woe! to! fye!	Int.
אוֹיָה	Oyah! woe! oh! ah! alas!	Int.
אוּלַי	Ooly, peradventure.	Adv.
אוּלָם	Oolam, verily, truly.	Adv.
אוּלָם	Oolam, nevertheless, notwithstanding.	Conj.
אָז / אֲזַי	Oz, Azy, } then, at that time.	Adv.
אָח	Och, woe! oh! ah! alas!	Int.
אָחוֹר	Achor, back, behind.	Adv.

אֲחֹרַנִּית	Achorannith, backward.	Adv.
אַחֲלַי אַחֲלֵי	Achaly, Achalay, } O that! I wish!	Int.
אַחַר אַחֲרֵי	Achar, Acharay, } after, after that.	Adv.
אַחֲרֵי־כֵן	Acharay chain, after that, after that time.	Adv.
אַחַר אַחֲרֵי	Achar, Acharay, } after, behind.	Prep.
אַחַת	Achath, one.	Adv.
אַט	At, slowly.	Adv.
אֵי אַיֵּה	Ay, Ayyay, } where? at what place?	Adv.
אִי	Ay! woe to! fye!	Int.
אֵיךְ	Aich, how.	Adv.
אֵיכָה	Aichah, how, in what manner, also, as.	Adv.
אֵיכֹה	Aichoh, how.	Adv.
אֵיכָכָה	Aichachah, how, in what manner, alas, as.	Adv.
אֵין אַיִן	Ain Ayin } no, not.	Adv.
אֵיפוֹה	Aiphoh, where?	Adv.
אַךְ	Ach, only, at least, but.	Adv.
אַךְ	Ach, but, except.	Adv.
אַךְ	Ach, but, but yet.	Conj.
אָכֵן	Achain, truly, verily,	Adv.
אַל	Al, not.	Adv.
אֶל	El, to, for, against, in behalf.	Prep.
אֶל־עֵבֶר	El aiver, beyond, over, against, on the other side.	Prep.
אִלּוּ	Illoo, perhaps.	Prep,
אֱלֵי	Elay, towards, against, unto.	Prep.

אַלְלַי	Allely, woe is me.	Int.
אִם	Im, if, whether.	Adv.
אִם	Im, if.	Conj.
אִם לֹא	Im lo, if not, unless.	Adv. Conj.
אָמֵן	Amain, so be it.	Int.
אָמְנָם	Omnam, verily, truly,	Adv.
אֱמֶת	Emeth, truly, indeed, verily.	Adv.
אָן	On, where.	Adv.
אָנָּא	Ana, I pray, beseech, entreat.	Int.
אָנָה	Anah, where.	Adv.
אַף	Aph, also.	Conj.
אַף־כִּי	Aph ki, much more, much less.	Adv.
אֵצֶל	Aitzel, near, beside.	Prep.
אֲשֶׁר	Asher, that because, since.	Prep.
אֶתְמוֹל	Ethmol, yesterday.	Adv.
בִּגְלַל	Biglal, because of, for the sake of.	Prep.
בְּדֵי	Beday, in, near by, by reason of.	Prep.
בִּי	Bi, I pray, beseech, intreat.	Int.
בֵּין	Bain, between.	Prep.
בַּיִת	Bayith, inside, within.	Adv.
בֵּית	Baith, inside, within.	Adv.
בְּכֹה	Becho as, in like manner.	Adv.
בְּכֵן	Bechain, after such manner.	Adv.
בְּכֵן	Bechain, then, not, before, hereupon.	Adv.
בַּל	Bal, no, not.	Adv.
בְּלֹא	Belo, without.	Prep.
בְּלִי	Beli, not, without.	Adv.
בְּלִי	Beli, without.	Prep.
בִּלְעֲדֵי	Bilatai, excepting, beside, saving.	Adv.
בִּלְעֲדֵי	Bilatai excepting, besides, saving.	Prep.
בִּלְתִּי	Bilti, not, besides, unless, excepting.	Adv.
בִּלְתִּי	Bilti, without.	Prep.
בַּעֲבוּר	Bavoor, because of; for the sake of.	Prep.

בַּעֲבוּר	Baavoor, because, for that.	Conj.
גַּם	Gam, also.	Conj.
גַּם כִּי	Gam ki, although, even.	Conj.
הֵא	Hay, here! behold!	Int.
הֶאָח	Heach, ha! ha! oh!	Int.
הַאִם	Haim, whether, truly.	Adv.
הָבָה	Havah, come on! go to! well! prepare!	Int.
הָבוּ	Havoo, come on! go to! well! prepare!	Int.
הָהּ	Hah, woe! ah! as!	Int.
הוֹי	Hoy, woe to! fye!	Int.
הוֹי הוֹי	Hoy hoy, ho! hark ye!	Int.
הַיּוֹם	Hyyom, to day, this day, at this time.	Adv.
הֵיךְ	Haich, how.	Adv.
הָלְאָה	Holah, beyond, on the further side.	Adv.
הֲלוֹם	Halom, hither.	Adv.
הֵן	Hain, lo, behold, observe.	Int.
הֵנָּה	Hainah, hither, here,	Adv.
הִנֵּה	Hinnaih, O! behold! observe!	Int.
הַרְבֵּה	Harbaih, much, many,	Adv.
וְלוּא	Welu, although.	Conj.
יַחַד	Yachad, together, i. e. united together.	Adv.
יַחְדָּיו	Yachdav, together.	Adv.
כַּאֲשֶׁר	Caasher, as soon as.	Adv.
כְּבָר	Kevar, long ago, formerly.	Adv.
כֹּה	Coh, so, even so, as.	Adv.
כִּי	Ki, although, because for that.	Conj.
כִּי אִם	Ki im, but if.	Adv.
כִּי־אִם	Ki im, but.	Conj.
כָּכָה	Cacha, so, even so, as.	Adv.
כְּמוֹ	Kemo as, in like manner.	Adv.
כְּמוֹ־כֵן	Kemo chain, as in like manner.	Adv.
כֵּן	Cain, so, thus.	Adv.

לֹא	Lo, no, not.	Adv.
לֹא־כֵן	Lo chain, not so.	Conj.
לְבַד	Levad, only, excepting.	Adv.
לוּ	Loo, perhaps.	Adv.
לוּ	Loo, perhaps, if.	Conj.
לוּ	Loo, pray! beseech! intreat!	Int.
לוּ	Loo, O that! I wish!	Int.
לוּא	Loo, O that! I wish!	Int.
לוּלֵא	Loolay, not, unless, but, that.	Conj.
לָכֵן	Lachaym, therefore.	Conj.
לָמָּה	Lammah, why, wherefore.	Adv.
לְמַעַן	Lemaan, because of, for the sake of.	Prep.
לְמַעַן	Lemaan, because, for that.	Conj.
לִפְנֵי	Livnay, before.	Prep.
לְפָנִים	Levanim, before, formerly.	Adv.
מְאוֹד	Meod, very much, greatly, earnestly.	Adv.
מֵאַיִן	Maiayin, from whence.	Adv.
מִבַּיִת	Mivbayith, from inside.	Adv.
מִבֵּית	Mivbaith, from inside.	Adv.
מִבְּלִי	Mivbeli, without me.	Prep.
מַדּוּעַ	Maddooa, why? wherefore?	Adv
מִדֵּי	Midday, thenceforth, thereupon.	Prep.
מַהֵר	Mahair, hastily, quickly, swiftly.	Adv.
מְהֵרָה	Mehaira, hastily, quickly, swiftly.	Adv.
מוּל	Mool, against, over against.	Prep.
מִחוּץ	Michootz, from without.	Adv.
מָחָר	Machar, to-morrow.	Adv.
מָחֳרָת	Mochorath, to-morrow.	Adv.
מִי יִתֵּן	Mi yithtain, O that! I wish!	Adv.
מַטָּה	Mattah, bottom, below.	Adv.
מִלְּבַד	Millevad, excepting, beside, saving.	Prep.
מִלְּמַטָּה	Milmattah, from below.	Adv.
מִלְמַעְלָה	Milmaalah, from above.	Adv.
מִלְּעֻמַּת	Milummath, nigh by, near to, towards, over against.	Prep.

מִלְּפָנִים	Milphanim, heretofore, formerly.	Adv.
מִמּוּל	Mimmool, against, over against.	Prep.
מִמָּחֳרָת	Mimmochorath, on the morrow.	Adv.
מִן	Min, from, out of.	Prep.
מִנִּי	Minni, by, from, of.	Prep.
מֵעֵבֶר	Maiaiver, on the side, over against.	Prep.
מְעַט	Meat, less, a little.	Adv.
מְעַט מְעַט	Meat meat, by little and little, by degrees.	Adv.
מַעַל	Maal, above.	Adv.
מַעְלָה	Maalah, above.	Adv.
מִפֹּה	Miphpoh, from hence.	Adv.
מִפּוֹ	Miphpo, from here.	Adv.
מִפְּנֵי	Miphpenay, because of, for the sake of.	Prep.
מִקֶּדֶם	Mikkedem, in time past, a good while ago, anciently.	Adv.
מִשָּׁם	Mishsham, from thence.	Adv.
מָתַי	Mathy, when.	Adv.
נָא	Na, I pray! beseech! intreat!	Int.
נֶגֶד	Neged, before, opposite.	Prep.
נֹכַח	Nochach, against, opposite.	Prep.
נֶצַח	Netzach, eternal, for ever.	Adv.
סָבִיב	Saviv, round about.	Prep.
עֵבֶר	Aiver, over, past, beside.	Prep.
עִבְרִית	Ivrith, a Hebrew woman.	Adv.
עַד	Ad, unto, up to, even to.	Prep.
עַד־אִם	Ad im, until.	Adv.
עַד־אָן	Ad on, till, when.	Adv.
עַד־הֵנָּה	Ad haina, thus far, to this time.	Adv.
עַד־כִּי	Ad ki, until that.	Adv.
עַד־כֵּן	Ad kain, thus far, to this time.	Prep.
עַד־מָה	Ad mah, how long.	Adv.
עַד־מָתַי	Ad mathi, how long.	Adv.
עֲדֵי	Aday, unto, up to, even to.	Prep.
עוֹד	Od, as yet, hitherto.	Adv.

עוֹלָם Olam, always, for a continuance, perpetually. Adv.
עַל Al, over head, above, upon, near. Prep.
עַל-עֵבֶר Al aiver, on the side, over against. Prep.
עָלַי Alay, over head, above, upon, near. Prep.
עַל־כֵּן Al kain, therefore. Conj.
עִם Im, with, together, in conjunction wiht. Prep.
עִמָּדִי Immadi, with, together. Prep.
עֻמַּת Ummath, nigh by, near to, towards, over against. Prep.
עַתָּה Athtah, at present. Adv.
עֵקֶב Aikev, because, for that. Conj.
פֹּה Poh, here. Adv.
פוֹ Po, here. Adv.
פֶּן Pen, least. Adv.
פָּנִים Panim, before, heretofore, formerly. Adv.
פִּתְאוֹם Pithom, suddenly, unlooked for, on a sudden. Adv.
קֶדֶם Kedem, in time past, a good while ago. Adv.
רַב Rav, much, many. Adv.
רֶגַע Rega, momentary, in an instant, suddenly. Adv.
רֵיקָם Raikam, emptily, foolishly. Adv.
שָׁוְא Shov, vainly, in vain. Adv.
שְׁלִישִׁית Schelishith, third. Adv.
שִׁלְשׁוֹם Shilshom, the day before yesterday. Adv.
שָׁם Shom, there, thither. Adv.
שָׁמָּה Shammah, there. Adv.
שֵׁנִית Shainith, second. Adv.
תַּחַת Tachath, under, underneath, instead of. Adv.
תְּמוֹל Temol, yesterday. Adv.
תָּמִיד Tamid, always, continually. Adv.

100.   From the preceding Particles, the following have
Pronominal affixes.

1 אַיִן not.

PERS.		SING.		PLURAL.	
1	Com.	אֵינֶנִּי	not I.	אֵינֶנּוּ	not us.
2	Mas.	אֵינְךָ	not thou.	אֵינְכֶם	not ye.
	Fem.	אֵינֵךְ	not thou.	אֵינְכֶן	not ye.
3	Mas.	אֵינֶנּוּ	not he.	אֵינָם	not them.
	Fem.	אֵינֶנָּה	not she.	אֵינָן	not them.

2 כְּמוֹ like us.

1	Com.	כָּמוֹנִי	like me.	כָּמוֹנוּ	like us.
2	Mas.	כָּמוֹךָ	like thee.	כָּמוֹנוּ	like you.
	Fem.	כָּמוֹךְ	like thee.	כְּמוֹכֶם	like you.
3	Mas.	כָּמוֹהוּ	like him.	כְּמוֹהֶם	like them.
	Fem.	כָּמוֹהָ	like her.	כְּמוֹהֶן	like them.

3 נֶגֶד before me.

1	Com.	נֶגְדִּי	before me.	נֶגְדֵּינוּ	before us.
2	Mas.	נֶגְדְּךָ	before thee.	נֶגְדֵּיכֶם	before you.
	Fem.	נֶגְדֵּךְ	before thee.	נֶגְדֵּיכֶן	before you.
3	Mas.	נֶגְדּוֹ	before him.	נֶגְדֵּיהֶם	before them.
	Fem.	נֶגְדָּהּ	before her.	נֶגְדֵּיהֶן	before them.

4 עִם with.

1	Com.	עִמִּי	with me.	עִמָּנוּ	with us.
2	Mas.	עִמְּךָ	with thee.	עִמָּכֶם	with you.
	Fem.	עִמָּךְ	with thee.	עִמָּכֶן	with you.
3	Mas.	עִמּוֹ	with him.	עִמָּם	with them.
	Fem.	עִמָּהּ	with her.	עִמָּן	with them.

CHAP. XII.

SERVILE LETTERS.

101. The Hebrew letters are divided into Radicals and Serviles. The following eleven גדזחטסעפצקר are always radicals; but those, usually called אֵיתָן מֹשֶׁה וְכָלֵב Aithan Moshe Wechaley, may be radicals or serviles, but the letters אלבש in the midle and end of a word are always radicals. The servile letters are used in the following manner.

102. א Aleph, is one of the heemantiv letters, (R.40, 3.) and is used 1st. to form nouns from verbs, and which are called verbal or heemantiv nouns, 2nd. to form the first person singular Com. in the future tense, (R. 65.)

103. ב Baith, is used 1st. as an inseparable preposition *in*, prefixed to nouns to denote the Ablative case, as בָּאָרֶץ Beeretz, in the earth. 2nd. It is prefized to the infinitive to form the Gerund, as בִּלְמוֹד Bilmod, in learning.

104. ה Hay, is one of the heemantivs and is used 1st. in the formation of nouns; 2nd. as the definite article, (Rule 39.) 3rd, it is prefixed to the participle as a relative pronoun, as הַלּוֹמֵד Hallomaid he who is learning; 4th, to particles as an interrogative, as הֲלֹא Halo, is it not? 5. It is suffixed to denote the feminine Gender, (R. 42.) 6, It is added to nouns and verbs as a paragogic letter, (R. 89. note†) 7, It is affixed to nouns in the dative instead of the prefix ל Lamed, as אַרְצָה for לָאָרֶץ, 8, It is also add-

ed to nouns, with or without a maphpik, (R. 22.) 9, It is prefixed to verbs as a performant in the infinitive of Niphal, and as a characteristic in Hiphil, Hophal, and Hithpaail, 10. Lastly, it is suffixed to the preterite in the third pers. sing. fem.

105. ו Wav, is used 1, as an Heemantiv to form nouns; 2, It is prefixed to nouns and verbs as a conjunction copulative, disjunctive adversative, casual or conversive, (the latter see explained in the syntax.) 3, It is suffixed as an inseparable pronoun to nouns (R. 53.) and to verbs. (Table 3.

106. י Yood, is used, 1, as one of the Heemantivs, 2, it is affixed to nouns as the first person common of the possessive pronoun sing. and pl. (see page 44.) 3, it is used to form the ordinal numerals from the cardinals, as שָׁלֹשׁ three, from שְׁלִישִׁי the third : 4, to form a national noun, as מִצְרִי an Egyptian : 5, to denote the sing. and pl. regimen, (R. 47.) 6. it is used in the verb as a prefix to denote the third person mas. in the future, and suffixed to denote the second person. fem. future and imperative: 7, it is also used as a pronominal affix, as פְּקָדַנִי he visited me.

107. כ Caph, is prefixed, 1, to nouns and pronouns to form a comparison, as כָּמוֹךָ כְּפַרְעֹה Thou art like Pharaoh : 2, to form the Gerund, as כִּלְמוֹר when learning,3. it is suffixed to nouns and verbs to denote the second person sing. and pl. mas. and fem. (see page 44. and R. 97.)

108. ל Lamed, is prefixed, 1, to nouns to point out the cases (R. 46.) 2, to the infinitive to form the Gerund.

109. מ Mem, is one of the heemantiv letters to form nouns. It is prefixed to nouns, 1, to denote the ablative case, (R. 46. 53.) 2, to make the comparative, (R. 51.) To verbs it is prefixed to denote the participle Piail, Pual, Hiphil, Hophal and Hithpaail, and to the infinitive to form the Gerund. It is suffixed to nouns to form the pl. mas. and the dual com. (R. 44. 45.) and also to form adverbs, as from אָמֵן is formed אָמְנָם truly, and as the second and third pers. pron. pl. mas. (page 44.) to pronouns to denote the second and third pers. pl. mas. (R. 52. 53.) and to verbs to denote the second pers. pl. mas. preterite.

110. נ Noon, is likewise used as an heemantiv letter. It is prefixed to verbs to denote the first pers. future pl. and also as the characteristic of Niphal. It is affixed to nouns to denote the second and third pers. pron. pl. fem. (page 44.) to nouns and verbs before the pronominal ו affix to the first pers. pl. (page 44. and R. 65.) It is suffixed to verbs to denote the second pers. pl. fem. preterite, the second pers. fem. imperative, the second and third pers. pl. fem. future, also as a pronominal affix to the verb, as לַמְּדֵנִי teach me. It is used to form the second and third pers. pronoun fem. (R. 52.)

111. ש Sheen, is prefixed instead of the pronoun אֲשֶׁר and signifies who, or which.

112. ת Tav, is used as an heemantiv letter. When suffixed to nouns it denotes, 1, the fem. gend. 2, it makes the reg. fem. 3, it forms the fem. pl.

(R. 45, 47, 2.) To Verbs it is prefixed in the future to denote the second pers. mas. and fem. sin. and pl. and the third pers. sing. and pl. fem. and as the characteristic of Hithpaail. And it is suffixed in the preterite to denote the second pers. sing. and pl. mas. and fem.

CHAP. XIII.

RULES for finding out the root of every word.

113. If after the rejection of the serviles (R. 101.) if there be any, there should remain four letters, which will rarely be the case, these are the radicals, as וְנַלְמוּדָה and desolate.

114. If three letters remain they are the radicals, as אֶזְכְּרֵכִי I will remember thee, א is the sign of the first pers. sing. future, I will; the second כ is the pronominal affix second pers. sing. fem. thee; and the י is a paragogic letter; the remaining letters זכר are the radicals.

115. Should there be only two letters remaining,

1, If the first hath a dagesh prefix either a נ noon, as גֶּשׁ from the root נָגַשׁ or a י Yood, as לֵךְ from the root יָלַד and in one instance prefix a ל Lamed, as קַח from לָקַח.

2. If the second hath a dagesh double the dageshed letter, as סַבּוּ from סָבַב, in some instances insert a ו Way between the two radicals, as הֵמַּטָּה from חָנַט.

3. If neither of the letters has a dagesh insert

a ו, as קַמְתָּ from קוּם or add a ה, as תִּגְלֵי from גָּלָה.

116. If one radical letter only remains, prefix a נ Noon or י Yood and add a ה Hay, as נִיט from נָטָה; בְּתוֹרֶת from יָרָה.

Note—Some exceptions might be added to the above Rules, but these, and all other difficulties respecting the roots, the student will be master of before he has examined many chapters in the Bible.

CHAP. XIV.

Changes of Letters and Points.

117. The letters Ehevi, those of the same organ &c. frequently change with each other (R. 11, 12, 45.)

118. To prevent the increase of syllables, when the word increases in letters, the long vowels are generally changed into short one's. The occasion on which words increase in letters are נְקֵבָה Nekaivah, or Gender; כִּנּוּי Kinnooy, or Affixes; רִבּוּי Rivbooy, or Numbers; סְמִיכוּת Semichooth or Regimen.

119. נְקֵבָה Nekaivah or Gender.

When the fem. Gender is formed from the mas. the (ָ) is generally changed into (ְ), as גְּדוֹלָה Gedolah from גָּדוֹל, except nouns of one syllable, as דָּגָה from דָּג.

2, When the last vowel is (ֵ) and not preceded by (ָ) it is changed into (ְ), as עִוְרָה from עִוֵּר; but כָּבֵד makes כְּבֵדָה, and when the word increases with ת the (ֵ) is changed into (ֶ), as אַחֶרֶת from אַחֵר.

3, When the vowels are two Segols, the first changes to (.) or (·) and the second to (:), as כַּבְשָׂה or כִּבְשָׂה from כֶּבֶשׂ.

120. רִבּוּי Rivbooy, or Number.

In forming the plural, 1, the first vowel (ָ) (..) or (ֵ) is changed into (:), as דְּבָרִים from דָּבָר, סְפָרִים from סֵפֶר, מְלָכִים from מֶלֶךְ, but to compensate for an omitted dagesh the (ָ) remains as חָרָשִׁים from חָרָשׁ.

2, If the first vowel be (i) and followed by (ֵ) it is changed to (:), as קְמָצִים from קֹמֶץ; פְּעָלִים from פֹּעַל; but if the first letter be a guttural, it has a (ֳ), as חֳדָשִׁים from חֹדֶשׁ.

3, If the first vowel be (.) and followed by (.) the (.) is changed to (:) and the (.) into (ָ) or both are contracted into one (ֵ), as תְּיָשִׁים from תַּיִשׁ; זֵתִים from זַיִת.

4, If the latter be (ֵ) and not preceded by (ָ) it is changed into (:), as שׁוֹמְמִים from שׁוֹמֵם.

5, If the latter vowel be (ֶ) and succeeded by a quiescent ה, the ה is dropt and the (ֶ) changed into (.), as יָפִים from יָפֶה.

Note—Feminine nouns do not often change their points, but when they do, it is generally according to the forgoing rules.

121. סְמִיכוּת Semichoth, or Regimen.

1, The first (ָ) both in mas. and fem. sing. and pl. is changed to (:) and the other (ָ), if not followed by a quiescent א, is changed into (.), as דְּבַר for דָּבָר.

2, In the pl. mas. and fem. (..) is changed to (:) and the preceding (:) to (.), as זִקְנֵי for זְקֵנִים; גִּדְרוֹת for גְּדֵרוֹת.

3, If the last be (ֱ) and followed by ה quiescent, it is changed into (ֶ), as מִקְנֶה for מִקְנָה; and in pl. if there be two (ֱ) the first is changed to (ְ) or (ָ) and the second to (ֵ), as מַלְכֵי for מֶרֶךְ, and if the word hath (ֱ) and (ֵ) the (ֵ) is changed into (ְ), as סִפְרֵי for סֵפֶר, except gutturals which change the (ֵ) into (ֱ) and the (ֱ) into (ְ), as עֶשְׂבֵּי for עֵשֶׂב.

4, Those words which have (ֵ) and (ֶ) contract both into (ֵ), as בֵּית for בַּיִת.

5, Words of one syllable with (ֱ) seldom change, but when they do, it is to (ָ), as אָב for אַב. If the word be followed by makkaph, (ָ) is changed to Kametz chataph and (ֱ) to (ֳ), as כָּל־ for כֹּל; בֶּן־ for בֵּן.

122. כִּנּוּי Kinnoy, or affixes to nouns.

1, Two (ָ) change like דָּבָר, see page 44.

2, (ֵ) and (ָ) change (ָ) into (ֵ), as זְקֵנָיו for זָקֵן.

3, (ֵ) and (ֱ) generally change (ֱ) into (וֹ), as מוֹתִי from מֵוֶת.

4, Those pointed with (וֹ) or (ֶ) and (ָ) change the (ָ) into (ֶ), as כְּבוֹדִי from כָּבוֹד; נְזִירוֹ from נָזִיר.

5, (ָ) and (ֵ) change the latter into (ֶ), as לְבָבִי from לֵבָב.

6, Two (ֱ) or (ֱ) and (ֵ) change the first (ֱ) or (ֵ) in the sing. into (ֵ) and the second into (ֶ), as נִסְכּוֹ from נֶסֶךְ; but in the pl. they are changed like two (ָ), see דָּבָר page 44.

7, (ֵ) and (וֹ) change (וֹ) into (ֶ), as יוֹנְקָיו from יוֹנֵק.

8, (ֱ) and (וֹ) change (וֹ) to Kametz chataph, and the (ֱ) to (ֳ); as חָדְשִׁי from חֹדֶשׁ.

9, (ֶ) and (ֵ) contract both to one (ֵ); as בֵּיתִי from בַּיִת.

CHAP. XV.

NUMERALS.

123. Numbers are expressed by distinct words as well as by letters, (R. 5.) and are either Cardinals or Ordinals.

Cardinals.			Ordinals.		
Fem.	*Mas.*		*Fem*	*Mas.*	
רִאשׁוֹנָה	רִאשׁוֹן	First.	אַחַת	אֶחָד	One.
שֵׁנִית	שֵׁנִי	Second.	שְׁתַּיִם	שְׁנַיִם	Two.
שְׁלִישִׁית	שְׁלִישִׁי	Third.	שָׁלֹשׁ	שְׁלֹשָׁה	Three.
רְבִיעִית	רְבִיעִי	Fourth.	אַרְבַּע	אַרְבָּעָה	Four.
חֲמִישִׁית	חֲמִישִׁי	Fifth.	חָמֵשׁ	חֲמִשָּׁה	Five.
שִׁשִּׁית	שִׁשִּׁי	Sixth.	שֵׁשׁ	שִׁשָּׁה	Six.
שְׁבִיעִית	שְׁבִיעִי	Seventh.	שֶׁבַע	שִׁבְעָה	Seven.
שְׁמִינִית	שְׁמִינִי	Eighth.	שְׁמֹנֶה	שְׁמֹנָה	Eight.
תְּשִׁיעִית	תְּשִׁיעִי	Ninth.	תֵּשַׁע	תִּשְׁעָה	Nine.
עֲשִׂירִית	עֲשִׂירִי	Tenth.	עֶשְׂרֵה	עֲשָׂרָה עֶשֶׂר	Ten.

124. From Ten upwards, there is no difference between the Ordinals and Cardinals.

שְׁמֹנִים וּשְׁמֹנֶה	Eighty-eight.	אַחַד עָשָׂר	Eleven.
תִּשְׁעִים וְתֵשַׁע	Ninty-nine.	אַחַת עֶשְׂרֵה	
מֵאָה	One hundred.	עַשְׁתֵּי עֶשְׂרֵה	
מָאתַיִם	Two hundred.	שְׁנֵי עֶשְׂרֵה	Twelve.
שְׁלֹשׁ מֵאוֹת	Three hundred.	שְׁנֵים עֶשְׂרֵה	
אֶלֶף	One thousand.	שְׁלֹשׁ עֶשְׂרֵה	Thirteen.
אַלְפַּיִם	Two thous.	עֶשְׂרִים וּשְׁתַּיִם	Twenty-two.
שְׁלֹשֶׁת אֲלָפִים	Three thous.	שְׁלֹשִׁים וְשָׁלֹשׁ	Thirty-three.
רִבּוֹ רִבּוֹא	Ten thous.	אַרְבָּעִים וְאַרְבַּע	Forty-four.
רְבָבָה		חֲמִשִּׁים וְחָמֵשׁ	Fifty-five.
רִבּוֹתַיִם	Twenty thous.	שִׁשִּׁים וָשֵׁשׁ	Sixty-six.
שְׁלֹשִׁים אֶלֶף	Thirty thous.	שִׁבְעִים וְשֶׁבַע	Seventy-seven.

CHAP. XVI.

SYNTAX, OR THE CONSTRUCTION OF WORDS IN SENTENCES.

125. The article ה prefixed to a noun is also prefixed to the adjective or pronoun belonging to the same noun, as הַבַּיִת הַזֶּה הָאַחֲרוֹן.

126. This article is omitted, 1, in those nouns which are prefixed by ב, כ, or ל, and the prefix takes its point, and the succeeding letter receives a dagesh forté, as בַּמִּדְבָּר instead of בְּהַמִּדְבָּר.

2, In the noun regimen, and prefixed to the second noun, as שְׂפַת הַיְאֹר.

127. When two nouns are used in apposition i. e. to signify the same thing, they generally agree in gender, number, and case, except nouns of dignity, as בְּיַד דָּוִד עַבְדִּי by the hand of my servant David; לַאֲדֹנֵיהֶם לְמֶלֶךְ.

128. If the first noun be prefixed by a preposition or prefix, the second noun has the same, as לְעַבְדְּךָ לְיַעֲקוֹב.

129. When two things are compared with each other the כ comparison is prefixed to the second as well as to the first noun, as כְּעַמִּי כְעַמֶּךָ.

130. Adjectives, pronouns, and participles are placed immediately after the noun, and generally agree with it in gender, number and case, (R. 49, 50.) But nouns of the common gender have adjectives of both genders, as רוּחַ גְּדוֹלָה וְחָזָק; and

a collective noun singular may have a plural adjective, as עָם הַהוֹלְכִים a people walking.

131. A sing. adjective joined to a substantive plural, often signifies distributively, as יָשָׁר מִשְׁפָּטֶיךָ thy judgments (Heb. is) are right, i. e. every one of them.

132. Numeral nouns, from 1. to 10. inclusive, are pl. though the adjective be sing. all the other numeral adjectives are pl. and the substantive sing. as חָמֵשׁ שָׁנִים five years; חֲמִשִּׁים שָׁנָה fifty years.

133. In numbers from 3. to 10. inclusive, a mas. noun takes a fem. numeral, and a fem. noun takes a mas. numeral, as שְׁלֹשָׁה בָנִים three sons; שָׁלוֹשׁ בָּנוֹת three daughters.

134. An adj. belonging to a noun in regimen generally agrees with the second noun, and is not put in regimen, as פִּקּוּדֵי יְהוָה יְשָׁרִים; וְצַפַּחַת הַשֶּׁמֶן לֹא חָסֵר.

135. The place of an Adjective is sometimes supplied by a noun, prefixed by the preposition ב, ל or מ, as יוֹעֵץ בְּשֵׂכֶל a wise counsellor; מִזְמוֹר לְתוֹדָה, a Psalm of praise; אַרְיֵה מִיַּעַר, a lion from the forest, i. e. a wild lion.

136. The inseparable pronoun is suffixed to the adjective instead of the noun, as עִיר קָדְשֶׁךָ thy holy City, instead of עִירְךָ.

137. A verb agrees with the nominative case in gender, number, and person. But sometimes a mas. verb is joined with a noun fem. to express excellence and dignity, as וְהָיָה הַנַּעֲרָה; and vice versa, to denote something base and mean, as עֲשִׂיתֶן תּוֹעֵבָה.

138. A pl. verb to a sing. nominative case or vice versa, signifies distributively, as נִמְלְצוּ אִמְרָתֶךָ sweet are thy *word*, i. e. every one of thy words; יָצָא עֵינֵימוֹ their eye *swelleth*, i. e. every eye.

139. An Infinitive *before* a verb signifies the *certainty* of the verb, as אָכֹל תֹּאכַל thou mayest freely eat; but *after* a verb it signifies *continuance*, as וַיִּשְׁפֹּט שָׁפוֹט and he will always be a judge.

Note—Many rules might have been added to this chapter, but having, for the present, studiously avoided all matters, not absolutely necessary in an Elementary book, and more likely to perplex than to assist the student in his pursuit of the knowledge of the rudiments, I shall refer him to Granville Sharp's "Tracts on the syntax and pronunciation of the Hebrew tongue"* from which I have borrowed the following Rules:

140. ו Wav, prefixed to future tenses changes them to perfect tenses; and when prefixed to verbs in the perfect tense it regularly changes them to the future tense.

141. When ו is prefixed to a verb, which immediately follows another verb, of the same tense, without a prefixed ו, and in the same sentence, the ו in that case is merely conjunctive, &c.

---

*Although I must differ from the pious and very learned Author with regard to the points, yet I cannot but cheerfully embrace this opportunity, of gratefully acknowledging the pleasure and information I have received, from the perusal of the above mentioned tracts, as well as from his publications in general.

142. A prefixed ו does not affect or change any verb or verbs in the future tense which follow an imperative mood in the same sentence. But to perfect tenses the prefixed ו is conversive without hindrance from a preceding imperative.

143. After an interrogation, either of the emphatical ה or of the interrogatory relatives מי or מה, the prefixed ו does not influence any verb or verbs of the future or present tense; but in perfect tenses the ו is regularly conversive, and is not influenced by a preceding interrogation.

144. If a future tense put for a preter perfect tense (which must be by having a prefixed ו) precedes a preter tense (having also a prefixed ו) the latter is merely copulative.

FINIS.

Goakman, Printer, London.

Milton Keynes UK
Ingram Content Group UK Ltd.
UKHW021846150124
436080UK00008B/893

9 781014 191427

לשון הקדש

Hebrew Publications,

BY

JOSEPH SAMUEL C. F. FREY.

A regular series of HEBREW EXERCISES through all the parts of Speech agreeable to the Rules of this Grammar, are nearly ready for the Press; and a

LEXICON,

containing all the Roots in the Hebrew Language, will appear in the last Part of the Author's

HEBREW BIBLE,

(Seven Parts of which have already been published, and the remaining five he hopes to finish, if possible, in the course of this year,) and soon after, if his life be spared, the public may expect a

HEBREW DICTIONARY,

on an entire new Plan, in Two Parts: the first containing, under one Alphabet, all the primatives, and every derivative, with its prefixes, suffixes, and divers variations, including likewise all proper names of persons and places, with the English pronunciation and signification; and the second, the principal words in the English language, with a Hebrew Translation.

FREY'S NARRATIVE.

The Author has just published, Price, with the Portrait, *3s*. without it, *2s. 6d.* a third Edition of his Narrative.—Containing an account of his birth and education—his religious offices sustained amongst the Jews—the time and place of his embracing the Christian religion—some remarkable Circumstances which led him to a further acquaintance with divine Truth—his entrance into the Missionary Seminary at Berlin—his design in coming to England—and his labours and success amongst his brethren the Jews. To this edition the author has added:—An Address to Christians, in which he has laid open the deplorable state of the Jews—enumerated the chief difficulties in the way of their conversion—enforced the obligations of Christians to promote the object—and directed to the means by which it may be assisted.

"*We are glad to see this interesting Narrative reprinted. The concluding chapter, added in this Edition, is especially worthy the attention of Christians of all Denominations. The deplorable Moral State of the Jews is little known—here we have it detailed by one of their own nation; and, the contemplation of it cannot but excite in every Christian bosom, a very earnest desire that the veil may be rent from their eyes that they may behold the repairer of the breach, the restorer of paths to dwell in.*"

Bapt. Mag. Jan. 1813.

ב״ה

ספר תהלים

THE

BOOK

OF

PSALMS.

BY

JOSEPH SAMUEL C. F. FREY.

Editor of van der HOOGHT's Hebrew Bible,

LONDON:

Printed and Sold by B. R. GOAKMAN,
at the London Society's Office,
9, Church Street,
Spitalfields,

1813.

Published for the Author, by Gale, Curtis, and Fenner,
Paternoster Row:

תהלים

LIBER PSALMORUM.

PSALMUS I. א

PSAL. I. Agens de verâ beatitudine, deque modo ejus assequendæ.

א אַשְׁרֵי הָאִישׁ אֲשֶׁר ׀ לֹא הָלַךְ בַּעֲצַת רְשָׁעִים וּבְדֶרֶךְ
חַטָּאִים לֹא עָמָד וּבְמוֹשַׁב לֵצִים לֹא יָשָׁב׃
2 כִּי אִם בְּתוֹרַת יְהוָה חֶפְצוֹ וּבְתוֹרָתוֹ יֶהְגֶּה יוֹמָם וָלָיְלָה׃
3 וְהָיָה כְּעֵץ שָׁתוּל עַל־פַּלְגֵי מָיִם אֲשֶׁר פִּרְיוֹ ׀ יִתֵּן בְּעִתּוֹ
4 וְעָלֵהוּ לֹא־יִבּוֹל וְכֹל אֲשֶׁר־יַעֲשֶׂה יַצְלִיחַ׃ לֹא־כֵן
ה הָרְשָׁעִים כִּי אִם־כַּמֹּץ אֲשֶׁר־תִּדְּפֶנּוּ רוּחַ׃ עַל־כֵּן ׀ לֹא־
6 יָקֻמוּ רְשָׁעִים בַּמִּשְׁפָּט וְחַטָּאִים בַּעֲדַת צַדִּיקִים׃ כִּי־
יוֹדֵעַ יְהוָה דֶּרֶךְ צַדִּיקִים וְדֶרֶךְ רְשָׁעִים תֹּאבֵד׃

PSAL. II. Inauguratio Messiæ, in Zione Regnum suum capessentis, invito mundo.

2 א ב לָמָּה רָגְשׁוּ גוֹיִם וּלְאֻמִּים יֶהְגּוּ־רִיק׃ יִתְיַצְּבוּ
מַלְכֵי־אֶרֶץ וְרוֹזְנִים נוֹסְדוּ־יָחַד עַל־יְהוָה וְעַל־מְשִׁיחוֹ׃
3 4 נְנַתְּקָה אֶת־מוֹסְרוֹתֵימוֹ וְנַשְׁלִיכָה מִמֶּנּוּ עֲבֹתֵימוֹ׃ יוֹשֵׁב
ה בַּשָּׁמַיִם יִשְׂחָק אֲדֹנָי יִלְעַג־לָמוֹ׃ אָז יְדַבֵּר אֵלֵימוֹ בְאַפּוֹ
6 וּבַחֲרוֹנוֹ יְבַהֲלֵמוֹ׃ וַאֲנִי נָסַכְתִּי מַלְכִּי עַל־צִיּוֹן הַר־
7 קָדְשִׁי׃ אֲסַפְּרָה אֶל־חֹק יְהוָה אָמַר אֵלַי בְּנִי אַתָּה אֲנִי
8 הַיּוֹם יְלִדְתִּיךָ׃ שְׁאַל מִמֶּנִּי וְאֶתְּנָה גוֹיִם נַחֲלָתֶךָ וַאֲחֻזָּתְךָ
9 אַפְסֵי־אָרֶץ׃ תְּרֹעֵם בְּשֵׁבֶט בַּרְזֶל כִּכְלִי יוֹצֵר תְּנַפְּצֵם׃
11 י וְעַתָּה מְלָכִים הַשְׂכִּילוּ הִוָּסְרוּ שֹׁפְטֵי אָרֶץ׃ עִבְדוּ אֶת־
12 יְהוָה בְּיִרְאָה וְגִילוּ בִּרְעָדָה׃ נַשְּׁקוּ־בַר פֶּן־יֶאֱנַף
וְתֹאבְדוּ דֶרֶךְ כִּי־יִבְעַר כִּמְעַט אַפּוֹ אַשְׁרֵי כָּל־חוֹסֵי בוֹ׃

PSAL. III. Oratio Davidis, cum Absolomum fugeret, atque urbe regiâ excedere cogeretur.

א ג מִזְמוֹר לְדָוִד בְּבָרְחוֹ מִפְּנֵי ׀ אַבְשָׁלוֹם בְּנוֹ׃
2 3 יְהוָה מָה־רַבּוּ צָרָי רַבִּים קָמִים עָלָי׃ רַבִּים אֹמְרִים
4 לְנַפְשִׁי אֵין יְשׁוּעָתָה לּוֹ בֵאלֹהִים סֶלָה׃ וְאַתָּה יְהוָה מָגֵן
ה בַּעֲדִי כְּבוֹדִי וּמֵרִים רֹאשִׁי׃ קוֹלִי אֶל־יְהוָה אֶקְרָא וַיַּעֲנֵנִי

מֵהַר קָדְשׁוֹ סֶלָה׃ אֲנִי שָׁכַבְתִּי וָאִישָׁנָה הֱקִיצוֹתִי כִּי 6
יְהוָה יִסְמְכֵנִי׃ לֹא־אִירָא מֵרִבְבוֹת עָם אֲשֶׁר סָבִיב שָׁתוּ 7
עָלָי׃ קוּמָה יְהוָה הוֹשִׁיעֵנִי אֱלֹהַי כִּי־הִכִּיתָ אֶת־כָּל־ 8
אֹיְבַי לֶחִי שִׁנֵּי רְשָׁעִים שִׁבַּרְתָּ׃ לַיהוָה הַיְשׁוּעָה עַל־ 9 (בנ״א)
עַמְּךָ בִרְכָתֶךָ סֶּלָה׃ ד לַמְנַצֵּחַ בִּנְגִינוֹת מִזְמוֹר א (סֶלָה)
לְדָוִד׃ בְּקָרְאִי עֲנֵנִי אֱלֹהֵי צִדְקִי בַּצָּר הִרְחַבְתָּ לִּי חָנֵּנִי 2
וּשְׁמַע תְּפִלָּתִי׃ בְּנֵי־אִישׁ עַד־מֶה כְבוֹדִי לִכְלִמָּה 3 (נ״א מֶה)
תֶּאֱהָבוּן רִיק תְּבַקְשׁוּ כָזָב סֶלָה׃ וּדְעוּ כִּי־הִפְלָה יְהוָה 4
חָסִיד לוֹ יְהוָה יִשְׁמַע בְּקָרְאִי אֵלָיו׃ רִגְזוּ וְאַל־תֶּחֱטָאוּ ה
אִמְרוּ בִלְבַבְכֶם עַל־מִשְׁכַּבְכֶם וְדֹמּוּ סֶלָה׃ זִבְחוּ זִבְחֵי־ 6 (נ״א אמרים)
צֶדֶק וּבִטְחוּ אֶל־יְהוָה׃ רַבִּים אֹמְרִים מִי־יַרְאֵנוּ טוֹב 7 (נ״א טוב)
נְסָה־עָלֵינוּ אוֹר פָּנֶיךָ יְהוָה׃ נָתַתָּה שִׂמְחָה בְלִבִּי מֵעֵת 8 (ב״נ נסה)
דְּגָנָם וְתִירוֹשָׁם רָבּוּ׃ בְּשָׁלוֹם יַחְדָּו אֶשְׁכְּבָה וְאִישָׁן כִּי־ 9 (ב״א אור, ב נ אור)
אַתָּה יְהוָה לְבָדָד לָבֶטַח תּוֹשִׁיבֵנִי׃ ה לַמְנַצֵּחַ א
אֶל־הַנְּחִילוֹת מִזְמוֹר לְדָוִד׃ אֲמָרַי הַאֲזִינָה יְהוָה בִּינָה 2
הֲגִיגִי׃ הַקְשִׁיבָה לְקוֹל שַׁוְעִי מַלְכִּי וֵאלֹהָי כִּי־אֵלֶיךָ 3 (נ״א פסיק)
אֶתְפַּלָּל׃ יְהוָה בֹּקֶר תִּשְׁמַע קוֹלִי בֹּקֶר אֶעֱרָךְ־לְךָ 4 (נ״א אֵל, חָפֵץ)
וַאֲצַפֶּה׃ כִּי לֹא אֵל־חָפֵץ רֶשַׁע אָתָּה לֹא יְגֻרְךָ רָע׃ ה (פתח באתנח)
לֹא־יִתְיַצְּבוּ הוֹלְלִים לְנֶגֶד עֵינֶיךָ שָׂנֵאתָ כָּל־פֹּעֲלֵי אָוֶן׃ 6
תְּאַבֵּד דֹּבְרֵי כָזָב אִישׁ־דָּמִים וּמִרְמָה יְתָעֵב יְהוָה׃ 7
וַאֲנִי בְּרֹב חַסְדְּךָ אָבוֹא בֵיתֶךָ אֶשְׁתַּחֲוֶה אֶל־הֵיכַל־ 8
קָדְשְׁךָ בְּיִרְאָתֶךָ׃ יְהוָה נְחֵנִי בְצִדְקָתֶךָ לְמַעַן שׁוֹרְרָי 9
הַוְשַׁר לְפָנַי דַּרְכֶּךָ׃ כִּי אֵין בְּפִיהוּ נְכוֹנָה קִרְבָּם הַוּוֹת י (הישר קרי)
קֶבֶר־פָּתוּחַ גְּרוֹנָם לְשׁוֹנָם יַחֲלִיקוּן׃ הַאֲשִׁימֵם אֱלֹהִים 11
יִפְּלוּ מִמֹּעֲצוֹתֵיהֶם בְּרֹב פִּשְׁעֵיהֶם הַדִּיחֵמוֹ כִּי־מָרוּ בָךְ׃ (כ״נ)
וְיִשְׂמְחוּ כָל־חוֹסֵי בָךְ לְעוֹלָם יְרַנֵּנוּ וְתָסֵךְ עָלֵימוֹ וְיַעְלְצוּ 12 (וישמחו, כנ״א חוסי)
בְךָ אֹהֲבֵי שְׁמֶךָ׃ כִּי־אַתָּה תְּבָרֵךְ צַדִּיק יְהוָה כַּצִּנָּה 13 (נ״א לא פסיק)
רָצוֹן תַּעְטְרֶנּוּ׃ ו לַמְנַצֵּחַ בִּנְגִינוֹת עַל־ א
הַשְּׁמִינִית

PSAL. IV. Causam Regni sui agit, atque asserit contra inimicos suos.

PSAL. V. Precatio ad Deum, ut vim & furorem improborum coërceat, & res piorum afflictas, & propè perditas, recreët atque sustentet.

PSAL. VI. Exhibit hic psalmus animam anx-

נ״א יהוה הַשְּׁמִינִית מִזְמוֹר לְדָוִד: יְהוָה אַל־בְּאַפְּךָ תוֹכִיחֵנִי וְאַל־
2 ג״א ואל־
3 בַּחֲמָתְךָ תְיַסְּרֵנִי: חָנֵּנִי יְהוָה כִּי אֻמְלַל אָנִי רְפָאֵנִי בנ״א
4 יְהוָה כִּי נִבְהֲלוּ עֲצָמָי: וְנַפְשִׁי נִבְהֲלָה מְאֹד וְאַתְּ יְהוָה ונפשי ואתה ק׳
ה עַד־מָתָי: שׁוּבָה יְהוָה חַלְּצָה נַפְשִׁי הוֹשִׁיעֵנִי לְמַעַן
7 6 חַסְדֶּךָ: כִּי אֵין בַּמָּוֶת זִכְרֶךָ בִּשְׁאוֹל מִי יוֹדֶה־לָּךְ: יָגַעְתִּי ו
בְּאַנְחָתִי אַשְׂחֶה בְכָל־לַיְלָה מִטָּתִי בְּדִמְעָתִי עַרְשִׂי
9 8 אַמְסֶה: עָשְׁשָׁה מִכַּעַס עֵינִי עָתְקָה בְּכָל־צוֹרְרָי: סוּרוּ
י מִמֶּנִּי כָּל־פֹּעֲלֵי אָוֶן כִּי־שָׁמַע יְהוָה קוֹל בִּכְיִי: שָׁמַע תְּפִלָּתִי
11 יְהוָה תְּחִנָּתִי יְהוָה תְּפִלָּתִי יִקָּח: יֵבֹשׁוּ וְיִבָּהֲלוּ מְאֹד נ״א יבשו
א כָּל־אֹיְבָי יָשֻׁבוּ יֵבֹשׁוּ רָגַע: ז שִׁגָּיוֹן לְדָוִד
2 אֲשֶׁר־שָׁר לַיהוָה עַל־דִּבְרֵי־כוּשׁ בֶּן־יְמִינִי: יְהוָה אֱלֹהַי
3 בְּךָ חָסִיתִי הוֹשִׁיעֵנִי מִכָּל־רֹדְפַי וְהַצִּילֵנִי: פֶּן־יִטְרֹף
4 כְּאַרְיֵה נַפְשִׁי פֹּרֵק וְאֵין מַצִּיל: יְהוָה אֱלֹהַי אִם־עָשִׂיתִי
ה זֹאת אִם־יֶשׁ־עָוֶל בְּכַפָּי: אִם־גָּמַלְתִּי שׁוֹלְמִי רָע וָאֲחַלְּצָה
6 נ״א יִרְדֹּף או יִרְדֹּף צוֹרְרִי רֵיקָם: יִרַדֹּף אוֹיֵב ׀ נַפְשִׁי וְיַשֵּׂג וְיִרְמֹס לָאָרֶץ חַיָּי
7 וּכְבוֹדִי ׀ לֶעָפָר יַשְׁכֵּן סֶלָה: קוּמָה יְהוָה ׀ בְּאַפֶּךָ
נ״א צו״ או צוֹרְרַי הִנָּשֵׂא בְּעַבְרוֹת צוֹרְרָי וְעוּרָה אֵלַי מִשְׁפָּט צִוִּיתָ:
9 8 וַעֲדַת לְאֻמִּים תְּסוֹבְבֶךָּ וְעָלֶיהָ לַמָּרוֹם שׁוּבָה: יְהוָה יָדִין
י עַמִּים שָׁפְטֵנִי יְהוָה כְּצִדְקִי וּכְתֻמִּי עָלָי: יִגְמָר־נָא רַע ׀
רְשָׁעִים וּתְכוֹנֵן צַדִּיק וּבֹחֵן לִבּוֹת וּכְלָיוֹת אֱלֹהִים צַדִּיק: בנ״א
12 11 מָגִנִּי עַל־אֱלֹהִים מוֹשִׁיעַ יִשְׁרֵי־לֵב: אֱלֹהִים שׁוֹפֵט צַדִּיק מָגִנִּי או מָגִנִּי
13 וְאֵל זֹעֵם בְּכָל־יוֹם: אִם־לֹא יָשׁוּב חַרְבּוֹ יִלְטוֹשׁ קַשְׁתּוֹ
14 דָרַךְ וַיְכוֹנְנֶהָ: וְלוֹ הֵכִין כְּלֵי־מָוֶת חִצָּיו לְדֹלְקִים יִפְעָל:
16 טו הִנֵּה יְחַבֶּל־אָוֶן וְהָרָה עָמָל וְיָלַד שָׁקֶר: בּוֹר כָּרָה
17 וַיַּחְפְּרֵהוּ וַיִּפֹּל בְּשַׁחַת יִפְעָל: יָשׁוּב עֲמָלוֹ בְרֹאשׁוֹ וְעַל
18 קָדְקֳדוֹ חֲמָסוֹ יֵרֵד: אוֹדֶה יְהוָה כְּצִדְקוֹ וַאֲזַמְּרָה שֵׁם־ נ״א קָדְקֳדוֹ
א יְהוָה עֶלְיוֹן: ח לַמְנַצֵּחַ עַל־הַגִּתִּית
2 מִזְמוֹר לְדָוִד: יְהוָה אֲדֹנֵינוּ מָה־אַדִּיר שִׁמְךָ בְּכָל־הָאָרֶץ
אשר

lam & luctantem cum sensu iræ Dei, & terrore mortis, ac tandem fidei triumphum existâ luctâ.

PSAL. VII. Querelæ & lamenta Davidis, cum à Saule gravissimâ persecutione & perpetuis exiliis divexatus ac fatigatus, ardentissimè ærumnarum finem à Deo exposceret.

PSAL. VIII. Hymnus de vero & puro Dei cultu per uni-

versum terrarum orbem propagato.

אֲשֶׁר תְּנָה הוֹדְךָ עַל־הַשָּׁמָיִם׃ מִפִּי עוֹלְלִים ׀ וְיֹנְקִים 3
יִסַּדְתָּ עֹז לְמַעַן צוֹרְרֶיךָ לְהַשְׁבִּית אוֹיֵב וּמִתְנַקֵּם׃ כִּי־ 4
אֶרְאֶה שָׁמֶיךָ מַעֲשֵׂה אֶצְבְּעֹתֶיךָ יָרֵחַ וְכוֹכָבִים אֲשֶׁר
כּוֹנָנְתָּה׃ מָה־אֱנוֹשׁ כִּי־תִזְכְּרֶנּוּ וּבֶן־אָדָם כִּי תִפְקְדֶנּוּ׃ ה
וַתְּחַסְּרֵהוּ מְּעַט מֵאֱלֹהִים וְכָבוֹד וְהָדָר תְּעַטְּרֵהוּ׃ 6
תַּמְשִׁילֵהוּ בְּמַעֲשֵׂי יָדֶיךָ כֹּל שַׁתָּה תַחַת־רַגְלָיו׃ צֹנֶה 7 8
וַאֲלָפִים כֻּלָּם וְגַם בַּהֲמוֹת שָׂדָי׃ צִפּוֹר שָׁמַיִם וּדְגֵי הַיָּם 9
בנ״א למנצח עֹבֵר אָרְחוֹת יַמִּים׃ יְהוָה אֲדֹנֵינוּ מָה־אַדִּיר שִׁמְךָ בְּכָל־ י
הָאָרֶץ׃ ט לַמְנַצֵּחַ עַל־מוּת לַבֵּן מִזְמוֹר א

PSAL. IX. Propheta hoc psalmo, in Spiritu, canit, ac celebrat victorias Dei, de inimicis Regni sui.

לְדָוִד׃ אוֹדֶה יְהוָה בְּכָל־לִבִּי אֲסַפְּרָה כָּל־נִפְלְאוֹתֶיךָ׃ 2
אֶשְׂמְחָה וְאֶעֶלְצָה בָךְ אֲזַמְּרָה שִׁמְךָ עֶלְיוֹן׃ בְּשׁוּב־אוֹיְבַי 3 4 בשוב
אָחוֹר יִכָּשְׁלוּ וְיֹאבְדוּ מִפָּנֶיךָ׃ כִּי־עָשִׂיתָ מִשְׁפָּטִי וְדִינִי ה
יָשַׁבְתָּ לְכִסֵּא שׁוֹפֵט צֶדֶק׃ גָּעַרְתָּ גוֹיִם אִבַּדְתָּ רָשָׁע שְׁמָם 6
מָחִיתָ לְעוֹלָם וָעֶד׃ הָאוֹיֵב ׀ תַּמּוּ חֳרָבוֹת לָנֶצַח וְעָרִים 7
נָתַשְׁתָּ אָבַד זִכְרָם הֵמָּה׃ וַיהוָה לְעוֹלָם יֵשֵׁב כּוֹנֵן 8
ב״א ישפט לַמִּשְׁפָּט כִּסְאוֹ׃ וְהוּא יִשְׁפֹּט תֵּבֵל בְּצֶדֶק יָדִין לְאֻמִּים 9
בְּמֵישָׁרִים׃ וִיהִי יְהוָה מִשְׂגָּב לַדָּךְ מִשְׂגָּב לְעִתּוֹת י
בַּצָּרָה׃ וְיִבְטְחוּ בְךָ יוֹדְעֵי שְׁמֶךָ כִּי לֹא־עָזַבְתָּ דֹרְשֶׁיךָ 11
יְהוָה׃ זַמְּרוּ לַיהוָה יֹשֵׁב צִיּוֹן הַגִּידוּ בָעַמִּים עֲלִילוֹתָיו׃ 12
עניים קרי כִּי־דֹרֵשׁ דָּמִים אוֹתָם זָכָר לֹא שָׁכַח צַעֲקַת עֲנָוִים׃ 13
נ״א חנני חָנְנֵנִי יְהוָה ׀ רְאֵה עָנְיִי מִשֹּׂנְאָי מְרוֹמְמִי מִשַּׁעֲרֵי־מָוֶת׃ 14
בנ״א יהוה לְמַעַן אֲסַפְּרָה כָּל־תְּהִלָּתֶיךָ בְּשַׁעֲרֵי בַת־צִיּוֹן אָגִילָה טו
בִּישׁוּעָתֶךָ׃ טָבְעוּ גוֹיִם בְּשַׁחַת עָשׂוּ בְּרֶשֶׁת־זוּ טָמְנוּ 16
ב״א נודע נִלְכְּדָה רַגְלָם׃ נוֹדַע ׀ יְהוָה מִשְׁפָּט עָשָׂה בְּפֹעַל כַּפָּיו 17
נוֹקֵשׁ רָשָׁע הִגָּיוֹן סֶלָה׃ יָשׁוּבוּ רְשָׁעִים לִשְׁאוֹלָה כָּל־ 18
גּוֹיִם שְׁכֵחֵי אֱלֹהִים׃ כִּי לֹא לָנֶצַח יִשָּׁכַח אֶבְיוֹן תִּקְוַת 19
עניים קרי עֲנָוִים תֹּאבַד לָעַד׃ קוּמָה יְהוָה אַל־יָעֹז אֱנוֹשׁ יִשָּׁפְטוּ כ
ה׳ בזקיפא בנ״א ידעו גוֹיִם עַל־פָּנֶיךָ׃ שִׁיתָה יְהוָה ׀ מוֹרָה לָהֶם יֵדְעוּ גוֹיִם 21

אנוש

PSAL. X.
Exprimit
affectus fi-
delium luc-
tantium,
jamque e-
mergenti-
um è domi-
natu impro-
borum.

א אֱנוֹשׁ הַמָּה סֶּלָה׃ ‏ י ‏ לָמָה יְהוָה תַּעֲמֹד
2 בְּרָחוֹק תַּעְלִים לְעִתּוֹת בַּצָּרָה׃ בְּגַאֲוַת רָשָׁע יִדְלַק
מ"ז 3 עָנִי יִתָּפְשׂוּ בִמְזִמּוֹת זוּ חָשָׁבוּ׃ כִּי־הִלֵּל רָשָׁע עַל־תַּאֲוַת
4 נַפְשׁוֹ וּבֹצֵעַ בֵּרֵךְ נִאֵץ ׀ יְהוָה׃ רָשָׁע כְּגֹבַהּ אַפּוֹ בַּל־
דקיי 5 יִדְרֹשׁ אֵין אֱלֹהִים כָּל־מְזִמּוֹתָיו׃ יָחִילוּ דְרָכָו ׀ בְּכָל־
6 עֵת מָרוֹם מִשְׁפָּטֶיךָ מִנֶּגְדּוֹ כָּל־צוֹרְרָיו יָפִיחַ בָּהֶם׃ אָמַר
בנ"א לֹא־ 7 בְּלִבּוֹ בַּל־אֶמּוֹט לְדֹר וָדֹר אֲשֶׁר לֹא־בְרָע׃ אָלָה ׀ פִּיהוּ
בנ"א פִּירֻן 8 מָלֵא וּמִרְמוֹת וָתֹךְ תַּחַת לְשׁוֹנוֹ עָמָל וָאָוֶן׃ יֵשֵׁב ׀
נ"א לַחֵלְכָה 9 בְּמַאְרַב חֲצֵרִים בַּמִּסְתָּרִים יַהֲרֹג נָקִי עֵינָיו לְחֵלְכָה
10 יִצְפֹּנוּ׃ יֶאֱרֹב בַּמִּסְתָּר ׀ כְּאַרְיֵה בְסֻכֹּה יֶאֱרֹב לַחֲטוֹף עָנִי
ידכה קרי 10 יַחְטֹף עָנִי בְּמָשְׁכוֹ בְרִשְׁתּוֹ׃ וְדָכָה יָשֹׁחַ וְנָפַל בַּעֲצוּמָיו
חיל כאים קרי 11 חֵלְכָּאִים׃ אָמַר בְּלִבּוֹ שָׁכַח אֵל הִסְתִּיר פָּנָיו בַּל־רָאָה
12 לָנֶצַח׃ קוּמָה יְהוָה אֵל נְשָׂא יָדֶךָ אַל־תִּשְׁכַּח עֲנָוִים׃ עניים קרי
13 עַל־מֶה ׀ נִאֵץ רָשָׁע ׀ אֱלֹהִים אָמַר בְּלִבּוֹ לֹא תִדְרֹשׁ׃ כ"ן תדרש
14 רָאִתָה כִּי־אַתָּה ׀ עָמָל וָכַעַס ׀ תַּבִּיט לָתֵת בְּיָדֶךָ עָלֶיךָ נ"א לֹא פסיק
טו יַעֲזֹב חֵלְכָה יָתוֹם אַתָּה הָיִיתָ עוֹזֵר׃ שְׁבֹר זְרוֹעַ רָשָׁע
16 וָרָע תִּדְרוֹשׁ־רִשְׁעוֹ בַל־תִּמְצָא׃ יְהוָה מֶלֶךְ עוֹלָם וָעֶד
17 אָבְדוּ גוֹיִם מֵאַרְצוֹ׃ תַּאֲוַת עֲנָוִים שָׁמַעְתָּ יְהוָה תָּכִין לִבָּם
18 תַּקְשִׁיב אָזְנֶךָ׃ לִשְׁפֹּט יָתוֹם וָדָךְ בַּל־יוֹסִיף עוֹד לַעֲרֹץ ג"א לשפט

PSAL. XI.
Providen-
tiam & cu-
ram Dei, in
mediis af-
flictionibus
hocce car-
mine celeb-
rat.

א אֱנוֹשׁ מִן־הָאָרֶץ׃ ‏ יא ‏ לַמְנַצֵּחַ לְדָוִד ׀ בַּיהוָה
נ"א ק" 2 חָסִיתִי אֵיךְ תֹּאמְרוּ לְנַפְשִׁי נוּדוּ הַרְכֶם צִפּוֹר׃ כִּי הִנֵּה
הִנֵּה הָרְשָׁעִים יִדְרְכוּן קֶשֶׁת כּוֹנְנוּ חִצָּם עַל־יֶתֶר לִירוֹת בְּמוֹ־
3 אֹפֶל לְיִשְׁרֵי־לֵב׃ כִּי הַשָּׁתוֹת יֵהָרֵסוּן צַדִּיק מַה־פָּעָל׃
4 יְהוָה ׀ בְּהֵיכַל קָדְשׁוֹ יְהוָה בַּשָּׁמַיִם כִּסְאוֹ עֵינָיו יֶחֱזוּ
5 עַפְעַפָּיו יִבְחֲנוּ בְּנֵי אָדָם׃ יְהוָה צַדִּיק יִבְחָן וְרָשָׁע וְאֹהֵב
6 חָמָס שָׂנְאָה נַפְשׁוֹ׃ יַמְטֵר עַל־רְשָׁעִים פַּחִים אֵשׁ וְגָפְרִית
7 וְרוּחַ זִלְעָפוֹת מְנָת כּוֹסָם׃ כִּי־צַדִּיק יְהוָה צְדָקוֹת אָהֵב

PSAL. XII.
Conqueri-
tur de con-

א יָשָׁר יֶחֱזוּ פָנֵימוֹ׃ ‏ יב ‏ לַמְנַצֵּחַ עַל־הַשְּׁמִינִית
מִזְמוֹר

מִזְמוֹר לְדָוִד׃ הוֹשִׁיעָה יְהוָה כִּי־גָמַר חָסִיד כִּי־פַסּוּ 2 נ״א אִישׁ
אֱמוּנִים מִבְּנֵי אָדָם׃ שָׁוְא ׀ יְדַבְּרוּ אִישׁ אֶת־רֵעֵהוּ שְׂפַת 3 או אִישׁ
חֲלָקוֹת בְּלֵב וָלֵב יְדַבֵּרוּ׃ יַכְרֵת יְהוָה כָּל־שִׂפְתֵי 4
חֲלָקוֹת לָשׁוֹן מְדַבֶּרֶת גְּדֹלוֹת׃ אֲשֶׁר אָמְרוּ ׀ לִלְשֹׁנֵנוּ ה
נַגְבִּיר שְׂפָתֵינוּ אִתָּנוּ מִי אָדוֹן לָנוּ׃ מִשֹּׁד עֲנִיִּים מֵאַנְקַת 6
אֶבְיוֹנִים עַתָּה אָקוּם יֹאמַר יְהוָה אָשִׁית בְּיֵשַׁע יָפִיחַ לוֹ׃
אִמְרוֹת יְהוָה אֲמָרוֹת טְהֹרוֹת כֶּסֶף צָרוּף בַּעֲלִיל לָאָרֶץ 7
מְזֻקָּק שִׁבְעָתָיִם׃ אַתָּה־יְהוָה תִּשְׁמְרֵם תִּצְּרֶנּוּ ׀ מִן־הַדּוֹר 8
זוּ לְעוֹלָם׃ סָבִיב רְשָׁעִים יִתְהַלָּכוּן כְּרֻם זֻלּוּת לִבְנֵי 9
אָדָם׃

muni corruptione, & de hypocritarum sanis, ac sacrilego fastu contra Deum, ejusque Legem.

יג

PSALMUS XIII. In persona sua piorum quorumcunque calamitates depingit, eorumque vicem miseratur, atque opem Dei queribundus implorat.

לַמְנַצֵּחַ מִזְמוֹר לְדָוִד׃ עַד־א 2 ב״נ אנה
אָנָה יְהוָה תִּשְׁכָּחֵנִי נֶצַח עַד־אָנָה תַּסְתִּיר אֶת־פָּנֶיךָ ב א אנה
מִמֶּנִּי׃ עַד־אָנָה אָשִׁית עֵצוֹת בְּנַפְשִׁי יָגוֹן בִּלְבָבִי יוֹמָם 3 נ״א פסיק
עַד־אָנָה יָרוּם אֹיְבִי עָלָי׃ הַבִּיטָה עֲנֵנִי יְהוָה אֱלֹהָי 4
הָאִירָה עֵינַי פֶּן־אִישַׁן הַמָּוֶת׃ פֶּן־יֹאמַר אֹיְבִי יְכָלְתִּיו צָרַי ה
יָגִילוּ כִּי אֶמּוֹט׃ וַאֲנִי ׀ בְּחַסְדְּךָ בָטַחְתִּי יָגֵל לִבִּי 6 נ״א יגל
בִּישׁוּעָתֶךָ אָשִׁירָה לַיהוָה כִּי גָמַל עָלָי׃

יד

PSALMUS XIV. Universum mundum stultitiæ ac diræ corruptionis reum agit: atque ex Zione salutem & liberationem Israëlis proditurum pollicetur.

לַמְנַצֵּחַ לְדָוִד אָמַר נָבָל בְּלִבּוֹ אֵין אֱלֹהִים הִשְׁחִיתוּ ׀ א
הִתְעִיבוּ עֲלִילָה אֵין עֹשֵׂה־טוֹב׃ יְהוָה מִשָּׁמַיִם הִשְׁקִיף 2
עַל־בְּנֵי־אָדָם לִרְאוֹת הֲיֵשׁ מַשְׂכִּיל דֹּרֵשׁ אֶת־אֱלֹהִים׃ נ״א אין
הַכֹּל סָר יַחְדָּו נֶאֱלָחוּ אֵין עֹשֵׂה־טוֹב אֵין גַּם־אֶחָד׃ 3 נ״א הלוא
הֲלֹא יָדְעוּ כָּל־פֹּעֲלֵי אָוֶן אֹכְלֵי עַמִּי אָכְלוּ לֶחֶם יְהוָה 4 נ״א לי און
לֹא קָרָאוּ׃ שָׁם ׀ פָּחֲדוּ פָחַד כִּי־אֱלֹהִים בְּדוֹר צַדִּיק׃ ה נ״א כי
עֲצַת־עָנִי תָבִישׁוּ כִּי יְהוָה מַחְסֵהוּ׃ מִי יִתֵּן מִצִּיּוֹן 6 7 בנ״א עני תבישו
יְשׁוּעַת יִשְׂרָאֵל בְּשׁוּב יְהוָה שְׁבוּת עַמּוֹ יָגֵל יַעֲקֹב
יִשְׂמַח יִשְׂרָאֵל׃

טו

PSAL. XV. Quinam ad Civitatem Dei pertineant, ejusque cives ac populus haberi queant.

מִזְמוֹר לְדָוִד יְהוָה מִי־ א
יָגוּר בְּאָהֳלֶךָ מִי־יִשְׁכֹּן בְּהַר קָדְשֶׁךָ׃ הוֹלֵךְ תָּמִים וּפֹעֵל 2
צֶדֶק וְדֹבֵר אֱמֶת בִּלְבָבוֹ׃ לֹא־רָגַל ׀ עַל־לְשֹׁנוֹ לֹא־עָשָׂה 3
לְרֵעֵהוּ רָעָה וְחֶרְפָּה לֹא־נָשָׂא עַל־קְרֹבוֹ׃ נִבְזֶה ׀ בְּעֵינָיו 4

נמאס

בנ׳א לקח — או לקח

נִמְאָס וְאֶת־יִרְאֵי יְהוָה יְכַבֵּד נִשְׁבַּע לְהָרַע וְלֹא יָמִר׃
ה כַּסְפּוֹ ׀ לֹא־נָתַן בְּנֶשֶׁךְ וְשֹׁחַד עַל־נָקִי לֹא לָקָח עֹשֵׂה־
א אֵלֶּה לֹא יִמּוֹט לְעוֹלָם׃ יו מִכְתָּם לְדָוִד

PSALMUS XVI. David de Sancto illo Dei Servo eximia & gloriosa prædicit.

ג״א אֵל 2 שָׁמְרֵנִי אֵל כִּי־חָסִיתִי בָךְ׃ אָמַרְתְּ לַיהוָה אֲדֹנָי אָתָּה
3 טוֹבָתִי בַּל־עָלֶיךָ׃ לִקְדוֹשִׁים אֲשֶׁר־בָּאָרֶץ הֵמָּה וְאַדִּירֵי
4 כָּל־חֶפְצִי־בָם׃ יִרְבּוּ עַצְּבוֹתָם אַחֵר מָהָרוּ בַּל־אַסִּיךְ
ה נִסְכֵּיהֶם מִדָּם וּבַל־אֶשָּׂא אֶת־שְׁמוֹתָם עַל־שְׂפָתָי׃ יְהוָה
6 מְנָת־חֶלְקִי וְכוֹסִי אַתָּה תּוֹמִיךְ גּוֹרָלִי׃ חֲבָלִים נָפְלוּ־לִי
7 בַּנְּעִמִים אַף־נַחֲלָת שָׁפְרָה עָלָי׃ אֲבָרֵךְ אֶת־יְהוָה אֲשֶׁר
8 יְעָצָנִי אַף־לֵילוֹת יִסְּרוּנִי כִלְיוֹתָי׃ שִׁוִּיתִי יְהוָה לְנֶגְדִּי תָמִיד
9 כִּי מִימִינִי בַּל־אֶמּוֹט׃ לָכֵן ׀ שָׂמַח לִבִּי וַיָּגֶל כְּבוֹדִי אַף־
י בְּשָׂרִי יִשְׁכֹּן לָבֶטַח׃ כִּי ׀ לֹא־תַעֲזֹב נַפְשִׁי לִשְׁאוֹל לֹא־
יא תִתֵּן חֲסִידְךָ לִרְאוֹת שָׁחַת׃ תּוֹדִיעֵנִי אֹרַח חַיִּים שֹׂבַע — יתיר י׳ — בנ׳א ארח
שְׂמָחוֹת אֶת־פָּנֶיךָ נְעִמוֹת בִּימִינְךָ נֶצַח׃ יז

PSALMUS XVII. David piorum omnium, atque fidelium habitum ac affectus veluti induit, eorumque gemitus & preces, in media afflictione, exprimit.

א תְּפִלָּה לְדָוִד שִׁמְעָה יְהוָה ׀ צֶדֶק הַקְשִׁיבָה רִנָּתִי הַאֲזִינָה
2 ג״א לִבִּי תְּפִלָּתִי בְּלֹא שִׂפְתֵי מִרְמָה׃ מִלְּפָנֶיךָ מִשְׁפָּטִי יֵצֵא עֵינֶיךָ
ג״א לילה תֶּחֱזֶינָה מֵישָׁרִים׃ בָּחַנְתָּ לִבִּי ׀ פָּקַדְתָּ לַּיְלָה צְרַפְתַּנִי בַל־
מלרע 4 תִּמְצָא זַמֹּתִי בַּל־יַעֲבָר־פִּי׃ לִפְעֻלּוֹת אָדָם בִּדְבַר שְׂפָתֶיךָ
נ״א פרץ ה אֲנִי שָׁמַרְתִּי אָרְחוֹת פָּרִיץ׃ תָּמֹךְ אֲשֻׁרַי בְּמַעְגְּלוֹתֶיךָ בַּל־
ג״א לי 6 נָמוֹטּוּ פְעָמָי׃ אֲנִי־קְרָאתִיךָ כִי־תַעֲנֵנִי אֵל הַט־אָזְנְךָ לִי
7 שְׁמַע אִמְרָתִי׃ הַפְלֵה חֲסָדֶיךָ מוֹשִׁיעַ חוֹסִים
8 מִמִּתְקוֹמְמִים בִּימִינֶךָ׃ שָׁמְרֵנִי כְּאִישׁוֹן בַּת־עָיִן בְּצֵל
9 כְּנָפֶיךָ תַּסְתִּירֵנִי׃ מִפְּנֵי רְשָׁעִים זוּ שַׁדּוּנִי אֹיְבַי בְּנֶפֶשׁ יַקִּיפוּ
11 עָלָי׃ חֶלְבָּמוֹ סָּגְרוּ פִּימוֹ דִּבְּרוּ בְגֵאוּת׃ אַשֻּׁרֵנוּ עַתָּה — בנ׳א פימו
12 סְבָבוּנִי עֵינֵיהֶם יָשִׁיתוּ לִנְטוֹת בָּאָרֶץ׃ דִּמְיֹנוֹ כְּאַרְיֵה — סבבונו קרי
13 יִכְסוֹף לִטְרֹף וְכִכְפִיר יֹשֵׁב בְּמִסְתָּרִים׃ קוּמָה יְהוָה
קַדְּמָה פָנָיו הַכְרִיעֵהוּ פַּלְּטָה נַפְשִׁי מֵרָשָׁע חַרְבֶּךָ׃
14 מִמְתִים יָדְךָ ׀ יְהוָה מִמְתִים מֵחֶלֶד חֶלְקָם בַּחַיִּים וּצְפִינְךָ — בנ׳א וצפינך — וצפונך קרי

תמלא

נ"א בטנם / לעולליהם

תְּמַלֵּא בִטְנָם יִשְׂבְּעוּ בָנִים וְהִנִּיחוּ יִתְרָם לְעוֹלְלֵיהֶם׃ אֲנִי טו
בְּצֶדֶק אֶחֱזֶה פָנֶיךָ אֶשְׂבְּעָה בְהָקִיץ תְּמוּנָתֶךָ׃

PSALMUS XVIII. Hymnus Davidis, sublimioris argumenti, verborum sententiarumque pondere ac mysterio insignis, quo Deus celebratur ob erectionem Regni sui, ejusque perpetuam conservationem inter medios hostes.

יח לַמְנַצֵּחַ לְעֶבֶד יְהוָה לְדָוִד אֲשֶׁר דִּבֶּר ׀ א
לַיהוָה אֶת־דִּבְרֵי הַשִּׁירָה הַזֹּאת בְּיוֹם הִצִּיל־יְהוָה אוֹתוֹ
מִכַּף כָּל־אֹיְבָיו וּמִיַּד שָׁאוּל׃ וַיֹּאמַר אֶרְחָמְךָ יְהוָה חִזְקִי׃ 2
יְהוָה ׀ סַלְעִי וּמְצוּדָתִי וּמְפַלְטִי אֵלִי צוּרִי אֶחֱסֶה־בּוֹ מָגִנִּי 3
וְקֶרֶן יִשְׁעִי מִשְׂגַּבִּי׃ מְהֻלָּל אֶקְרָא יְהוָה וּמִן־אֹיְבַי
אִוָּשֵׁעַ׃ אֲפָפוּנִי חֶבְלֵי־מָוֶת וְנַחֲלֵי בְלִיַּעַל יְבַעֲתוּנִי׃ ה
חֶבְלֵי שְׁאוֹל סְבָבוּנִי קִדְּמוּנִי מוֹקְשֵׁי מָוֶת׃ בַּצַּר־לִי ׀ 6 7
אֶקְרָא יְהוָה וְאֶל־אֱלֹהַי אֲשַׁוֵּעַ יִשְׁמַע מֵהֵיכָלוֹ קוֹלִי
וְשַׁוְעָתִי לְפָנָיו ׀ תָּבוֹא בְאָזְנָיו׃ וַתִּגְעַשׁ וַתִּרְעַשׁ ׀ הָאָרֶץ 8
וּמוֹסְדֵי הָרִים יִרְגָּזוּ וַיִּתְגָּעֲשׁוּ כִּי־חָרָה לוֹ׃ עָלָה עָשָׁן ׀ 9
נ"א גחלים בְּאַפּוֹ וְאֵשׁ־מִפִּיו תֹּאכֵל גֶּחָלִים בָּעֲרוּ מִמֶּנּוּ׃ וַיֵּט שָׁמַיִם י
וַיֵּרַד וַעֲרָפֶל תַּחַת רַגְלָיו׃ וַיִּרְכַּב עַל־כְּרוּב וַיָּעֹף וַיֵּדֶא 11
עַל־כַּנְפֵי־רוּחַ׃ יָשֶׁת חֹשֶׁךְ ׀ סִתְרוֹ סְבִיבוֹתָיו סֻכָּתוֹ 12
חֶשְׁכַת־מַיִם עָבֵי שְׁחָקִים׃ מִנֹּגַהּ נֶגְדּוֹ עָבָיו עָבְרוּ בָּרָד 13
וְגַחֲלֵי־אֵשׁ׃ וַיַּרְעֵם בַּשָּׁמַיִם ׀ יְהוָה וְעֶלְיוֹן יִתֵּן קֹלוֹ בָּרָד 14
וְגַחֲלֵי־אֵשׁ׃ וַיִּשְׁלַח חִצָּיו וַיְפִיצֵם וּבְרָקִים רָב וַיְהֻמֵּם׃ טו
נ"א ויגלו וַיֵּרָאוּ ׀ אֲפִיקֵי מַיִם וַיִּגָּלוּ מוֹסְדוֹת תֵּבֵל מִגַּעֲרָתְךָ יְהוָה 16
נ"א רוח מִנִּשְׁמַת רוּחַ אַפֶּךָ׃ יִשְׁלַח מִמָּרוֹם יִקָּחֵנִי יַמְשֵׁנִי 17
מִמַּיִם רַבִּים׃ יַצִּילֵנִי מֵאֹיְבִי עָז וּמִשֹּׂנְאַי כִּי־אָמְצוּ מִמֶּנִּי׃ 18
יְקַדְּמוּנִי בְיוֹם־אֵידִי וַיְהִי־יְהוָה לְמִשְׁעָן לִי׃ וַיּוֹצִיאֵנִי 19 כ
לַמֶּרְחָב יְחַלְּצֵנִי כִּי חָפֵץ בִּי׃ יִגְמְלֵנִי יְהוָה כְּצִדְקִי כְּבֹר 21
יָדַי יָשִׁיב לִי׃ כִּי־שָׁמַרְתִּי דַּרְכֵי יְהוָה וְלֹא־רָשַׁעְתִּי 22
מֵאֱלֹהָי׃ כִּי כָל־מִשְׁפָּטָיו לְנֶגְדִּי וְחֻקֹּתָיו לֹא־אָסִיר מֶנִּי׃ 23
נ"א וישב וָאֱהִי תָמִים עִמּוֹ וָאֶשְׁתַּמֵּר מֵעֲוֹנִי׃ וַיָּשֶׁב־יְהוָה לִי כְצִדְקִי 24 כה
כְּבֹר יָדַי לְנֶגֶד עֵינָיו׃ עִם־חָסִיד תִּתְחַסָּד עִם־גְּבַר 26
תָּמִים תִּתַּמָּם׃ עִם־נָבָר תִּתְבָּרָר וְעִם־עִקֵּשׁ תִּתְפַּתָּל׃ 27
כי

28. 29 כִּֽי־אַתָּה עַם־עָנִי תוֹשִׁיעַ וְעֵינַיִם רָמוֹת תַּשְׁפִּיל׃ כִּֽי־
אַתָּה תָּאִיר נֵרִי יְהוָה אֱלֹהַי יַגִּיהַּ חָשְׁכִּי׃ כִּֽי־בְךָ אָרֻץ ל
31 גְּדוּד וּבֵאלֹהַי אֲדַלֶּג־שׁוּר׃ הָאֵל תָּמִים דַּרְכּוֹ אִמְרַת־
32 יְהוָה צְרוּפָה מָגֵן הוּא לְכֹל הַחֹסִים בּוֹ׃ כִּי מִי אֱלוֹהַּ בנ״א יְהוָה
33 מִבַּלְעֲדֵי יְהוָה וּמִי צוּר זוּלָתִי אֱלֹהֵינוּ׃ הָאֵל הַמְאַזְּרֵנִי או יהוה נ״א
34 חָיִל וַיִּתֵּן תָּמִים דַּרְכִּי׃ מְשַׁוֶּה רַגְלַי כָּאַיָּלוֹת וְעַל בָּמֹתַי הו׳ בדגש
יַעֲמִידֵנִי׃ מְלַמֵּד יָדַי לַמִּלְחָמָה וְנִחֲתָה קֶשֶׁת־נְחוּשָׁה לה
36 זְרוֹעֹתָי׃ וַתִּתֶּן־לִי מָגֵן יִשְׁעֶךָ וִימִינְךָ תִסְעָדֵנִי וְעַנְוַתְךָ בנ״א יְךָ
37 תַרְבֵּנִי׃ תַּרְחִיב צַעֲדִי תַחְתָּי וְלֹא מָעֲדוּ קַרְסֻלָּי׃
38 39 אֶרְדּוֹף אוֹיְבַי וְאַשִּׂיגֵם וְלֹא־אָשׁוּב עַד־כַּלּוֹתָם׃ אֶמְחָצֵם
וְלֹא־יֻכְלוּ קוּם יִפְּלוּ תַּחַת רַגְלָי׃ וַתְּאַזְּרֵנִי חַיִל מ
41 לַמִּלְחָמָה תַּכְרִיעַ קָמַי תַּחְתָּי׃ וְאֹיְבַי נָתַתָּה לִּי עֹרֶף
42 וּמְשַׂנְאַי אַצְמִיתֵם׃ יְשַׁוְּעוּ וְאֵין מוֹשִׁיעַ עַל־יְהוָה וְלֹא
43 עָנָם׃ וְאֶשְׁחָקֵם כְּעָפָר עַל־פְּנֵי־רוּחַ כְּטִיט חוּצוֹת
44 אֲרִיקֵם׃ תְּפַלְּטֵנִי מֵרִיבֵי עָם תְּשִׂימֵנִי לְרֹאשׁ גּוֹיִם עַם
לֹא־יָדַעְתִּי יַעַבְדוּנִי׃ לְשֵׁמַע אֹזֶן יִשָּׁמְעוּ לִי בְּנֵי נֵכָר מה בנ״א בְּנֵי־
46 יְכַחֲשׁוּ־לִי׃ בְּנֵי־נֵכָר יִבֹּלוּ וְיַחְרְגוּ מִמִּסְגְּרוֹתֵיהֶם׃
47 48 חַי־יְהוָה וּבָרוּךְ צוּרִי וְיָרוּם אֱלוֹהֵי יִשְׁעִי׃ הָאֵל הַנּוֹתֵן נ״א אלהי
49 נְקָמוֹת לִי וַיַּדְבֵּר עַמִּים תַּחְתָּי׃ מְפַלְּטִי מֵאֹיְבָי אַף מִן־ נ״א מְפַלְּטִי
קָמַי תְּרוֹמְמֵנִי מֵאִישׁ חָמָס תַּצִּילֵנִי׃ עַל־כֵּן אוֹדְךָ בַגּוֹיִם נ
51 יְהוָה וּלְשִׁמְךָ אֲזַמֵּרָה׃ מַגְדִּל יְשׁוּעוֹת מַלְכּוֹ וְעֹשֶׂה חֶסֶד
לִמְשִׁיחוֹ לְדָוִד וּלְזַרְעוֹ עַד־עוֹלָם׃ יט לַמְנַצֵּחַ א

PSAL. XIX. Hymnus celebrans verum Domini cognitionem & cultum.

2 מִזְמוֹר לְדָוִד׃ הַשָּׁמַיִם מְסַפְּרִים כְּבוֹד־אֵל וּמַעֲשֵׂה יָדָיו נ״א כבוד־
3 מַגִּיד הָרָקִיעַ׃ יוֹם לְיוֹם יַבִּיעַ אֹמֶר וְלַיְלָה לְּלַיְלָה יְחַוֶּה־
4 דָּעַת׃ אֵין־אֹמֶר וְאֵין דְּבָרִים בְּלִי נִשְׁמָע קוֹלָם׃ בְּכָל־ ה
הָאָרֶץ יָצָא קַוָּם וּבִקְצֵה תֵבֵל מִלֵּיהֶם לַשֶּׁמֶשׁ שָׂם־אֹהֶל נ״א הָאָרֶץ
6 בָּהֶם׃ וְהוּא כְּחָתָן יֹצֵא מֵחֻפָּתוֹ יָשִׂישׂ כְּגִבּוֹר לָרוּץ אֹרַח׃ או הָאָרֶץ
7 מִקְצֵה הַשָּׁמַיִם מוֹצָאוֹ וּתְקוּפָתוֹ עַל־קְצוֹתָם וְאֵין נִסְתָּר

מֵחַמָּתוֹ׃ תּוֹרַת יְהוָה תְּמִימָה מְשִׁיבַת נָפֶשׁ עֵדוּת יְהוָה 8
נֶאֱמָנָה מַחְכִּימַת פֶּתִי׃ פִּקּוּדֵי יְהוָה יְשָׁרִים מְשַׂמְּחֵי־לֵב 9
מִצְוַת יְהוָה בָּרָה מְאִירַת עֵינָיִם׃ יִרְאַת יְהוָה ׀ טְהוֹרָה י
עוֹמֶדֶת לָעַד מִשְׁפְּטֵי־יְהוָה אֱמֶת צָדְקוּ יַחְדָּו׃ הַנֶּחֱמָדִים 11
מִזָּהָב וּמִפַּז רָב וּמְתוּקִים מִדְּבַשׁ וְנֹפֶת צוּפִים׃ גַּם־עַבְדְּךָ 12
נִזְהָר בָּהֶם בְּשָׁמְרָם עֵקֶב רָב׃ שְׁגִיאוֹת מִי־יָבִין מִנִּסְתָּרוֹת 13
נַקֵּנִי׃ גַּם מִזֵּדִים ׀ חֲשֹׂךְ עַבְדֶּךָ אַל־יִמְשְׁלוּ־בִי אָז אֵיתָם 14
וְנִקֵּיתִי מִפֶּשַׁע רָב׃ יִהְיוּ לְרָצוֹן ׀ אִמְרֵי־פִי וְהֶגְיוֹן לִבִּי לְפָנֶיךָ טו
יְהוָה צוּרִי וְגֹאֲלִי׃ כ לַמְנַצֵּחַ מִזְמוֹר לְדָוִד׃ א 2
יַעַנְךָ יְהוָה בְּיוֹם צָרָה יְשַׂגֶּבְךָ שֵׁם ׀ אֱלֹהֵי יַעֲקֹב׃ יִשְׁלַח־ 3
עֶזְרְךָ מִקֹּדֶשׁ וּמִצִּיּוֹן יִסְעָדֶךָּ׃ יִזְכֹּר כָּל־מִנְחֹתֶךָ וְעוֹלָתְךָ 4
יְדַשְּׁנֶה סֶלָה׃ יִתֶּן־לְךָ כִלְבָבֶךָ וְכָל־עֲצָתְךָ יְמַלֵּא׃ ה
נְרַנְּנָה ׀ בִּישׁוּעָתֶךָ וּבְשֵׁם אֱלֹהֵינוּ נִדְגֹּל יְמַלֵּא יְהוָה כָּל־ 6
מִשְׁאֲלוֹתֶיךָ׃ עַתָּה יָדַעְתִּי כִּי הוֹשִׁיעַ ׀ יְהוָה מְשִׁיחוֹ יַעֲנֵהוּ 7
מִשְּׁמֵי קָדְשׁוֹ בִּגְבוּרוֹת יֵשַׁע יְמִינוֹ׃ אֵלֶּה בָרֶכֶב וְאֵלֶּה 8
בַסּוּסִים וַאֲנַחְנוּ ׀ בְּשֵׁם־יְהוָה אֱלֹהֵינוּ נַזְכִּיר׃ הֵמָּה כָּרְעוּ 9
וְנָפָלוּ וַאֲנַחְנוּ קַּמְנוּ וַנִּתְעוֹדָד׃ יְהוָה הוֹשִׁיעָה הַמֶּלֶךְ י
יַעֲנֵנוּ בְיוֹם־קָרְאֵנוּ׃ כא לַמְנַצֵּחַ מִזְמוֹר לְדָוִד׃ א 2
יְהוָה בְּעָזְּךָ יִשְׂמַח־מֶלֶךְ וּבִישׁוּעָתְךָ מַה־יָּגֶיל מְאֹד׃ תַּאֲוַת 3
לִבּוֹ נָתַתָּה לּוֹ וַאֲרֶשֶׁת שְׂפָתָיו בַּל־מָנַעְתָּ סֶּלָה׃ כִּי־ 4
תְקַדְּמֶנּוּ בִּרְכוֹת טוֹב תָּשִׁית לְרֹאשׁוֹ עֲטֶרֶת פָּז׃ חַיִּים ׀ ה
שָׁאַל מִמְּךָ נָתַתָּה לּוֹ אֹרֶךְ יָמִים עוֹלָם וָעֶד׃ גָּדוֹל כְּבוֹדוֹ 6
בִּישׁוּעָתֶךָ הוֹד וְהָדָר תְּשַׁוֶּה עָלָיו׃ כִּי־תְשִׁיתֵהוּ בְרָכוֹת 7
לָעַד תְּחַדֵּהוּ בְשִׂמְחָה אֶת־פָּנֶיךָ׃ כִּי־הַמֶּלֶךְ בֹּטֵחַ בַּיהוָה 8
וּבְחֶסֶד עֶלְיוֹן בַּל־יִמּוֹט׃ תִּמְצָא יָדְךָ לְכָל־אֹיְבֶיךָ יְמִינְךָ 9
תִּמְצָא שֹׂנְאֶיךָ׃ תְּשִׁיתֵמוֹ ׀ כְּתַנּוּר אֵשׁ לְעֵת פָּנֶיךָ יְהוָה י
בְּאַפּוֹ יְבַלְּעֵם וְתֹאכְלֵם אֵשׁ׃ פִּרְיָמוֹ מֵאֶרֶץ תְּאַבֵּד וְזַרְעָם 11
מִבְּנֵי אָדָם׃ כִּי־נָטוּ עָלֶיךָ רָעָה חָשְׁבוּ מְזִמָּה בַּל־יוּכָלוּ׃ 12
כי

PSAL. XX. Vota & oratio fidelium pro Rege suo, ejusque Regno.

PSAL. XXI. Itidem propheticus, quo Regnum Messiæ, ejusque amplitudo & æternitas celebratur.

נ"א תורת · נ"א עדות · נ"א יהוה · נ"א מצות־יהוה · נא טהורה · בנ"א לעד · בנ"א צדקו · נ"א הנחמ' · ב"א הם · בנ"א אות · נ"א חשוך · נ"א אלהי · נ"א ישלח · נ"א יתן · נ"א וכל · נ"א אלהינו · נ"א ביש' · נ"א ובשם · נ"א משיחו · נ"א הושיע · בנ"א ישע · נ"א יגיל · ויחיד

13 14 כִּי תְּשִׁיתֵמוֹ שֶׁכֶם בְּמֵיתָרֶיךָ תְּכוֹנֵן עַל־פְּנֵיהֶם׃ רוּמָה
יְהוָה בְעֻזֶּךָ נָשִׁירָה וּנְזַמְּרָה גְּבוּרָתֶךָ׃

כב

PSALMUS XXII David dolores & sequentem gloriam ejus, de quo vaticinatur, exprimit.

2 א לַמְנַצֵּחַ עַל־אַיֶּלֶת הַשַּׁחַר מִזְמוֹר לְדָוִד׃ אֵלִי אֵלִי לָמָה
3 עֲזַבְתָּנִי רָחוֹק מִישׁוּעָתִי דִּבְרֵי שַׁאֲגָתִי׃ אֱלֹהַי אֶקְרָא יוֹמָם נ״א ואתה
4 וְלֹא תַעֲנֶה וְלַיְלָה וְלֹא־דוּמִיָּה לִי׃ וְאַתָּה קָדוֹשׁ יוֹשֵׁב
ה תְּהִלּוֹת יִשְׂרָאֵל׃ בְּךָ בָּטְחוּ אֲבֹתֵינוּ בָּטְחוּ וַתְּפַלְּטֵמוֹ׃
6 7 אֵלֶיךָ זָעֲקוּ וְנִמְלָטוּ בְּךָ בָטְחוּ וְלֹא־בוֹשׁוּ׃ וְאָנֹכִי תוֹלַעַת
8 וְלֹא־אִישׁ חֶרְפַּת אָדָם וּבְזוּי עָם׃ כָּל־רֹאַי יַלְעִגוּ לִי
9 יַפְטִירוּ בְשָׂפָה יָנִיעוּ רֹאשׁ׃ גֹּל אֶל־יְהוָה יְפַלְּטֵהוּ יַצִּילֵהוּ
י כִּי חָפֵץ בּוֹ׃ כִּי־אַתָּה גֹחִי מִבָּטֶן מַבְטִיחִי עַל־שְׁדֵי אִמִּי׃
11 12 עָלֶיךָ הָשְׁלַכְתִּי מֵרָחֶם מִבֶּטֶן אִמִּי אֵלִי אָתָּה׃ אַל־תִּרְחַק
13 מִמֶּנִּי כִּי־צָרָה קְרוֹבָה כִּי־אֵין עוֹזֵר׃ סְבָבוּנִי פָּרִים רַבִּים
14 אַבִּירֵי בָשָׁן כִּתְּרוּנִי׃ פָּצוּ עָלַי פִּיהֶם אַרְיֵה טֹרֵף וְשֹׁאֵג׃
טו כַּמַּיִם נִשְׁפַּכְתִּי וְהִתְפָּרְדוּ כָּל־עַצְמוֹתָי הָיָה לִבִּי כַּדּוֹנָג נ״א ויתפרדו
16 נָמֵס בְּתוֹךְ מֵעָי׃ יָבֵשׁ כַּחֶרֶשׂ כֹּחִי וּלְשׁוֹנִי מֻדְבָּק מַלְקוֹחָי
17 וְלַעֲפַר־מָוֶת תִּשְׁפְּתֵנִי׃ כִּי סְבָבוּנִי כְּלָבִים עֲדַת מְרֵעִים בנ״א כי
18 הִקִּיפוּנִי כָּאֲרִי יָדַי וְרַגְלָי׃ אֲסַפֵּר כָּל־עַצְמוֹתָי הֵמָּה
19 יַבִּיטוּ יִרְאוּ־בִי׃ יְחַלְּקוּ בְגָדַי לָהֶם וְעַל־לְבוּשִׁי יַפִּילוּ נ״א יחלקו
כ גוֹרָל׃ וְאַתָּה יְהוָה אַל־תִּרְחָק אֱיָלוּתִי לְעֶזְרָתִי חוּשָׁה׃
21 22 הַצִּילָה מֵחֶרֶב נַפְשִׁי מִיַּד־כֶּלֶב יְחִידָתִי׃ הוֹשִׁיעֵנִי מִפִּי
23 אַרְיֵה וּמִקַּרְנֵי רֵמִים עֲנִיתָנִי׃ אֲסַפְּרָה שִׁמְךָ לְאֶחָי בְּתוֹךְ
24 קָהָל אֲהַלְלֶךָּ׃ יִרְאֵי יְהוָה הַלְלוּהוּ כָּל־זֶרַע יַעֲקֹב
כה כַּבְּדוּהוּ וְגוּרוּ מִמֶּנּוּ כָּל־זֶרַע יִשְׂרָאֵל׃ כִּי לֹא־בָזָה וְלֹא נ״א בזה
שִׁקַּץ עֱנוּת עָנִי וְלֹא־הִסְתִּיר פָּנָיו מִמֶּנּוּ וּבְשַׁוְּעוֹ אֵלָיו
26 שָׁמֵעַ׃ מֵאִתְּךָ תְהִלָּתִי בְּקָהָל רָב נְדָרַי אֲשַׁלֵּם נֶגֶד יְרֵאָיו׃ נ״א בקהל
27 יֹאכְלוּ עֲנָוִים וְיִשְׂבָּעוּ יְהַלְלוּ יְהוָה דֹּרְשָׁיו יְחִי לְבַבְכֶם נ״א דרשיו
28 לָעַד׃ יִזְכְּרוּ וְיָשֻׁבוּ אֶל־יְהוָה כָּל־אַפְסֵי־אָרֶץ וְיִשְׁתַּחֲווּ
29 לְפָנֶיךָ כָּל־מִשְׁפְּחוֹת גּוֹיִם׃ כִּי לַיהוָה הַמְּלוּכָה
וּמוֹשֵׁל

נ"א אכלו
וּמוֹשֵׁל בַּגּוֹיִם׃ אָכְלוּ וַיִּשְׁתַּחֲווּ ׀ כָּל־דִּשְׁנֵי־ ל
אֶרֶץ לְפָנָיו יִכְרְעוּ כָּל־יוֹרְדֵי עָפָר וְנַפְשׁוֹ לֹא חִיָּה׃
זֶרַע יַעַבְדֶנּוּ יְסֻפַּר לַאדֹנָי לַדּוֹר׃ יָבֹאוּ וְיַגִּידוּ 31 32
צִדְקָתוֹ לְעַם נוֹלָד כִּי עָשָׂה׃ כג
מִזְמוֹר לְדָוִד יְהוָה רֹעִי לֹא אֶחְסָר׃ בִּנְאוֹת דֶּשֶׁא יַרְבִּיצֵנִי א 2

PSALMUS XXIII. Celebrat gaudium & consolationem piorum; Deum pastorem, seque ovem facit; atque hac in imagine continuo pergit.

עַל־מֵי מְנֻחוֹת יְנַהֲלֵנִי׃ נַפְשִׁי יְשׁוֹבֵב יַנְחֵנִי בְמַעְגְּלֵי־צֶדֶק 3
לְמַעַן שְׁמוֹ׃ גַּם כִּי־אֵלֵךְ בְּגֵיא צַלְמָוֶת לֹא־אִירָא רָע כִּי־ 4
אַתָּה עִמָּדִי שִׁבְטְךָ וּמִשְׁעַנְתֶּךָ הֵמָּה יְנַחֲמֻנִי׃ תַּעֲרֹךְ ה נ"א בשמן
לְפָנַי ׀ שֻׁלְחָן נֶגֶד צֹרְרָי דִּשַּׁנְתָּ בַשֶּׁמֶן רֹאשִׁי כּוֹסִי רְוָיָה׃ או בשמן
נ"א בבית
אַךְ ׀ טוֹב וָחֶסֶד יִרְדְּפוּנִי כָּל־יְמֵי חַיָּי וְשַׁבְתִּי בְּבֵית־יְהוָה 6
לְאֹרֶךְ יָמִים׃ כד לְדָוִד מִזְמוֹר לַיהוָה הָאָרֶץ א

PSALMUS XXIV. Regnum Dei celebrat, quique ad illud pertineant, docet.

וּמְלוֹאָהּ תֵּבֵל וְיֹשְׁבֵי בָהּ׃ כִּי־הוּא עַל־יַמִּים יְסָדָהּ וְעַל־ 2 נ"א קום
נְהָרוֹת יְכוֹנְנֶהָ׃ מִי־יַעֲלֶה בְהַר־יְהוָה וּמִי־יָקוּם בִּמְקוֹם 3
קְדָשׁוֹ׃ נְקִי כַפַּיִם וּבַר־לֵבָב אֲשֶׁר ׀ לֹא־נָשָׂא לַשָּׁוְא נַפְשׁוֹ 4 נפשי ק'
וְלֹא נִשְׁבַּע לְמִרְמָה׃ יִשָּׂא בְרָכָה מֵאֵת יְהוָה וּצְדָקָה ה
נ"א דור"
מֵאֱלֹהֵי יִשְׁעוֹ׃ זֶה דּוֹר דֹּרְשָׁו מְבַקְשֵׁי פָנֶיךָ יַעֲקֹב סֶלָה׃ 6
דורשיו קרי כנ"א, והנשאו
שְׂאוּ שְׁעָרִים ׀ רָאשֵׁיכֶם וְהִנָּשְׂאוּ פִּתְחֵי עוֹלָם וְיָבוֹא מֶלֶךְ 7
הַכָּבוֹד׃ מִי זֶה מֶלֶךְ הַכָּבוֹד יְהוָה עִזּוּז וְגִבּוֹר יְהוָה גִּבּוֹר 8
מִלְחָמָה׃ שְׂאוּ שְׁעָרִים ׀ רָאשֵׁיכֶם וּשְׂאוּ פִּתְחֵי עוֹלָם 9
וְיָבֹא מֶלֶךְ הַכָּבוֹד׃ מִי הוּא זֶה מֶלֶךְ הַכָּבוֹד יְהוָה צְבָאוֹת י
הוּא מֶלֶךְ הַכָּבוֹד סֶלָה׃ כה לְדָוִד אֵלֶיךָ א

PSALMUS XXV. Oratio Davidis; pro impetranda gratia & justitia, singulis petitionibus ferme interjunctas divini spiritus responsiones habens.

יְהוָה נַפְשִׁי אֶשָּׂא׃ אֱלֹהַי בְּךָ בָטַחְתִּי אַל־אֵבוֹשָׁה אַל־ 2
יַעַלְצוּ אֹיְבַי לִי׃ גַּם כָּל־קֹוֶיךָ לֹא יֵבֹשׁוּ יֵבֹשׁוּ הַבּוֹגְדִים 3 נ"א אורח"
רֵיקָם׃ דְּרָכֶיךָ יְהוָה הוֹדִיעֵנִי אֹרְחוֹתֶיךָ לַמְּדֵנִי׃ הַדְרִיכֵנִי ה 5 נ"א ולמ"
בַאֲמִתֶּךָ ׀ וְלַמְּדֵנִי כִּי־אַתָּה אֱלֹהֵי יִשְׁעִי אוֹתְךָ קִוִּיתִי כָּל־
הַיּוֹם׃ זְכֹר־רַחֲמֶיךָ יְהוָה וַחֲסָדֶיךָ כִּי מֵעוֹלָם הֵמָּה׃ 6 זכר־
פתח באתנח
חַטֹּאות נְעוּרַי ׀ וּפְשָׁעַי אַל־תִּזְכֹּר כְּחַסְדְּךָ זְכָר־לִי־אַתָּה 7
נ"א טוב־
לְמַעַן טוּבְךָ יְהוָה׃ טוֹב וְיָשָׁר יְהוָה עַל־כֵּן יוֹרֶה חַטָּאִים 8
בדרך

י 9 בַּדָּרֶךְ׃ יַדְרֵךְ עֲנָוִים בַּמִּשְׁפָּט וִילַמֵּד עֲנָוִים דַּרְכּוֹ׃ כָּל־
11 אָרְחוֹת יְהוָה חֶסֶד וֶאֱמֶת לְנֹצְרֵי בְרִיתוֹ וְעֵדֹתָיו׃ לְמַעַן־
12 שִׁמְךָ יְהוָה וְסָלַחְתָּ לַעֲוֺנִי כִּי רַב־הוּא׃ מִי־זֶה הָאִישׁ יְרֵא
13 יְהוָה יוֹרֶנּוּ בְּדֶרֶךְ יִבְחָר׃ נַפְשׁוֹ בְּטוֹב תָּלִין וְזַרְעוֹ יִירַשׁ
טו 14 אָרֶץ׃ סוֹד יְהוָה לִירֵאָיו וּבְרִיתוֹ לְהוֹדִיעָם׃ עֵינַי תָּמִיד
16 אֶל־יְהוָה כִּי הוּא־יוֹצִיא מֵרֶשֶׁת רַגְלָי׃ פְּנֵה אֵלַי וְחָנֵּנִי
17 כִּי־יָחִיד וְעָנִי אָנִי׃ צָרוֹת לְבָבִי הִרְחִיבוּ מִמְּצוּקוֹתַי
19 18 הוֹצִיאֵנִי׃ רְאֵה עָנְיִי וַעֲמָלִי וְשָׂא לְכָל־חַטֹּאותָי׃ רְאֵה־
כ אוֹיְבַי כִּי־רָבּוּ וְשִׂנְאַת חָמָס שְׂנֵאוּנִי׃ שָׁמְרָה נַפְשִׁי
21 וְהַצִּילֵנִי אַל־אֵבוֹשׁ כִּי־חָסִיתִי בָךְ׃ תֹּם־וָיֹשֶׁר יִצְּרוּנִי כִּי
22 קִוִּיתִיךָ׃ פְּדֵה אֱלֹהִים אֶת־יִשְׂרָאֵל מִכֹּל צָרוֹתָיו׃
כִּי־א כו לְדָוִד ׀ שָׁפְטֵנִי יְהוָה כִּי אֲנִי בְּתֻמִּי הָלַכְתִּי פתח באתנח
יתיר ו׳ 2 וּבַיהוָה בָּטַחְתִּי לֹא אֶמְעָד׃ בְּחָנֵנִי יְהוָה וְנַסֵּנִי צָרְוֹפָה
נ״א כִּי 3 כִלְיוֹתַי וְלִבִּי׃ כִּי־חַסְדְּךָ לְנֶגֶד עֵינָי וְהִתְהַלַּכְתִּי בַּאֲמִתֶּךָ׃
4 לֹא־יָשַׁבְתִּי עִם־מְתֵי־שָׁוְא וְעִם נַעֲלָמִים לֹא אָבוֹא׃
6 ה שָׂנֵאתִי קְהַל מְרֵעִים וְעִם־רְשָׁעִים לֹא אֵשֵׁב׃ אֶרְחַץ
7 בְּנִקָּיוֹן כַּפָּי וַאֲסֹבְבָה אֶת־מִזְבַּחֲךָ יְהוָה׃ לַשְׁמִעַ בְּקוֹל נ״א ואסובבה
8 תּוֹדָה וּלְסַפֵּר כָּל־נִפְלְאוֹתֶיךָ׃ יְהוָה אָהַבְתִּי מְעוֹן בֵּיתֶךָ
9 וּמְקוֹם מִשְׁכַּן כְּבוֹדֶךָ׃ אַל־תֶּאֱסֹף עִם־חַטָּאִים נַפְשִׁי וְעִם־
י אַנְשֵׁי דָמִים חַיָּי׃ אֲשֶׁר־בִּידֵיהֶם זִמָּה וִימִינָם מָלְאָה
12 11 שֹּׁחַד׃ וַאֲנִי בְּתֻמִּי אֵלֵךְ פְּדֵנִי וְחָנֵּנִי׃ רַגְלִי עָמְדָה בְמִישׁוֹר
א בְּמַקְהֵלִים אֲבָרֵךְ יְהוָה׃ כז לְדָוִד ׀ יְהוָה ׀
2 אוֹרִי וְיִשְׁעִי מִמִּי אִירָא יְהוָה מָעוֹז־חַיַּי מִמִּי אֶפְחָד׃ בִּקְרֹב
עָלַי ׀ מְרֵעִים לֶאֱכֹל אֶת־בְּשָׂרִי צָרַי וְאֹיְבַי לִי הֵמָּה כָשְׁלוּ
3 וְנָפָלוּ׃ אִם־תַּחֲנֶה עָלַי ׀ מַחֲנֶה לֹא־יִירָא לִבִּי אִם־
4 תָּקוּם עָלַי מִלְחָמָה בְּזֹאת אֲנִי בוֹטֵחַ׃ אַחַת ׀ שָׁאַלְתִּי נ״א בבית
נ״א מֵאֵת־ מֵאֵת־יְהוָה אוֹתָהּ אֲבַקֵּשׁ שִׁבְתִּי בְּבֵית־יְהוָה כָּל־יְמֵי חַיַּי נ״א בנעם
פתח באתנח ה לַחֲזוֹת בְּנֹעַם־יְהוָה וּלְבַקֵּר בְּהֵיכָלוֹ׃ כִּי יִצְפְּנֵנִי ׀ או בנעם
בסכה או בנועם

PSALMUS XXVI. Exprimit David libertatem & fiduciam bonæ conscientiæ, ejusque pondus apud Deum.

PSALMUS XXVII. Quàm pulchrum beatumque sit in domo Domini continuò versari, eoque præsente & propitio frui.

בסכו קרי בְּסֻכֹּה בְּיוֹם רָעָה יַסְתִּרֵנִי בְּסֵתֶר אָהֳלוֹ בְּצוּר יְרוֹמְמֵנִי׃

נ״א וְעַתָּה וְעַתָּה יָרוּם רֹאשִׁי עַל אֹיְבַי סְבִיבוֹתַי וְאֶזְבְּחָה בְאָהֳלוֹ 6

זִבְחֵי תְרוּעָה אָשִׁירָה וַאֲזַמְּרָה לַיהוָה׃ שְׁמַע־יְהוָה קוֹלִי 7

נ״א תַסְתֵּר אֶקְרָא וְחָנֵּנִי וַעֲנֵנִי׃ לְךָ ׀ אָמַר לִבִּי בַּקְּשׁוּ פָנָי אֶת־פָּנֶיךָ 8

בנ״א אַל תַּט־ יְהוָה אֲבַקֵּשׁ׃ אַל־תַּסְתֵּר פָּנֶיךָ ׀ מִמֶּנִּי אַל־תַּט־בְּאַף 9

עַבְדֶּךָ עֶזְרָתִי הָיִיתָ אַל־תִּטְּשֵׁנִי וְאַל־תַּעַזְבֵנִי אֱלֹהֵי

נ״א הורני יִשְׁעִי׃ כִּי־אָבִי וְאִמִּי עֲזָבוּנִי וַיהוָה יַאַסְפֵנִי׃ הוֹרֵנִי יְהוָה י 11

דַּרְכֶּךָ וּנְחֵנִי בְּאֹרַח מִישׁוֹר לְמַעַן שׁוֹרְרָי׃ אַל־תִּתְּנֵנִי 12 נ״א עידי־

בנ״א כִּי־קָמוּ בִי בְּנֶפֶשׁ צָרָי כִּי קָמוּ־בִי עֵדֵי־שֶׁקֶר וִיפֵחַ חָמָס׃ לוּלֵא 13

נקוד עליו נ״א לולא הֶאֱמַנְתִּי לִרְאוֹת בְּטוּב־יְהוָה בְּאֶרֶץ חַיִּים׃ קַוֵּה אֶל־ 14

יְהוָה חֲזַק וְיַאֲמֵץ לִבֶּךָ וְקַוֵּה אֶל־יְהוָה׃ כח

PSALMUS XXVIII. Precatio, quâ ab improborum violentia & injurijs liberari petit; & gratiarum actio pro exauditione.

לְדָוִד אֵלֶיךָ יְהוָה ׀ אֶקְרָא צוּרִי אַל־תֶּחֱרַשׁ מִמֶּנִּי פֶּן־ א ב״א אַל־

תֶּחֱשֶׁה מִמֶּנִּי וְנִמְשַׁלְתִּי עִם־יוֹרְדֵי בוֹר׃ שְׁמַע קוֹל 2

תַּחֲנוּנַי בְּשַׁוְּעִי אֵלֶיךָ בְּנָשְׂאִי יָדַי אֶל־דְּבִיר קָדְשֶׁךָ׃ אַל־ 3

תִּמְשְׁכֵנִי עִם־רְשָׁעִים וְעִם־פֹּעֲלֵי אָוֶן דֹּבְרֵי שָׁלוֹם עִם־ בנ״א לִי אָוֶן

רֵעֵיהֶם וְרָעָה בִּלְבָבָם׃ תֶּן־לָהֶם כְּפָעֳלָם וּכְרֹעַ מַעַלְלֵיהֶם 4

כְּמַעֲשֵׂה יְדֵיהֶם תֵּן לָהֶם הָשֵׁב גְּמוּלָם לָהֶם׃ כִּי ׀ לֹא יָבִינוּ ה

אֶל־פְּעֻלֹּת יְהוָה וְאֶל־מַעֲשֵׂה יָדָיו יֶהֶרְסֵם וְלֹא יִבְנֵם׃ בָּרוּךְ 6

יְהוָה כִּי שָׁמַע קוֹל תַּחֲנוּנָי׃ יְהוָה ׀ עֻזִּי וּמָגִנִּי בוֹ בָטַח לִבִּי 7

וְנֶעֱזָרְתִּי וַיַּעֲלֹז לִבִּי וּמִשִּׁירִי אֲהוֹדֶנּוּ׃ יְהוָה עֹז־לָמוֹ וּמָעוֹז 8

נ״א וּבָרֵךְ יְשׁוּעוֹת מְשִׁיחוֹ הוּא׃ הוֹשִׁיעָה ׀ אֶת־עַמֶּךָ וּבָרֵךְ אֶת־ 9

נַחֲלָתֶךָ וּרְעֵם וְנַשְּׂאֵם עַד־הָעוֹלָם׃ כט מִזְמוֹר א

PSALMUS XXIX. Regnum Dei, cum potentiâ adveniens, concelebrat; cunctisque suadet, ut sese ei subjiciant.

לְדָוִד הָבוּ לַיהוָה בְּנֵי אֵלִים הָבוּ לַיהוָה כָּבוֹד וָעֹז׃ הָבוּ 2 ב״א קוֹל־

לַיהוָה כְּבוֹד שְׁמוֹ הִשְׁתַּחֲווּ לַיהוָה בְּהַדְרַת־קֹדֶשׁ׃ קוֹל 3

נ״א הַמַּיִם יְהוָה עַל־הַמָּיִם אֵל־הַכָּבוֹד הִרְעִים יְהוָה עַל־מַיִם רַבִּים׃

קוֹל־יְהוָה בַּכֹּחַ קוֹל יְהוָה בֶּהָדָר׃ קוֹל יְהוָה שֹׁבֵר אֲרָזִים 4 ה

וַיְשַׁבֵּר יְהוָה אֶת־אַרְזֵי הַלְּבָנוֹן׃ וַיַּרְקִידֵם כְּמוֹ־עֵגֶל 6

בנ״א חֹצֵב לְבָנוֹן וְשִׂרְיוֹן כְּמוֹ בֶן־רְאֵמִים׃ קוֹל־יְהוָה חֹצֵב לַהֲבוֹת 7

אש

9 8 אֵשׁ׃ קוֹל יְהוָה יָחִיל מִדְבָּר יָחִיל יְהוָה מִדְבַּר קָדֵשׁ׃ קוֹל
יְהוָה יְחוֹלֵל אַיָּלוֹת וַיֶּחֱשֹׂף יְעָרוֹת וּבְהֵיכָלוֹ כֻּלּוֹ אֹמֵר וַיֶּחֱשֹׂף כ״א
11 י כָּבוֹד׃ יְהוָה לַמַּבּוּל יָשָׁב וַיֵּשֶׁב יְהוָה מֶלֶךְ לְעוֹלָם׃ יְהוָה
עֹז לְעַמּוֹ יִתֵּן יְהוָה יְבָרֵךְ אֶת־עַמּוֹ בַשָּׁלוֹם׃ ל

PS. XXX. David ab exilio reversus, Deo gratias agit, quod facultatem sibi rursus dedisset, dedicandæ, atque habitandæ domus suæ.

נ״א אלהי 2 א מִזְמוֹר שִׁיר־חֲנֻכַּת הַבַּיִת לְדָוִד׃ אֲרוֹמִמְךָ יְהוָה
3 כִּי דִלִּיתָנִי וְלֹא־שִׂמַּחְתָּ אֹיְבַי לִי׃ יְהוָה אֱלֹהָי שִׁוַּעְתִּי אֵלֶיךָ
נ״א הייתנו 4 וַתִּרְפָּאֵנִי׃ יְהוָה הֶעֱלִיתָ מִן־שְׁאוֹל נַפְשִׁי חִיִּיתַנִי מִיָּרְדִי־
מירדי ק׳ 6 ה בוֹר׃ זַמְּרוּ לַיהוָה חֲסִידָיו וְהוֹדוּ לְזֵכֶר קָדְשׁוֹ׃ כִּי רֶגַע
נ״א לזכר 7 בְּאַפּוֹ חַיִּים בִּרְצוֹנוֹ בָּעֶרֶב יָלִין בֶּכִי וְלַבֹּקֶר רִנָּה׃ וַאֲנִי נ״א בֶּכִי
8 אָמַרְתִּי בְשַׁלְוִי בַּל־אֶמּוֹט לְעוֹלָם׃ יְהוָה בִּרְצוֹנְךָ
9 הֶעֱמַדְתָּה לְהַרְרִי עֹז הִסְתַּרְתָּ פָנֶיךָ הָיִיתִי נִבְהָל׃ אֵלֶיךָ נ״א הייתי
י יְהוָה אֶקְרָא וְאֶל־יְהוָה אֶתְחַנָּן׃ מַה־בֶּצַע בְּדָמִי בְּרִדְתִּי
11 אֶל־שָׁחַת הֲיוֹדְךָ עָפָר הֲיַגִּיד אֲמִתֶּךָ׃ שְׁמַע־יְהוָה וְחָנֵּנִי
12 יְהוָה הֱיֵה־עֹזֵר לִי׃ הָפַכְתָּ מִסְפְּדִי לְמָחוֹל לִי נ״א עוזר בנ״א לי
13 פִּתַּחְתָּ שַׂקִּי וַתְּאַזְּרֵנִי שִׂמְחָה׃ לְמַעַן יְזַמֶּרְךָ כָבוֹד
וְלֹא יִדֹּם יְהוָה אֱלֹהַי לְעוֹלָם אוֹדֶךָּ׃

PS. XXXI. In persona sua, perpetuum, fidelium statum & luctam inter improbos, in hoc seculo, exprimit.

א לַמְנַצֵּחַ מִזְמוֹר לְדָוִד׃ לא
בנ״א לצור 2 בְּךָ־יְהוָה חָסִיתִי אַל־אֵבוֹשָׁה לְעוֹלָם בְּצִדְקָתְךָ פַלְּטֵנִי׃
נ״א לא פסוק 3 הַטֵּה אֵלַי אָזְנְךָ מְהֵרָה הַצִּילֵנִי הֱיֵה לִי לְצוּר מָעוֹז לְבֵית
4 מְצוּדוֹת לְהוֹשִׁיעֵנִי׃ כִּי־סַלְעִי וּמְצוּדָתִי אָתָּה וּלְמַעַן
ה שִׁמְךָ תַּנְחֵנִי וּתְנַהֲלֵנִי׃ תּוֹצִיאֵנִי מֵרֶשֶׁת זוּ טָמְנוּ לִי כִּי
6 אַתָּה מָעוּזִּי׃ בְּיָדְךָ אַפְקִיד רוּחִי פָּדִיתָה אוֹתִי יְהוָה
7 אֵל אֱמֶת׃ שָׂנֵאתִי הַשֹּׁמְרִים הַבְלֵי־שָׁוְא וַאֲנִי אֶל־יְהוָה
8 בָּטָחְתִּי׃ אָגִילָה וְאֶשְׂמְחָה בְּחַסְדֶּךָ אֲשֶׁר רָאִיתָ אֶת־עָנְיִי
9 יָדַעְתָּ בְּצָרוֹת נַפְשִׁי׃ וְלֹא הִסְגַּרְתַּנִי בְּיַד אוֹיֵב הֶעֱמַדְתָּ נ״א צַר לִי
נ״א בְּכַעַס י בַמֶּרְחָב רַגְלָי׃ חָנֵּנִי יְהוָה כִּי צַר־לִי עָשְׁשָׁה בְכַעַס עֵינִי נ״א עיני
11 נַפְשִׁי וּבִטְנִי׃ כִּי כָלוּ בְיָגוֹן חַיַּי וּשְׁנוֹתַי בַּאֲנָחָה כָּשַׁל נ״א חיי
12 בַּעֲוֹנִי כֹחִי וַעֲצָמַי עָשֵׁשׁוּ׃ מִכָּל־צֹרְרַי הָיִיתִי חֶרְפָּה נ״א בְאנחת נ״א צוררי
ולשכני

נ״א ולשכני וְלִשְׁכֵנַי ׀ מְאֹד וּפַחַד לִמְיֻדָּעָי רֹאַי בַּחוּץ נָדְדוּ מִמֶּנִּי׃
נ״א למידעי נִשְׁכַּחְתִּי כְּמֵת מִלֵּב הָיִיתִי כִּכְלִי אֹבֵד׃ כִּי שָׁמַעְתִּי ׀ דִּבַּת 13. 14
רַבִּים מָגוֹר מִסָּבִיב בְּהִוָּסְדָם יַחַד עָלַי לָקַחַת נַפְשִׁי זָמָמוּ׃
וַאֲנִי ׀ עָלֶיךָ בָטַחְתִּי יְהוָה אָמַרְתִּי אֱלֹהַי אָתָּה׃ בְּיָדְךָ טו 16
ב״נ הצילני עִתֹּתָי הַצִּילֵנִי מִיַּד־אוֹיְבַי וּמֵרֹדְפָי׃ הָאִירָה פָנֶיךָ עַל־ 17.
עַבְדֶּךָ הוֹשִׁיעֵנִי בְחַסְדֶּךָ׃ יְהוָה אַל־אֵבוֹשָׁה כִּי קְרָאתִיךָ 18
נ״א שפתי ש יֵבֹשׁוּ רְשָׁעִים יִדְּמוּ לִשְׁאוֹל׃ תֵּאָלַמְנָה שִׂפְתֵי שָׁקֶר 19
הַדֹּבְרוֹת עַל־צַדִּיק עָתָק בְּגַאֲוָה וָבוּז׃ מָה רַב טוּבְךָ כ
נ״א לחסים אֲשֶׁר־צָפַנְתָּ לִּירֵאֶיךָ פָּעַלְתָּ לַחוֹסִים בָּךְ נֶגֶד בְּנֵי אָדָם׃
נ״א מרכסי איש או איש תַּסְתִּירֵם ׀ בְּסֵתֶר פָּנֶיךָ מֵרֻכְסֵי אִישׁ תִּצְפְּנֵם בְּסֻכָּה מֵרִיב 21
עמי חסדו לְשֹׁנוֹת׃ בָּרוּךְ יְהוָה כִּי הִפְלִיא חַסְדּוֹ לִי בְּעִיר מָצוֹר׃ 22
וַאֲנִי אָמַרְתִּי בְחָפְזִי נִגְרַזְתִּי מִנֶּגֶד עֵינֶיךָ אָכֵן שָׁמַעְתָּ קוֹל 23
ב״א ב תַּחֲנוּנַי בְּשַׁוְּעִי אֵלֶיךָ׃ אֶהֱבוּ אֶת־יְהוָה כָּל־חֲסִידָיו אֱמוּנִים 24
ב״א אָה נֹצֵר יְהוָה וּמְשַׁלֵּם עַל־יֶתֶר עֹשֵׂה גַאֲוָה׃ חִזְקוּ וְיַאֲמֵץ כה
PSALMUS XXXII. Psalmus docens qua in re peccatoris justificatio & salus consistat.
לְבַבְכֶם כָּל־הַמְיַחֲלִים לַיהוָה׃ לב לְדָוִד א
נ״א לא מַשְׂכִּיל אַשְׁרֵי נְשׂוּי־פֶּשַׁע כְּסוּי חֲטָאָה׃ אַשְׁרֵי אָדָם לֹא 2
נ״א יחשב נ״א כי יַחְשֹׁב יְהוָה לוֹ עָוֺן וְאֵין בְּרוּחוֹ רְמִיָּה׃ כִּי הֶחֱרַשְׁתִּי בָּלוּ 3
עֲצָמָי בְּשַׁאֲגָתִי כָּל־הַיּוֹם׃ כִּי ׀ יוֹמָם וָלַיְלָה תִּכְבַּד עָלַי 4
נ״א בחרבני יָדֶךָ נֶהְפַּךְ לְשַׁדִּי בְּחַרְבֹנֵי קַיִץ סֶלָה׃ חַטָּאתִי אוֹדִיעֲךָ ה נ״א אודיעך
וַעֲוֺנִי לֹא־כִסִּיתִי אָמַרְתִּי אוֹדֶה עֲלֵי פְשָׁעַי לַיהוָה
נ״א יתפלל וְאַתָּה ׀ נָשָׂאתָ עֲוֺן חַטָּאתִי סֶלָה׃ עַל־זֹאת יִתְפַּלֵּל 6
נ״א לשטף כָּל־חָסִיד ׀ אֵלֶיךָ לְעֵת מְצֹא רַק לְשֵׁטֶף מַיִם רַבִּים
נ״א סתר אֵלָיו לֹא יַגִּיעוּ׃ אַתָּה ׀ סֵתֶר לִי מִצַּר תִּצְּרֵנִי רָנֵּי פַלֵּט 7
תְּסוֹבְבֵנִי סֶלָה׃ אַשְׂכִּילְךָ ׀ וְאוֹרְךָ בְּדֶרֶךְ־זוּ תֵלֵךְ אִיעֲצָה 8
בנ״א אין עָלֶיךָ עֵינִי׃ אַל־תִּהְיוּ ׀ כְּסוּס כְּפֶרֶד אֵין הָבִין בְּמֶתֶג־ 9
בנ״א קרב וָרֶסֶן עֶדְיוֹ לִבְלוֹם בַּל קְרֹב אֵלֶיךָ׃ רַבִּים מַכְאוֹבִים י
בנ״א והבוטח לָרָשָׁע וְהַבּוֹטֵחַ בַּיהוָה חֶסֶד יְסוֹבְבֶנּוּ׃ שִׂמְחוּ בַיהוָה 11
PSALMUS XXXIII. A Hymnus.
וְגִילוּ צַדִּיקִים וְהַרְנִינוּ כָּל־יִשְׁרֵי־לֵב׃ לג רַנְּנוּ
צדיקים

potentiam, sapientiam & misericordiam Dei celebrans.

2 צַדִּיקִים בַּיהוָה לַיְשָׁרִים נָאוָה תְהִלָּה׃ הוֹדוּ לַיהוָה
3 בְּכִנּוֹר בְּנֵבֶל עָשׂוֹר זַמְּרוּ־לוֹ׃ שִׁירוּ־לוֹ שִׁיר חָדָשׁ הֵיטִיבוּ נ״א בנבל
4 נַגֵּן בִּתְרוּעָה׃ כִּי־יָשָׁר דְּבַר־יְהוָה וְכָל־מַעֲשֵׂהוּ בֶּאֱמוּנָה׃ נ״א וכל
ה אֹהֵב צְדָקָה וּמִשְׁפָּט חֶסֶד יְהוָה מָלְאָה הָאָרֶץ׃ בִּדְבַר
7 יְהוָה שָׁמַיִם נַעֲשׂוּ וּבְרוּחַ פִּיו כָּל־צְבָאָם׃ כֹּנֵס כַּנֵּד מֵי בנ״א מי
8 הַיָּם נֹתֵן בְּאוֹצָרוֹת תְּהוֹמוֹת׃ יִירְאוּ מֵיְהוָה כָּל־הָאָרֶץ
9 מִמֶּנּוּ יָגוּרוּ כָּל־יֹשְׁבֵי תֵבֵל׃ כִּי הוּא אָמַר וַיֶּהִי הוּא
י צִוָּה וַיַּעֲמֹד׃ יְהוָה הֵפִיר עֲצַת־גּוֹיִם הֵנִיא מַחְשְׁבוֹת בנ״א עצת
11 עַמִּים׃ עֲצַת יְהוָה לְעוֹלָם תַּעֲמֹד מַחְשְׁבוֹת לִבּוֹ לְדֹר
12 וָדֹר׃ אַשְׁרֵי הַגּוֹי אֲשֶׁר־יְהוָה אֱלֹהָיו הָעָם בָּחַר לְנַחֲלָה
13 לוֹ׃ מִשָּׁמַיִם הִבִּיט יְהוָה רָאָה אֶת־כָּל־בְּנֵי הָאָדָם׃ בנ״א אל־
14 מִמְּכוֹן־שִׁבְתּוֹ הִשְׁגִּיחַ אֶל כָּל־יֹשְׁבֵי הָאָרֶץ׃ הַיֹּצֵר יַחַד בנ״א ישבי נ״א היוצר
טו לִבָּם הַמֵּבִין אֶל־כָּל־מַעֲשֵׂיהֶם׃ אֵין הַמֶּלֶךְ נוֹשָׁע בְּרָב־ נ״א אין
16 חַיִל גִּבּוֹר לֹא־יִנָּצֵל בְּרָב־כֹּחַ׃ שֶׁקֶר הַסּוּס לִתְשׁוּעָה
17 וּבְרֹב חֵילוֹ לֹא יְמַלֵּט׃ הִנֵּה עֵין יְהוָה אֶל־יְרֵאָיו לַמְיַחֲלִים
18 לְחַסְדּוֹ׃ לְהַצִּיל מִמָּוֶת נַפְשָׁם וּלְחַיּוֹתָם בָּרָעָב׃ נַפְשֵׁנוּ
19 חִכְּתָה לַיהוָה עֶזְרֵנוּ וּמָגִנֵּנוּ הוּא׃ כִּי־בוֹ יִשְׂמַח לִבֵּנוּ
כ כִּי בְשֵׁם קָדְשׁוֹ בָטָחְנוּ׃ יְהִי־חַסְדְּךָ יְהוָה עָלֵינוּ כַּאֲשֶׁר
א יִחַלְנוּ לָךְ׃ לד לְדָוִד בְּשַׁנּוֹתוֹ אֶת־טַעְמוֹ לִפְנֵי

PSALMUS XXXIV. David in proprio exemplo extollit providentiam & curam Dei erga eos, qui ad ipsum confugiunt.

2 אֲבִימֶלֶךְ וַיְגָרְשֵׁהוּ וַיֵּלַךְ׃ אֲבָרְכָה אֶת־יְהוָה בְּכָל־עֵת נ״א ויגר׳
3 תָּמִיד תְּהִלָּתוֹ בְּפִי׃ בַּיהוָה תִּתְהַלֵּל נַפְשִׁי יִשְׁמְעוּ עֲנָוִים
ה 4 וְיִשְׂמָחוּ׃ גַּדְּלוּ לַיהוָה אִתִּי וּנְרוֹמְמָה שְׁמוֹ יַחְדָּו׃ דָּרַשְׁתִּי
6 אֶת־יְהוָה וְעָנָנִי וּמִכָּל־מְגוּרוֹתַי הִצִּילָנִי׃ הִבִּיטוּ אֵלָיו נ״א רתי
7 וְנָהָרוּ וּפְנֵיהֶם אַל־יֶחְפָּרוּ׃ זֶה עָנִי קָרָא וַיהוָה שָׁמֵעַ
8 וּמִכָּל־צָרוֹתָיו הוֹשִׁיעוֹ׃ חֹנֶה מַלְאַךְ־יְהוָה סָבִיב לִירֵאָיו
9 וַיְחַלְּצֵם׃ טַעֲמוּ וּרְאוּ כִּי־טוֹב יְהוָה אַשְׁרֵי הַגֶּבֶר יֶחֱסֶה־
י בּוֹ׃ יְראוּ אֶת־יְהוָה קְדֹשָׁיו כִּי־אֵין מַחְסוֹר לִירֵאָיו׃
11 כְּפִירִים רָשׁוּ וְרָעֵבוּ וְדֹרְשֵׁי יְהוָה לֹא־יַחְסְרוּ כָל־טוֹב׃ נ״א טוב

נ״א לכו־ לְכוּ־בָנִים שִׁמְעוּ־לִי יִרְאַת יְהוָה אֲלַמֶּדְכֶם׃ מִי־הָאִישׁ 12 13
הֶחָפֵץ חַיִּים אֹהֵב יָמִים לִרְאוֹת טוֹב׃ נְצֹר לְשׁוֹנְךָ מֵרָע 14
בנ״א מרע וּשְׂפָתֶיךָ מִדַּבֵּר מִרְמָה׃ סוּר מֵרָע וַעֲשֵׂה־טוֹב בַּקֵּשׁ 15
שָׁלוֹם וְרָדְפֵהוּ׃ עֵינֵי יְהוָה אֶל־צַדִּיקִים וְאָזְנָיו אֶל־ 16
נ״א בעושי שַׁוְעָתָם׃ פְּנֵי יְהוָה בְּעֹשֵׂי רָע לְהַכְרִית מֵאֶרֶץ זִכְרָם׃ 17
צָעֲקוּ וַיהוָה שָׁמֵעַ וּמִכָּל־צָרוֹתָם הִצִּילָם׃ קָרוֹב יְהוָה 18 19
נ״א ואת לְנִשְׁבְּרֵי־לֵב וְאֶת־דַּכְּאֵי־רוּחַ יוֹשִׁיעַ׃ רַבּוֹת רָעוֹת צַדִּיק 20
וּמִכֻּלָּם יַצִּילֶנּוּ יְהוָה׃ שֹׁמֵר כָּל־עַצְמוֹתָיו אַחַת מֵהֵנָּה 21
לֹא נִשְׁבָּרָה׃ תְּמוֹתֵת רָשָׁע רָעָה וְשֹׂנְאֵי צַדִּיק יֶאְשָׁמוּ׃
בנ״א פדה פּוֹדֶה יְהוָה נֶפֶשׁ עֲבָדָיו וְלֹא יֶאְשְׁמוּ כָּל־הַחֹסִים בּוֹ׃ 23
עטי׳ כי לה לְדָוִד׀ רִיבָה יְהוָה אֶת־יְרִיבַי לְחַם אֶת־ א
לֹחֲמָי׃ הַחֲזֵק מָגֵן וְצִנָּה וְקוּמָה בְּעֶזְרָתִי׃ וְהָרֵק חֲנִית 2 3
וּסְגֹר לִקְרַאת רֹדְפָי אֱמֹר לְנַפְשִׁי יְשֻׁעָתֵךְ אָנִי׃ יֵבֹשׁוּ 4 נ״א וסגור
וְיִכָּלְמוּ מְבַקְשֵׁי נַפְשִׁי יִסֹּגוּ אָחוֹר וְיַחְפְּרוּ חֹשְׁבֵי רָעָתִי׃
נ״א דוחה יִהְיוּ כְּמֹץ לִפְנֵי־רוּחַ וּמַלְאַךְ יְהוָה דּוֹחֶה׃ יְהִי־דַרְכָּם ה 6
נ״א וחלקלקות חֹשֶׁךְ וַחֲלַקְלַקֹּת וּמַלְאַךְ יְהוָה רֹדְפָם׃ כִּי־חִנָּם טָמְנוּ־ 7
לִי שַׁחַת רִשְׁתָּם חִנָּם חָפְרוּ לְנַפְשִׁי׃ תְּבוֹאֵהוּ שׁוֹאָה לֹא־ 8
יֵדָע וְרִשְׁתּוֹ אֲשֶׁר־טָמַן תִּלְכְּדוֹ בְּשׁוֹאָה יִפָּל־בָּהּ׃ וְנַפְשִׁי 9
כמץ רחב בנ״א כל תָּגִיל בַּיהוָה תָּשִׂישׂ בִּישׁוּעָתוֹ׃ כָּל עַצְמֹתַי׀ תֹּאמַרְנָה י נ״א עצמתי
יְהוָה מִי כָמוֹךָ מַצִּיל עָנִי מֵחָזָק מִמֶּנּוּ וְעָנִי וְאֶבְיוֹן מִגֹּזְלוֹ׃
יְקוּמוּן עֵדֵי חָמָס אֲשֶׁר לֹא־יָדַעְתִּי יִשְׁאָלוּנִי׃ יְשַׁלְּמוּנִי 11 12
נ״א בחלותם רָעָה תַּחַת טוֹבָה שְׁכוֹל לְנַפְשִׁי׃ וַאֲנִי׀ בַּחֲלוֹתָם לְבוּשִׁי 13
שָׂק עִנֵּיתִי בַצּוֹם נַפְשִׁי וּתְפִלָּתִי עַל־חֵיקִי תָשׁוּב׃ כְּרֵעַ 14
כְּאָח לִי הִתְהַלָּכְתִּי כַּאֲבֶל־אֵם קֹדֵר שַׁחוֹתִי׃ וּבְצַלְעִי 15
נ״א נאספו שָׂמְחוּ וְנֶאֱסָפוּ נֶאֶסְפוּ עָלַי נֵכִים וְלֹא יָדַעְתִּי קָרְעוּ וְלֹא־
בנ״א קרעו דָמּוּ׃ בְּחַנְפֵי לַעֲגֵי מָעוֹג חָרֹק עָלַי שִׁנֵּימוֹ׃ אֲדֹנָי כַּמָּה 16 17
תִּרְאֶה הָשִׁיבָה נַפְשִׁי מִשֹּׁאֵיהֶם מִכְּפִירִים יְחִידָתִי׃ אוֹדְךָ 18
בְּקָהָל רָב בְּעַם עָצוּם אֲהַלְלֶךָּ׃ אַל־יִשְׂמְחוּ־לִי אֹיְבַי 19
שֶׁקֶר

PSALMUS XXXV. Orat, ut Deus causam suam tueatur adversus hostes suos.

כ שֶׁקֶר שֹׂנְאַי חִנָּם יִקְרְצוּ־עָיִן׃ כִּי לֹא שָׁלוֹם יְדַבֵּרוּ וְעַל

סגול באתנח בנ א ועל־

21 רִגְעֵי־אֶרֶץ דִּבְרֵי מִרְמוֹת יַחֲשֹׁבוּן׃ וַיַּרְחִיבוּ עָלַי פִּיהֶם

סגול באתנח

22 אָמְרוּ הֶאָח ׀ הֶאָח רָאֲתָה עֵינֵנוּ׃ רָאִיתָה יְהוָה אַל־

23 תֶּחֱרַשׁ אֲדֹנָי אַל־תִּרְחַק מִמֶּנִּי׃ הָעִירָה וְהָקִיצָה

פתח באתנח נ א תחרש

24 לְמִשְׁפָּטִי אֱלֹהַי וַאדֹנָי לְרִיבִי׃ שָׁפְטֵנִי כְצִדְקְךָ יְהוָה

כה אֱלֹהָי וְאַל־יִשְׂמְחוּ־לִי׃ אַל־יֹאמְרוּ בְלִבָּם הֶאָח נַפְשֵׁנוּ

קמץ בלי א סף

26 אַל־יֹאמְרוּ בִּלַּעֲנוּהוּ׃ יֵבֹשׁוּ וְיַחְפְּרוּ ׀ יַחְדָּו שְׂמֵחֵי רָעָתִי

27 יִלְבְּשׁוּ־בֹשֶׁת וּכְלִמָּה הַמַּגְדִּילִים עָלָי׃ יָרֹנּוּ וְיִשְׂמְחוּ

חֲפֵצֵי צִדְקִי וְיֹאמְרוּ תָמִיד יִגְדַּל יְהוָה הֶחָפֵץ שְׁלוֹם

28 עַבְדּוֹ׃ וּלְשׁוֹנִי תֶּהְגֶּה צִדְקֶךָ כָּל־הַיּוֹם תְּהִלָּתֶךָ׃

לו א לַמְנַצֵּחַ לְעֶבֶד־יְהוָה לְדָוִד׃ 2 נְאֻם־פֶּשַׁע

ב׳ א׳ נצח — נ״א יהוה

PSALMUS XXXVI. Describit cogitationes & malitiam improborum: atque gratiam Dei erga suos celebrat, ejusque continuationem & augmentum petit.

3 לָרָשָׁע בְּקֶרֶב לִבִּי אֵין־פַּחַד אֱלֹהִים לְנֶגֶד עֵינָיו׃ כִּי־

4 הֶחֱלִיק אֵלָיו בְּעֵינָיו לִמְצֹא עֲוֺנוֹ לִשְׂנֹא׃ דִּבְרֵי־פִיו אָוֶן

ה וּמִרְמָה חָדַל לְהַשְׂכִּיל לְהֵיטִיב׃ אָוֶן ׀ יַחְשֹׁב עַל־מִשְׁכָּבוֹ

6 יִתְיַצֵּב עַל־דֶּרֶךְ לֹא־טוֹב רָע לֹא יִמְאָס׃ יְהוָה בְּהַשָּׁמַיִם

7 חַסְדֶּךָ אֱמוּנָתְךָ עַד־שְׁחָקִים׃ צִדְקָתְךָ ׀ כְּהַרְרֵי־אֵל

8 מִשְׁפָּטֶיךָ תְּהוֹם רַבָּה אָדָם וּבְהֵמָה תוֹשִׁיעַ יְהוָה׃ מַה־

9 יָּקָר חַסְדְּךָ אֱלֹהִים וּבְנֵי אָדָם בְּצֵל כְּנָפֶיךָ יֶחֱסָיוּן׃ יִרְוְיֻן

י מִדֶּשֶׁן בֵּיתֶךָ וְנַחַל עֲדָנֶיךָ תַשְׁקֵם׃ כִּי־עִמְּךָ מְקוֹר חַיִּים

11 בְּאוֹרְךָ נִרְאֶה־אוֹר׃ מְשֹׁךְ חַסְדְּךָ לְיֹדְעֶיךָ וְצִדְקָתְךָ

נ״א משוך

12 לְיִשְׁרֵי־לֵב׃ אַל־תְּבוֹאֵנִי רֶגֶל גַּאֲוָה וְיַד רְשָׁעִים אַל־

13 תְּנִדֵנִי׃ שָׁם נָפְלוּ פֹּעֲלֵי אָוֶן דֹּחוּ וְלֹא־יָכְלוּ קוּם׃

לז א לְדָוִד ׀ אַל־תִּתְחַר בַּמְּרֵעִים אַל־תְּקַנֵּא

נ״א יבולון

PSALMUS XXXVII. Hortatur pios, ne gravius commoveantur rebus secundis improborum: ipsisque beatum suum statum, & feli-

2 בְּעֹשֵׂי עַוְלָה׃ כִּי כֶחָצִיר מְהֵרָה יִמָּלוּ וּכְיֶרֶק דֶּשֶׁא יִבּוֹלוּן׃

3 בְּטַח בַּיהוָה וַעֲשֵׂה־טוֹב שְׁכָן־אֶרֶץ וּרְעֵה אֱמוּנָה׃

4 וְהִתְעַנַּג עַל־יְהוָה וְיִתֶּן־לְךָ מִשְׁאֲלֹת לִבֶּךָ׃ ה גּוֹל עַל־

נ״א לת

6 יְהוָה דַּרְכֶּךָ וּבְטַח עָלָיו וְהוּא יַעֲשֶׂה׃ וְהוֹצִיא כָאוֹר

נ״א והוציא

7 צִדְקֶךָ וּמִשְׁפָּטֶךָ כַּצָּהֳרָיִם׃ דּוֹם ׀ לַיהוָה וְהִתְחוֹלֵל לוֹ

אל

cem prosperumque tentationum istarum exitum, ob oculos ponit.

אל־תתחר במצליח דרכו באיש עשה מזמות׃ הרף 8
מאף ועזב חמה אל־תתחר אך־להרע׃ כי מרעים 9
יכרתון וקוי יהוה המה יירשו־ארץ׃ ועוד מעט ואין י
רשע והתבוננת על־מקומו ואיננו׃ וענוים יירשו־ארץ 11
והתענגו על־רב שלום׃ זמם רשע לצדיק וחרק 12
בנ א כי עליו שניו׃ אדני ישחק־לו כי־ראה כי־יבא יומו׃ 13
חרב ׀ פתחו רשעים ודרכו קשתם להפיל עני ואביון 14
בנ״א תבא נ א וקשתם בנ״א טוב לטבוח ישרי־דרך׃ חרבם תבוא בלבם וקשתותם טו
או טוב־ תשברנה׃ טוב מעט לצדיק מהמון רשעים רבים׃ 16
כי זרועות רשעים תשברנה וסומך צדיקים יהוה׃ 17
בנ א לא־ יודע יהוה ימי תמימים ונחלתם לעולם תהיה׃ לא יבשו 18 19
בעת רעה ובימי רעבון ישבעו׃ כי רשעים ׀ יאבדו כ
בנ״א הכ רכה ואיבי יהוה כיקר כרים כלו בעשן כלו׃ לוה רשע ולא 21
ישלם וצדיק חונן ונותן׃ כי מברכיו יירשו ארץ 22
ומקלליו יכרתו׃ מיהוה מצעדי־גבר כוננו ודרכו 23 נ״א לא פסיק
בנ״א כי או כי יחפץ׃ כי־יפל לא יוטל כי־יהוה סומך ידו׃ נער ׀ הייתי 24 כה
בנ״א כי גם־זקנתי ולא ראיתי צדיק נעזב וזרעו מבקש־לחם׃
בנ״א מרע כל־היום חונן ומלוה וזרעו לברכה׃ סור מרע ועשה־ 26 27
בנ״א כי ׀ יהוה אהב ׀ טוב ושכן לעולם׃ כי־יהוה ׀ אהב משפט ולא־יעזב ׀ 28
את־חסידיו לעולם נשמרו וזרע רשעים נכרת׃ צדיקים 29
יירשו־ארץ וישכנו לעד עליה׃ פי־צדיק יהגה חכמה ל
ולשונו תדבר משפט׃ תורת אלהיו בלבו לא תמעד 31
אשריו׃ צופה רשע לצדיק ומבקש להמיתו׃ יהוה לא־ 32 33
יעזבנו בידו ולא ירשיענו בהשפטו׃ קוה אל־יהוה ׀ 34
ושמר דרכו וירוממך לרשת ארץ בהכרת רשעים
נ״א כאיזרח תראה׃ ראיתי רשע עריץ ומתערה כאזרח רענן׃ לה
ויעבר והנה איננו ואבקשהו ולא נמצא׃ שמר־תם 36 37
וראה ישר כי־אחרית לאיש שלום׃ ופשעים נשמדו 38

יחדו

39 יַחְדָּו אַחֲרִית רְשָׁעִים נִכְרָתָה׃ וּתְשׁוּעַת צַדִּיקִים מֵיְהוָה
מ מָעוּזָּם בְּעֵת צָרָה׃ וַיַּעְזְרֵם יְהוָה וַיְפַלְּטֵם יְפַלְּטֵם נ"א הו"רפה נ"א ויפלט"
א מֵרְשָׁעִים וְיוֹשִׁיעֵם כִּי־חָסוּ בוֹ׃ נ"א יהוה

PSALMUS XXXVIII. Deplorat peccata sua, & calamitates, in quas ob illa inciderat: & gratiam Dei exposcit.

לח
מִזְמוֹר
2 לְדָוִד לְהַזְכִּיר׃ יְהוָה אַל־בְּקֶצְפְּךָ תוֹכִיחֵנִי וּבַחֲמָתְךָ נ"א אל־
3 4 תְיַסְּרֵנִי׃ כִּי־חִצֶּיךָ נִחֲתוּ בִי וַתִּנְחַת עָלַי יָדֶךָ׃ אֵין־מְתֹם נ"א נחתו
ה בִּבְשָׂרִי מִפְּנֵי זַעְמֶךָ אֵין־שָׁלוֹם בַּעֲצָמַי מִפְּנֵי חַטָּאתִי׃ כִּי נ"א כי
6 עֲוֺנֹתַי עָבְרוּ רֹאשִׁי כְּמַשָּׂא כָבֵד יִכְבְּדוּ מִמֶּנִּי׃ הִבְאִישׁוּ
7 נָמַקּוּ חַבּוּרֹתָי מִפְּנֵי אִוַּלְתִּי׃ נַעֲוֵיתִי שַׁחֹתִי עַד־מְאֹד
8 כָּל־הַיּוֹם קֹדֵר הִלָּכְתִּי׃ כִּי־כְסָלַי מָלְאוּ נִקְלֶה וְאֵין מְתֹם
9 בִּבְשָׂרִי׃ נְפוּגוֹתִי וְנִדְכֵּיתִי עַד־מְאֹד שָׁאַגְתִּי מִנַּהֲמַת
י לִבִּי׃ אֲדֹנָי נֶגְדְּךָ כָל־תַּאֲוָתִי וְאַנְחָתִי מִמְּךָ לֹא־נִסְתָּרָה׃
11 לִבִּי סְחַרְחַר עֲזָבַנִי כֹחִי וְאוֹר־עֵינַי גַּם־הֵם אֵין אִתִּי׃ נ"א ואור־
12 אֹהֲבַי ׀ וְרֵעַי מִנֶּגֶד נִגְעִי יַעֲמֹדוּ וּקְרוֹבַי מֵרָחֹק עָמָדוּ׃ נ"א וקרבי
13 וַיְנַקְשׁוּ ׀ מְבַקְשֵׁי נַפְשִׁי וְדֹרְשֵׁי רָעָתִי דִּבְּרוּ הַוּוֹת וּמִרְמוֹת
14 כָּל־הַיּוֹם יֶהְגּוּ׃ וַאֲנִי כְחֵרֵשׁ לֹא אֶשְׁמָע וּכְאִלֵּם לֹא
טו יִפְתַּח־פִּיו׃ וָאֱהִי כְּאִישׁ אֲשֶׁר לֹא־שֹׁמֵעַ וְאֵין בְּפִיו
16 תּוֹכָחוֹת׃ כִּי־לְךָ יְהוָה הוֹחָלְתִּי אַתָּה תַעֲנֶה אֲדֹנָי אֱלֹהָי׃
17 18 כִּי־אָמַרְתִּי פֶּן־יִשְׂמְחוּ־לִי בְּמוֹט רַגְלִי עָלַי הִגְדִּילוּ׃ כִּי־
19 אֲנִי לְצֶלַע נָכוֹן וּמַכְאוֹבִי נֶגְדִּי תָמִיד׃ כִּי־עֲוֺנִי אַגִּיד
כ אֶדְאַג מֵחַטָּאתִי׃ וְאֹיְבַי חַיִּים עָצֵמוּ וְרַבּוּ שֹׂנְאַי שָׁקֶר׃
21 וּמְשַׁלְּמֵי רָעָה תַּחַת טוֹבָה יִשְׂטְנוּנִי תַּחַת רָדְופִי טוֹב׃ רדפי קרי
22 23 אַל־תַּעַזְבֵנִי יְהוָה אֱלֹהַי אַל־תִּרְחַק מִמֶּנִּי׃ חוּשָׁה
א לְעֶזְרָתִי אֲדֹנָי תְּשׁוּעָתִי׃

PSALMUS XXXIX. Deplorat rursus, atque oratione flebili, miserias piorum, & incommoda vitæ hujus lamentatur.

לט
לַמְנַצֵּחַ לִידִיתוּן לידותון קרי
2 מִזְמוֹר לְדָוִד׃ אָמַרְתִּי אֶשְׁמְרָה דְרָכַי מֵחֲטוֹא בִלְשׁוֹנִי נ"א רה לפי
3 אֶשְׁמְרָה לְפִי מַחְסוֹם בְּעֹד רָשָׁע לְנֶגְדִּי׃ נֶאֱלַמְתִּי דוּמִיָּה נ"א בעד
4 הֶחֱשֵׁיתִי מִטּוֹב וּכְאֵבִי נֶעְכָּר׃ חַם־לִבִּי ׀ בְּקִרְבִּי בַּהֲגִיגִי
ה תִּבְעַר־אֵשׁ דִּבַּרְתִּי בִּלְשׁוֹנִי׃ הוֹדִיעֵנִי יְהוָה ׀ קִצִּי וּמִדַּת נ"א לא פסיק
6 יָמַי מַה־הִיא אֵדְעָה מֶה־חָדֵל אָנִי׃ הִנֵּה טְפָחוֹת ׀ נָתַתָּה
יָמַי

יָמַי וְחֶלְדִּי כְאַיִן נֶגְדֶּךָ אַךְ כָּל־הֶבֶל כָּל־אָדָם נִצָּב סֶלָה :

נ"א יִתְהַלֶּךְ אַךְ־בְּצֶלֶם ׀ יִתְהַלֶּךְ־אִישׁ אַךְ־הֶבֶל יֶהֱמָיוּן יִצְבֹּר וְלֹא־ 7

יֵדַע מִי־אֹסְפָם : וְעַתָּה מַה־קִּוִּיתִי אֲדֹנָי תּוֹחַלְתִּי לְךָ 8

הִיא : מִכָּל־פְּשָׁעַי הַצִּילֵנִי חֶרְפַּת נָבָל אַל־תְּשִׂימֵנִי : 9

נֶאֱלַמְתִּי לֹא אֶפְתַּח־פִּי כִּי אַתָּה עָשִׂיתָ : הָסֵר מֵעָלַי 10 11

נ"א צֵו נִגְעֶךָ מִתִּגְרַת יָדְךָ אֲנִי כָלִיתִי : בְּתוֹכָחוֹת עַל־עָוֹן וַיִּסַּרְתָּ 12

אִישׁ וַתֶּמֶס כָּעָשׁ חֲמוּדוֹ אַךְ הֶבֶל כָּל־אָדָם סֶלָה :

נ"א שָׁעֵה שִׁמְעָה תְפִלָּתִי ׀ יְהוָה וְשַׁוְעָתִי ׀ הַאֲזִינָה אֶל־דִּמְעָתִי אַל־ 13

תֶּחֱרַשׁ כִּי גֵר אָנֹכִי עִמָּךְ תּוֹשָׁב כְּכָל־אֲבוֹתָי : הָשַׁע 14

מִמֶּנִּי וְאַבְלִיגָה בְּטֶרֶם אֵלֵךְ וְאֵינֶנִּי :

PSAL. XL. Introducitur Messias, pro populo suo apud Deum intercedens: atque pro parte liberatione & justitia gratias agens.

מ לַמְנַצֵּחַ א

לְדָוִד מִזְמוֹר : קַוֹּה קִוִּיתִי יְהוָה וַיֵּט אֵלַי וַיִּשְׁמַע שַׁוְעָתִי : 2

נ"א עֲנֵי׳ וַיַּעֲלֵנִי ׀ מִבּוֹר שָׁאוֹן מִטִּיט הַיָּוֵן וַיָּקֶם עַל־סֶלַע רַגְלַי כּוֹנֵן 3

אַשֻּׁרָי : וַיִּתֵּן בְּפִי ׀ שִׁיר חָדָשׁ תְּהִלָּה לֵאלֹהֵינוּ 4

נ"א אַשְׁרֵי או אֲשֶׁר

יִרְאוּ רַבִּים וְיִירָאוּ וְיִבְטְחוּ בַּיהוָה : אַשְׁרֵי הַגֶּבֶר אֲשֶׁר ה

נ"א או אֲשֶׁר

שָׂם יְהוָה מִבְטַחוֹ וְלֹא־פָנָה אֶל־רְהָבִים וְשָׂטֵי כָזָב :

נ"א ׀ אֵתָּה

רַבּוֹת עָשִׂיתָ ׀ אַתָּה ׀ יְהוָה ׀ אֱלֹהַי נִפְלְאֹתֶיךָ וּמַחְשְׁבֹתֶיךָ 6 נ"א נָפְ׳

יהוה או יאתה יהוה

אֵלֵינוּ אֵין ׀ עֲרֹךְ אֵלֶיךָ אַגִּידָה וַאֲדַבֵּרָה עָצְמוּ מִסַּפֵּר :

נ"א לֹא זֶבַח וּמִנְחָה ׀ לֹא־חָפַצְתָּ אָזְנַיִם כָּרִיתָ לִּי עוֹלָה וַחֲטָאָה 7

לֹא שָׁאָלְתָּ : אָז אָמַרְתִּי הִנֵּה־בָאתִי בִּמְגִלַּת־סֵפֶר כָּתוּב 8 נ"א

לְעָשׁו׳ עָלָי : לַעֲשׂוֹת־רְצוֹנְךָ אֱלֹהַי חָפָצְתִּי וְתוֹרָתְךָ בְּתוֹךְ מֵעָי : 9

בִּשַּׂרְתִּי צֶדֶק ׀ בְּקָהָל רָב הִנֵּה שְׂפָתַי לֹא אֶכְלָא יְהוָה י

נ"א צִדְקָֽךָ אַתָּה יָדָעְתָּ : צִדְקָתְךָ לֹא־כִסִּיתִי ׀ בְּתוֹךְ לִבִּי אֱמוּנָתְךָ 11

נ"א הִסֵד וּתְשׁוּעָתְךָ אָמָרְתִּי לֹא־כִחַדְתִּי חַסְדְּךָ וַאֲמִתְּךָ לְקָהָל

רָב : אַתָּה יְהוָה לֹא־תִכְלָא רַחֲמֶיךָ מִמֶּנִּי חַסְדְּךָ וַאֲמִתְּךָ 12

תָּמִיד יִצְּרוּנִי : כִּי אָפְפוּ־עָלַי ׀ רָעוֹת עַד־אֵין מִסְפָּר 13

הִשִּׂיגוּנִי עֲוֹנֹתַי וְלֹא־יָכֹלְתִּי לִרְאוֹת עָצְמוּ מִשַּׂעֲרוֹת

רֹאשִׁי וְלִבִּי עֲזָבָנִי : רְצֵה יְהוָה לְהַצִּילֵנִי יְהוָה לְעֶזְרָתִי 14

חוּשָׁה : יֵבֹשׁוּ וְיַחְפְּרוּ ׀ יַחַד מְבַקְשֵׁי נַפְשִׁי לִסְפּוֹתָהּ טו

יִסֹּגוּ

16 יִסֹּגוּ אָחוֹר וְיִכָּלְמוּ חֲפֵצֵי רָעָתִי׃ יָשֹׁמּוּ עַל־עֵקֶב בָּשְׁתָּם ב׳א לי
17 הָאֹמְרִים לִי הֶאָח ׀ הֶאָח׃ יָשִׂישׂוּ ׀ וְיִשְׂמְחוּ ׀ בְּךָ כָּל־ נ׳א האח ׀
מְבַקְשֶׁיךָ יֹאמְרוּ תָמִיד יִגְדַּל יְהוָה אֹהֲבֵי תְּשׁוּעָתֶךָ׃ ב׳א אהבי פתח באתנח
18 וַאֲנִי ׀ עָנִי וְאֶבְיוֹן אֲדֹנָי יַחֲשָׁב־לִי עֶזְרָתִי וּמְפַלְטִי אַתָּה ט׳א יחשב לי נ׳א לאו ל
א אֱלֹהַי אַל־תְּאַחַר׃ מא לַמְנַצֵּחַ מִזְמוֹר לְדָוִד׃ או ל

PS. XLI. Prædicat beatos eos, qui afflictos & calamitosos miserantur: deque inimicorum suorum contumeliis, in mediis ærumnis, conqueritur.

2 3 אַשְׁרֵי מַשְׂכִּיל אֶל־דָּל בְּיוֹם רָעָה יְמַלְּטֵהוּ יְהוָה׃ יְהוָה ׀ ב׳א ימל׳
יִשְׁמְרֵהוּ וִיחַיֵּהוּ יְאֻשַּׁר בָּאָרֶץ וְאַל־תִּתְּנֵהוּ בְּנֶפֶשׁ אֹיְבָיו׃ ואשר ק׳
4 יְהוָה יִסְעָדֶנּוּ עַל־עֶרֶשׂ דְּוָי כָּל־מִשְׁכָּבוֹ הָפַכְתָּ בְחָלְיוֹ׃ מלרע
ה אֲנִי־אָמַרְתִּי יְהוָה חָנֵּנִי רְפָאָה נַפְשִׁי כִּי־חָטָאתִי לָךְ׃ נ׳א אני
6 7 אוֹיְבַי יֹאמְרוּ רַע לִי מָתַי יָמוּת וְאָבַד שְׁמוֹ׃ וְאִם־בָּא
לִרְאוֹת ׀ שָׁוְא יְדַבֵּר לִבּוֹ יִקְבָּץ־אָוֶן לוֹ יֵצֵא לַחוּץ יְדַבֵּר׃
8 9 יַחַד עָלַי יִתְלַחֲשׁוּ כָּל־שֹׂנְאָי עָלַי ׀ יַחְשְׁבוּ רָעָה לִי׃ דְּבַר־
י בְּלִיַּעַל יָצוּק בּוֹ וַאֲשֶׁר שָׁכַב לֹא־יוֹסִיף לָקוּם׃ גַּם־אִישׁ
שְׁלוֹמִי ׀ אֲשֶׁר־בָּטַחְתִּי בוֹ אוֹכֵל לַחְמִי הִגְדִּיל עָלַי עָקֵב׃
11 12 וְאַתָּה יְהוָה חָנֵּנִי וַהֲקִימֵנִי וַאֲשַׁלְּמָה לָהֶם׃ בְּזֹאת יָדַעְתִּי
13 כִּי־חָפַצְתָּ בִּי כִּי לֹא־יָרִיעַ אֹיְבִי עָלָי׃ וַאֲנִי בְּתֻמִּי תָּמַכְתָּ
14 בִּי וַתַּצִּיבֵנִי לְפָנֶיךָ לְעוֹלָם׃ בָּרוּךְ יְהוָה ׀ אֱלֹהֵי יִשְׂרָאֵל
מֵהָעוֹלָם וְעַד הָעוֹלָם אָמֵן ׀ וְאָמֵן׃ ספר שני

PS. XLII. Indicatur summum desiderium conjunctionis cum Domino: & animus adversus tristitiam & impatientiam confirmatur.

2 א מב לַמְנַצֵּחַ מַשְׂכִּיל לִבְנֵי־קֹרַח׃ כְּאַיָּל תַּעֲרֹג
3 עַל־אֲפִיקֵי־מָיִם כֵּן נַפְשִׁי תַעֲרֹג אֵלֶיךָ אֱלֹהִים׃ צָמְאָה
נַפְשִׁי ׀ לֵאלֹהִים לְאֵל חָי מָתַי אָבוֹא וְאֵרָאֶה פְּנֵי אֱלֹהִים׃ נ׳א נפשי נ׳א חי
4 הָיְתָה־לִּי דִמְעָתִי לֶחֶם יוֹמָם וָלָיְלָה בֶּאֱמֹר אֵלַי כָּל־ נ׳א לי
הַיּוֹם אַיֵּה אֱלֹהֶיךָ׃ אֵלֶּה אֶזְכְּרָה ׀ וְאֶשְׁפְּכָה עָלַי ׀ נַפְשִׁי ב׳א אלי
ה כִּי אֶעֱבֹר ׀ בַּסָּךְ אֶדַּדֵּם עַד־בֵּית אֱלֹהִים בְּקוֹל־רִנָּה עטי׳ בקול־
6 וְתוֹדָה הָמוֹן חוֹגֵג׃ מַה־תִּשְׁתּוֹחֲחִי ׀ נַפְשִׁי וַתֶּהֱמִי ג׳א ת׳ נ׳א ותהמי
7 עָלָי הוֹחִלִי לֵאלֹהִים כִּי־עוֹד אוֹדֶנּוּ יְשׁוּעוֹת פָּנָיו׃ אֱלֹהַי נ׳א אודנו
עָלַי נַפְשִׁי תִשְׁתּוֹחָח עַל־כֵּן אֶזְכָּרְךָ מֵאֶרֶץ יַרְדֵּן
8 וְחֶרְמוֹנִים מֵהַר מִצְעָר׃ תְּהוֹם־אֶל־תְּהוֹם קוֹרֵא לְקוֹל ב׳נ אל

צנוריך

בנ"א יצוה צִנּוֹרֶיךָ כָּל־מִשְׁבָּרֶיךָ וְגַלֶּיךָ עָלַי עָבָרוּ׃ יוֹמָם ׀ יְצַוֶּה יְהוָה ׀ 9
חַסְדּוֹ וּבַלַּיְלָה שִׁירֹה עִמִּי תְּפִלָּה לְאֵל חַיָּי׃ אוֹמְרָה ׀ לְאֵל י
בנ"א לָמה סַלְעִי לָמָה שְׁכַחְתָּנִי לָמָּה־קֹדֵר אֵלֵךְ בְּלַחַץ אוֹיֵב׃
ב"נ באמ בְּרֶצַח ׀ בְּעַצְמוֹתַי חֵרְפוּנִי צוֹרְרָי בְּאָמְרָם אֵלַי כָּל־הַיּוֹם 11
בנ"א ומה תהמי אַיֵּה אֱלֹהֶיךָ׃ מַה־תִּשְׁתּוֹחֲחִי ׀ נַפְשִׁי וּמַה־תֶּהֱמִי עָלָי 12
נ"א מאיש הוֹחִילִי לֵאלֹהִים כִּי־עוֹד אוֹדֶנּוּ יְשׁוּעֹת פָּנַי וֵאלֹהָי׃
ב"נ מאיש מג שָׁפְטֵנִי אֱלֹהִים וְרִיבָה רִיבִי מִגּוֹי לֹא־חָסִיד מֵאִישׁ א

PSALMUS XLIII. Hic psalmus similis argumenti est cum superiore.

מִרְמָה וְעַוְלָה תְפַלְּטֵנִי׃ כִּי־אַתָּה ׀ אֱלֹהֵי מָעוּזִּי לָמָה 2 בנ"א מעוזי
זְנַחְתָּנִי לָמָּה־קֹדֵר אֶתְהַלֵּךְ בְּלַחַץ אוֹיֵב׃ שְׁלַח־אוֹרְךָ 3 נ"א למה
וַאֲמִתְּךָ הֵמָּה יַנְחוּנִי יְבִיאוּנִי אֶל־הַר־קָדְשְׁךָ וְאֶל־ למד׳ יבאוני
בנ"א משכנתיך מִשְׁכְּנוֹתֶיךָ׃ וְאָבוֹאָה ׀ אֶל־מִזְבַּח אֱלֹהִים אֶל־אֵל שִׂמְחַת 4
נ"א תשתוחחי גִּילִי וְאוֹדְךָ בְכִנּוֹר אֱלֹהִים אֱלֹהָי׃ מַה־תִּשְׁתּוֹחֲחִי ׀ נַפְשִׁי ה בנ"א
ב"נא ומה תחמי וּמַה־תֶּהֱמִי עָלָי הוֹחִילִי לֵאלֹהִים כִּי־עוֹד אוֹדֶנּוּ יְשׁוּעֹת עות
פָּנַי וֵאלֹהָי׃ מד לַמְנַצֵּחַ לִבְנֵי־קֹרַח מַשְׂכִּיל׃ אֱלֹהִים ׀ א 2

PS. XLIV Oratio populi Dei, crudelissimam persecutionem patientis.

בְּאָזְנֵינוּ שָׁמַעְנוּ אֲבוֹתֵינוּ סִפְּרוּ־לָנוּ פֹּעַל פָּעַלְתָּ בִימֵיהֶם
בִּימֵי קֶדֶם׃ אַתָּה ׀ יָדְךָ גּוֹיִם הוֹרַשְׁתָּ וַתִּטָּעֵם תָּרַע לְאֻמִּים 3
נ"א ירשו ארץ וַתְּשַׁלְּחֵם׃ כִּי ׀ לֹא בְחַרְבָּם יָרְשׁוּ אָרֶץ וּזְרוֹעָם לֹא־ 4
הוֹשִׁיעָה לָּמוֹ כִּי־יְמִינְךָ וּזְרוֹעֲךָ וְאוֹר פָּנֶיךָ כִּי רְצִיתָם׃
נ"א ישועות אַתָּה־הוּא מַלְכִּי אֱלֹהִים צַוֵּה יְשׁוּעוֹת יַעֲקֹב׃ בְּךָ צָרֵינוּ ה 6
נְנַגֵּחַ בְּשִׁמְךָ נָבוּס קָמֵינוּ׃ כִּי לֹא בְקַשְׁתִּי אֶבְטָח וְחַרְבִּי 7
נ"א לא פסיק לֹא תוֹשִׁיעֵנִי׃ כִּי הוֹשַׁעְתָּנוּ מִצָּרֵינוּ וּמְשַׂנְאֵינוּ הֱבִישׁוֹתָ׃ 8
בנ"א נודה סלה בֵּאלֹהִים הִלַּלְנוּ כָל־הַיּוֹם וְשִׁמְךָ ׀ לְעוֹלָם נוֹדֶה סֶלָה׃ אַף־ 9 י
זָנַחְתָּ וַתַּכְלִימֵנוּ וְלֹא־תֵצֵא בְּצִבְאוֹתֵינוּ׃ תְּשִׁיבֵנוּ אָחוֹר 11
מִנִּי־צָר וּמְשַׂנְאֵינוּ שָׁסוּ לָמוֹ׃ תִּתְּנֵנוּ כְּצֹאן מַאֲכָל וּבַגּוֹיִם 12
בנ"א ולא זֵרִיתָנוּ׃ תִּמְכֹּר־עַמְּךָ בְלֹא־הוֹן וְלֹא־רִבִּיתָ בִּמְחִירֵיהֶם׃ 13
תְּשִׂימֵנוּ חֶרְפָּה לִשְׁכֵנֵינוּ לַעַג וָקֶלֶס לִסְבִיבוֹתֵינוּ׃ 14
תְּשִׂימֵנוּ מָשָׁל בַּגּוֹיִם מְנוֹד־רֹאשׁ בַּלְאֻמִּים׃ כָּל־הַיּוֹם טו 16
כְּלִמָּתִי נֶגְדִּי וּבֹשֶׁת פָּנַי כִּסָּתְנִי׃ מִקּוֹל מְחָרֵף וּמְגַדֵּף 17

מפני

18 מִפְּנֵי אוֹיֵב וּמִתְנַקֵּם׃ כָּל־זֹאת בָּאַתְנוּ וְלֹא שְׁכַחֲנוּךָ
19 וְלֹא־שִׁקַּרְנוּ בִּבְרִיתֶךָ׃ לֹא־נָסוֹג אָחוֹר לִבֵּנוּ וַתֵּט אֲשֻׁרֵינוּ
כ מִנִּי אָרְחֶךָ׃ כִּי דִכִּיתָנוּ בִּמְקוֹם תַּנִּים וַתְּכַס עָלֵינוּ
21 בְצַלְמָוֶת׃ אִם־שָׁכַחְנוּ שֵׁם אֱלֹהֵינוּ וַנִּפְרֹשׂ כַּפֵּינוּ לְאֵל זָר׃
נ״א הלוא 22 הֲלֹא אֱלֹהִים יַחֲקָר־זֹאת כִּי־הוּא יֹדֵעַ תַּעֲלֻמוֹת לֵב׃ כִּי־
24 23 עָלֶיךָ הֹרַגְנוּ כָל־הַיּוֹם נֶחְשַׁבְנוּ כְּצֹאן טִבְחָה׃ עוּרָה ׀
בנ״א לָמָּה כה לָמָּה תִישַׁן ׀ אֲדֹנָי הָקִיצָה אַל־תִּזְנַח לָנֶצַח׃ לָמָּה־פָנֶיךָ
26 תַסְתִּיר תִּשְׁכַּח עָנְיֵנוּ וְלַחֲצֵנוּ׃ כִּי שָׁחָה לֶעָפָר נַפְשֵׁנוּ
27 דָּבְקָה לָאָרֶץ בִּטְנֵנוּ׃ קוּמָה עֶזְרָתָה לָּנוּ וּפְדֵנוּ לְמַעַן
ב״א צח א חַסְדֶּךָ׃ מה לַמְנַצֵּחַ עַל־שֹׁשַׁנִּים לִבְנֵי־קֹרַח מַשְׂכִּיל נ״א דבר

PS. XLV. Psaltes Messiæ laudes celebrat, ipsumque Regem prædicat ac sponsum.

שִׁיר יְדִידֹת׃ רָחַשׁ לִבִּי ׀ דָּבָר טוֹב אֹמֵר אָנִי מַעֲשַׂי לְמֶלֶךְ
3 לְשׁוֹנִי עֵט ׀ סוֹפֵר מָהִיר׃ יָפְיָפִיתָ מִבְּנֵי אָדָם הוּצַק חֵן
4 בְּשְׂפְתוֹתֶיךָ עַל־כֵּן בֵּרַכְךָ אֱלֹהִים לְעוֹלָם׃ חֲגוֹר חַרְבְּךָ
נ״א וַהֲדָרְךָ ב״א עַל־ ה עַל־יָרֵךְ גִּבּוֹר הוֹדְךָ וַהֲדָרֶךָ׃ וַהֲדָרְךָ ׀ צְלַח רְכַב עַל־
שוא באתנח 6 דְּבַר־אֱמֶת וְעַנְוָה־צֶדֶק וְתוֹרְךָ נוֹרָאוֹת יְמִינֶךָ׃ חִצֶּיךָ
נ״א איבי או איבי 7 שְׁנוּנִים עַמִּים תַּחְתֶּיךָ יִפְּלוּ בְּלֵב אוֹיְבֵי הַמֶּלֶךְ׃ כִּסְאֲךָ
8 אֱלֹהִים עוֹלָם וָעֶד שֵׁבֶט מִישֹׁר שֵׁבֶט מַלְכוּתֶךָ׃ אָהַבְתָּ
נ״א ותשנה צֶּדֶק וַתִּשְׂנָא רֶשַׁע עַל־כֵּן ׀ מְשָׁחֲךָ אֱלֹהִים אֱלֹהֶיךָ שֶׁמֶן
נ״א מחברך הק״ דנושה 9 שָׂשׂוֹן מֵחֲבֵרֶיךָ׃ מֹר־וַאֲהָלוֹת קְצִיעוֹת כָּל־בִּגְדֹתֶיךָ מִן־
ב״א בְּיִקְרוֹתיך י הֵיכְלֵי שֵׁן מִנִּי שִׂמְּחוּךָ׃ בְּנוֹת מְלָכִים בְּיִקְּרוֹתֶיךָ נִצְּבָה בנ״א נִצְבָה
בנ״א שגל או שגל 11 שֵׁגַל לִימִינְךָ בְּכֶתֶם אוֹפִיר׃ שִׁמְעִי־בַת וּרְאִי וְהַטִּי אָזְנֵךְ
ב״א ובית 12 וְשִׁכְחִי עַמֵּךְ וּבֵית אָבִיךְ׃ וְיִתְאָו הַמֶּלֶךְ יָפְיֵךְ כִּי־הוּא
כ״נ וּבֵית 13 אֲדֹנַיִךְ וְהִשְׁתַּחֲוִי־לוֹ׃ וּבַת־צֹר ׀ בְּמִנְחָה פָּנַיִךְ יְחַלּוּ
דגש אחר שורק 14 עֲשִׁירֵי עָם׃ כָּל־כְּבוּדָּה בַת־מֶלֶךְ פְּנִימָה מִמִּשְׁבְּצוֹת נ״א בת־
טו זָהָב לְבוּשָׁהּ׃ לִרְקָמוֹת תּוּבַל לַמֶּלֶךְ בְּתוּלוֹת
בנ״א מובאות 16 אַחֲרֶיהָ רֵעוֹתֶיהָ מוּבָאוֹת לָךְ׃ תּוּבַלְנָה בִּשְׂמָחֹת
למר בשמחות 17 וָגִיל תְּבֹאֶינָה בְּהֵיכַל מֶלֶךְ׃ תַּחַת אֲבֹתֶיךָ יִהְיוּ
בנ״א דן 18 בָּנֶיךָ תְּשִׁיתֵמוֹ לְשָׂרִים בְּכָל־הָאָרֶץ׃ אַזְכִּירָה שִׁמְךָ

בנ״א כֵּן ג״א כֵּן

בְּכָל־דֹּר וָדֹר עַל־כֵּן עַמִּים יְהוֹדֻךָ לְעֹלָם וָעֶד׃ מו

ג״א עמים ג״א לעלם

PSALMUS XLVI. Magnificâ oratione fortitudo, fiducia, & securitas piorum, in gravissimis rerum motibus, exponitur.

לַמְנַצֵּחַ לִבְנֵי־קֹרַח עַל־עֲלָמוֹת שִׁיר׃ אֱלֹהִים לָנוּ א 2
מַחֲסֶה וָעֹז עֶזְרָה בְצָרוֹת נִמְצָא מְאֹד׃ עַל־כֵּן לֹא־נִירָא 3
בְּהָמִיר אָרֶץ וּבְמוֹט הָרִים בְּלֵב יַמִּים׃ יֶהֱמוּ יֶחְמְרוּ מֵימָיו 4
ב״א יש״
יִרְעֲשׁוּ־הָרִים בְּגַאֲוָתוֹ סֶלָה׃ נָהָר פְּלָגָיו יְשַׂמְּחוּ עִיר־ ה
אֱלֹהִים קְדֹשׁ מִשְׁכְּנֵי עֶלְיוֹן׃ אֱלֹהִים בְּקִרְבָּהּ בַּל־תִּמּוֹט 6
יַעְזְרֶהָ אֱלֹהִים לִפְנוֹת בֹּקֶר׃ הָמוּ גוֹיִם מָטוּ מַמְלָכוֹת 7
נָתַן בְּקוֹלוֹ תָּמוּג אָרֶץ׃ יְהוָה צְבָאוֹת עִמָּנוּ מִשְׂגָּב לָנוּ 8
ב״א לְכוּ
אֱלֹהֵי יַעֲקֹב סֶלָה׃ לְכוּ חֲזוּ מִפְעֲלוֹת יְהוָה אֲשֶׁר־שָׂם 9
שַׁמּוֹת בָּאָרֶץ׃ מַשְׁבִּית מִלְחָמוֹת עַד־קְצֵה הָאָרֶץ י
קֶשֶׁת יְשַׁבֵּר וְקִצֵּץ חֲנִית עֲגָלוֹת יִשְׂרֹף בָּאֵשׁ׃ הַרְפּוּ וּדְעוּ 11
כִּי־אָנֹכִי אֱלֹהִים אָרוּם בַּגּוֹיִם אָרוּם בָּאָרֶץ׃ יְהוָה 12
צְבָאוֹת עִמָּנוּ מִשְׂגָּב לָנוּ אֱלֹהֵי יַעֲקֹב סֶלָה׃ מז

ב״א לַמנצח

PSALMUS XLVII. Post tumultus & bella, præcedenti psalmo narrata, hic fideles inducuntur lætitiâ exultantes, ob victoriam adeptam, & verum Dei cultum toto orbe propagatum.

לַמְנַצֵּחַ לִבְנֵי־קֹרַח מִזְמוֹר׃ כָּל־הָעַמִּים תִּקְעוּ־כָף א 2
הָרִיעוּ לֵאלֹהִים בְּקוֹל רִנָּה׃ כִּי־יְהוָה עֶלְיוֹן נוֹרָא מֶלֶךְ 3
גָּדוֹל עַל־כָּל־הָאָרֶץ׃ יַדְבֵּר עַמִּים תַּחְתֵּינוּ וּלְאֻמִּים 4
תַּחַת רַגְלֵינוּ׃ יִבְחַר־לָנוּ אֶת־נַחֲלָתֵנוּ אֶת גְּאוֹן יַעֲקֹב ה
סגול בלי מקף
אֲשֶׁר־אָהֵב סֶלָה׃ עָלָה אֱלֹהִים בִּתְרוּעָה יְהוָה בְּקוֹל 6
נ״א את־
שׁוֹפָר׃ זַמְּרוּ אֱלֹהִים זַמֵּרוּ זַמְּרוּ לְמַלְכֵּנוּ זַמֵּרוּ׃ כִּי מֶלֶךְ 7 8
כָּל־הָאָרֶץ אֱלֹהִים זַמְּרוּ מַשְׂכִּיל׃ מָלַךְ אֱלֹהִים עַל־גּוֹיִם 9
ג״א ישב
אֱלֹהִים יָשַׁב עַל־כִּסֵּא קָדְשׁוֹ׃ נְדִיבֵי עַמִּים נֶאֱסָפוּ עַם י
ג״א נא
אֱלֹהֵי אַבְרָהָם כִּי לֵאלֹהִים מָגִנֵּי־אֶרֶץ מְאֹד נַעֲלָה׃

PSALMUS XLVIII. Zion Deum suum celebrat, deque perpetua Dei ope & conservatione gloriatur.

מח שִׁיר מִזְמוֹר לִבְנֵי־קֹרַח׃ גָּדוֹל יְהוָה וּמְהֻלָּל א 2
מְאֹד בְּעִיר אֱלֹהֵינוּ הַר־קָדְשׁוֹ׃ יְפֵה נוֹף מְשׂוֹשׂ כָּל־ 3
עטי״ הים
הָאָרֶץ הַר־צִיּוֹן יַרְכְּתֵי צָפוֹן קִרְיַת מֶלֶךְ רָב׃ אֱלֹהִים 4
ח״ס באתנח
בְּאַרְמְנוֹתֶיהָ נוֹדַע לְמִשְׂגָּב׃ כִּי־הִנֵּה הַמְּלָכִים נוֹעֲדוּ ה
עָבְרוּ יַחְדָּו׃ הֵמָּה רָאוּ כֵּן תָּמָהוּ נִבְהָלוּ נֶחְפָּזוּ׃ רְעָדָה 6 7
אֲחָזָתַם שָׁם חִיל כַּיּוֹלֵדָה׃ בְּרוּחַ קָדִים תְּשַׁבֵּר אֳנִיּוֹת 8

תרשיש

9 תַּרְשִׁישׁ׃ כַּאֲשֶׁר שָׁמַעְנוּ ׀ כֵּן רָאִינוּ בְּעִיר־יְהוָה צְבָאוֹת
י בְּעִיר אֱלֹהֵינוּ אֱלֹהִים יְכוֹנְנֶהָ עַד־עוֹלָם סֶלָה׃ דִּמִּינוּ נ"א יכוננה
11 אֱלֹהִים חַסְדֶּךָ בְּקֶרֶב הֵיכָלֶךָ׃ כְּשִׁמְךָ אֱלֹהִים כֵּן או׳ יכוננה
12 תְּהִלָּתְךָ עַל־קַצְוֵי־אֶרֶץ צֶדֶק מָלְאָה יְמִינֶךָ׃ יִשְׂמַח ׀ הַר־ סגול באתנח
13 צִיּוֹן תָּגֵלְנָה בְּנוֹת יְהוּדָה לְמַעַן מִשְׁפָּטֶיךָ׃ סֹבּוּ צִיּוֹן
14 וְהַקִּיפוּהָ סִפְרוּ מִגְדָּלֶיהָ׃ שִׁיתוּ לִבְּכֶם ׀ לְחֵילָה פַּסְּגוּ נ"א לְחִילָה
טו אַרְמְנוֹתֶיהָ לְמַעַן תְּסַפְּרוּ לְדוֹר אַחֲרוֹן׃ כִּי זֶה ׀ אֱלֹהִים
אֱלֹהֵינוּ עוֹלָם וָעֶד הוּא יְנַהֲגֵנוּ עַל־מוּת׃ מט

נ בנ"א צח או צח ׀

PSALMUS XLIX. Stultos & miseros esse, qui rebus terrenis serviunt: piis contrà neque in vitâ, neque in morte quicquam timendum esse.

2 א לַמְנַצֵּחַ לִבְנֵי־קֹרַח מִזְמוֹר׃ שִׁמְעוּ־זֹאת כָּל־הָעַמִּים
3 הַאֲזִינוּ כָּל־יֹשְׁבֵי חָלֶד׃ גַּם־בְּנֵי אָדָם גַּם־בְּנֵי־אִישׁ יַחַד
4 עָשִׁיר וְאֶבְיוֹן׃ פִּי יְדַבֵּר חָכְמוֹת וְהָגוּת לִבִּי תְבוּנוֹת׃ נ"א עָשִׁיר
6 ה אַטֶּה לְמָשָׁל אָזְנִי אֶפְתַּח בְּכִנּוֹר חִידָתִי׃ לָמָּה אִירָא
7 בִּימֵי רָע עֲוֺן עֲקֵבַי יְסוּבֵּנִי׃ הַבֹּטְחִים עַל־חֵילָם וּבְרֹב
8 עָשְׁרָם יִתְהַלָּלוּ׃ אָח לֹא־פָדֹה יִפְדֶּה אִישׁ לֹא־יִתֵּן
י 9 לֵאלֹהִים כָּפְרוֹ׃ וְיֵקַר פִּדְיוֹן נַפְשָׁם וְחָדַל לְעוֹלָם׃ וִיחִי־
11 עוֹד לָנֶצַח לֹא יִרְאֶה הַשָּׁחַת׃ כִּי יִרְאֶה ׀ חֲכָמִים יָמוּתוּ
12 יַחַד כְּסִיל וָבַעַר יֹאבֵדוּ וְעָזְבוּ לַאֲחֵרִים חֵילָם׃ קִרְבָּם
בָּתֵּימוֹ ׀ לְעוֹלָם מִשְׁכְּנֹתָם לְדֹר וָדֹר קָרְאוּ בִשְׁמוֹתָם
13 עֲלֵי אֲדָמוֹת׃ וְאָדָם בִּיקָר בַּל־יָלִין נִמְשַׁל כַּבְּהֵמוֹת נִדְמוּ׃ נ"א נִמְשָׁל
14 זֶה דַרְכָּם כֶּסֶל לָמוֹ וְאַחֲרֵיהֶם ׀ בְּפִיהֶם יִרְצוּ סֶלָה׃
טו כַּצֹּאן ׀ לִשְׁאוֹל שַׁתּוּ מָוֶת יִרְעֵם וַיִּרְדּוּ בָם יְשָׁרִים ׀ לַבֹּקֶר ב"א לִשְׁאוֹל
16 וְצִירָם לְבַלּוֹת שְׁאוֹל מִזְּבֻל לוֹ׃ אַךְ־אֱלֹהִים יִפְדֶּה־נַפְשִׁי וצורם קרי נ"א מזבל
17 מִיַּד שְׁאוֹל כִּי יִקָּחֵנִי סֶלָה׃ אַל־תִּירָא כִּי־יַעֲשִׁר אִישׁ כִּי־
18 יִרְבֶּה כְּבוֹד בֵּיתוֹ׃ כִּי לֹא בְמוֹתוֹ יִקַּח הַכֹּל לֹא־יֵרֵד אַחֲרָיו
כ 19 כְּבוֹדוֹ׃ כִּי־נַפְשׁוֹ בְּחַיָּיו יְבָרֵךְ וְיוֹדֻךָ כִּי־תֵיטִיב לָךְ׃ תָּבוֹא
21 עַד־דּוֹר אֲבוֹתָיו עַד־נֵצַח לֹא יִרְאוּ־אוֹר׃ אָדָם בִּיקָר וְלֹא כנ"א נֵצַח

PSAL. L. Deus ipse in judicium descendit cum Israële, & quo

א יָבִין נִמְשַׁל כַּבְּהֵמוֹת נִדְמוּ׃ נ מִזְמוֹר לְאָסָף אֵל ׀
אֱלֹהִים יְהוָה דִּבֶּר וַיִּקְרָא־אָרֶץ מִמִּזְרַח־שֶׁמֶשׁ עַד־ נ"א הים ב"א יהוה
מְבֹאוֹ׃

מִבָּאוֹ: מִצִּיּוֹן מִכְלַל־יֹפִי אֱלֹהִים הוֹפִיעַ: יָבֹא אֱלֹהֵינוּ 2 3
וְאַל־יֶחֱרַשׁ אֵשׁ־לְפָנָיו תֹּאכֵל וּסְבִיבָיו נִשְׂעֲרָה מְאֹד:
יִקְרָא אֶל־הַשָּׁמַיִם מֵעָל וְאֶל־הָאָרֶץ לָדִין עַמּוֹ: אִסְפוּ־לִי 4 ה
חֲסִידָי כֹּרְתֵי בְרִיתִי עֲלֵי־זָבַח: וַיַּגִּידוּ שָׁמַיִם צִדְקוֹ כִּי־ 6
אֱלֹהִים | שֹׁפֵט הוּא סֶלָה: שִׁמְעָה עַמִּי | וַאֲדַבֵּרָה יִשְׂרָאֵל 7
וְאָעִידָה בָּךְ אֱלֹהִים אֱלֹהֶיךָ אָנֹכִי: לֹא עַל־זְבָחֶיךָ 8
אוֹכִיחֶךָ וְעוֹלֹתֶיךָ לְנֶגְדִּי תָמִיד: לֹא־אֶקַּח מִבֵּיתְךָ פָר 9
מִמִּכְלְאֹתֶיךָ עַתּוּדִים: כִּי־לִי כָל־חַיְתוֹ־יָעַר בְּהֵמוֹת י
בְּהַרְרֵי־אָלֶף: יָדַעְתִּי כָּל־עוֹף הָרִים וְזִיז שָׂדַי עִמָּדִי: אִם־ 11 12
אֶרְעַב לֹא־אֹמַר לָךְ כִּי־לִי תֵבֵל וּמְלֹאָהּ: הַאוֹכַל בְּשַׂר 13
אַבִּירִים וְדַם עַתּוּדִים אֶשְׁתֶּה: זְבַח לֵאלֹהִים תּוֹדָה וְשַׁלֵּם 14
לְעֶלְיוֹן נְדָרֶיךָ: וּקְרָאֵנִי בְּיוֹם צָרָה אֲחַלֶּצְךָ וּתְכַבְּדֵנִי: טו
וְלָרָשָׁע | אָמַר אֱלֹהִים מַה־לְּךָ לְסַפֵּר חֻקָּי וַתִּשָּׂא בְרִיתִי 16
עֲלֵי־פִיךָ: וְאַתָּה שָׂנֵאתָ מוּסָר וַתַּשְׁלֵךְ דְּבָרַי אַחֲרֶיךָ: 17
אִם־רָאִיתָ גַנָּב וַתִּרֶץ עִמּוֹ וְעִם מְנָאֲפִים חֶלְקֶךָ: פִּיךָ 18 19
שָׁלַחְתָּ בְרָעָה וּלְשׁוֹנְךָ תַּצְמִיד מִרְמָה: תֵּשֵׁב בְּאָחִיךָ כ
תְדַבֵּר בְּבֶן־אִמְּךָ תִּתֶּן־דֹּפִי: אֵלֶּה עָשִׂיתָ | וְהֶחֱרַשְׁתִּי 21
דִּמִּיתָ הֱיוֹת־אֶהְיֶה כָמוֹךָ אוֹכִיחֲךָ וְאֶעֶרְכָה לְעֵינֶיךָ: בִּינוּ־ 22
נָא זֹאת שֹׁכְחֵי אֱלוֹהַּ פֶּן־אֶטְרֹף וְאֵין מַצִּיל: זֹבֵחַ תּוֹדָה 23
יְכַבְּדָנְנִי וְשָׂם דֶּרֶךְ אַרְאֶנּוּ בְּיֵשַׁע אֱלֹהִים: נא לַמְנַצֵּחַ א
מִזְמוֹר לְדָוִד: בְּבוֹא־אֵלָיו נָתָן הַנָּבִיא כַּאֲשֶׁר־בָּא אֶל־בַּת־ 2
שָׁבַע: חָנֵּנִי אֱלֹהִים כְּחַסְדֶּךָ כְּרֹב רַחֲמֶיךָ מְחֵה פְשָׁעָי: 3
הֶרֶבה כַּבְּסֵנִי מֵעֲוֹנִי וּמֵחַטָּאתִי טַהֲרֵנִי: כִּי־פְשָׁעַי אֲנִי 4 ה
אֵדָע וְחַטָּאתִי נֶגְדִּי תָמִיד: לְךָ לְבַדְּךָ | חָטָאתִי וְהָרַע 6
בְּעֵינֶיךָ עָשִׂיתִי לְמַעַן תִּצְדַּק בְּדָבְרֶךָ תִּזְכֶּה בְשָׁפְטֶךָ: הֵן־ 7
בְּעָווֹן חוֹלָלְתִּי וּבְחֵטְא יֶחֱמַתְנִי אִמִּי: הֵן־אֱמֶת חָפַצְתָּ 8
בַטֻּחוֹת וּבְסָתֻם חָכְמָה תוֹדִיעֵנִי: תְּחַטְּאֵנִי בְאֵזוֹב וְאֶטְהָר 9
תְּכַבְּסֵנִי וּמִשֶּׁלֶג אַלְבִּין: תַּשְׁמִיעֵנִי שָׂשׂוֹן וְשִׂמְחָה תָּגֵלְנָה י

עצמות

potissimum cultu ac sacrificio delectetur, exponit.

נ״א הכ׳רפה

נ״א זבח

נ״א בישע

נ״א יכבד׳

PSAL. LI Precatio & gemitus Davidis, postquam stuprum Bersabeæ, & marito ipsius mortem obtulisset atque eâ de causâ gravissimè à Propheta Nathane nomine Dei castigat & correctus fuiss

הרב קרי

12 11 עֲצָמוֹת דִּכִּיתָ: הַסְתֵּר פָּנֶיךָ מֵחֲטָאָי וְכָל־עֲוֺנֹתַי מְחֵה: לֵב עטי' מחטאי
13 טָהוֹר בְּרָא־לִי אֱלֹהִים וְרוּחַ נָכוֹן חַדֵּשׁ בְּקִרְבִּי: אַל־
14 תַּשְׁלִיכֵנִי מִלְּפָנֶיךָ וְרוּחַ קָדְשְׁךָ אַל־תִּקַּח מִמֶּנִּי: הָשִׁיבָה
טו לִּי שְׂשׂוֹן יִשְׁעֶךָ וְרוּחַ נְדִיבָה תִסְמְכֵנִי: אֲלַמְּדָה פֹשְׁעִים
16 דְּרָכֶיךָ וְחַטָּאִים אֵלֶיךָ יָשׁוּבוּ: הַצִּילֵנִי מִדָּמִים ׀ אֱלֹהִים
17 אֱלֹהֵי תְּשׁוּעָתִי תְּרַנֵּן לְשׁוֹנִי צִדְקָתֶךָ: אֲדֹנָי שְׂפָתַי תִּפְתָּח
18 וּפִי יַגִּיד תְּהִלָּתֶךָ: כִּי ׀ לֹא־תַחְפֹּץ זֶבַח וְאֶתֵּנָה עוֹלָה לֹא נ"א תחפוץ
19 תִרְצֶה: זִבְחֵי אֱלֹהִים רוּחַ נִשְׁבָּרָה לֵב־נִשְׁבָּר וְנִדְכֶּה נ"א רוח
כ אֱלֹהִים לֹא תִבְזֶה: הֵיטִיבָה בִרְצוֹנְךָ אֶת־צִיּוֹן תִּבְנֶה
21 חוֹמוֹת יְרוּשָׁלָ͏ִם: אָז תַּחְפֹּץ זִבְחֵי־צֶדֶק עוֹלָה וְכָלִיל נ"א מזבחך
א אָז יַעֲלוּ עַל־מִזְבַּחֲךָ פָרִים: נב לַמְנַצֵּחַ מַשְׂכִּיל

PSAL. LII. Invehitur in Doëgum: atque fiduciam suam in Deo declarat.

2 לְדָוִד: בְּבוֹא ׀ דּוֹאֵג הָאֲדֹמִי וַיַּגֵּד לְשָׁאוּל וַיֹּאמֶר לוֹ בָּא
3 דָוִד אֶל־בֵּית אֲחִימֶלֶךְ: מַה־תִּתְהַלֵּל בְּרָעָה הַגִּבּוֹר
4 חֶסֶד אֵל כָּל־הַיּוֹם: הַוּוֹת תַּחְשֹׁב לְשׁוֹנֶךָ כְּתַעַר מְלֻטָּשׁ
ה עֹשֵׂה רְמִיָּה: אָהַבְתָּ רָּע מִטּוֹב שֶׁקֶר ׀ מִדַּבֵּר צֶדֶק סֶלָה:
7 6 אָהַבְתָּ כָל־דִּבְרֵי־בָלַע לְשׁוֹן מִרְמָה: גַּם־אֵל יִתָּצְךָ
לָנֶצַח יַחְתְּךָ וְיִסָּחֲךָ מֵאֹהֶל וְשֵׁרֶשְׁךָ מֵאֶרֶץ חַיִּים סֶלָה: נ"א ויראו
9 8 וְיִרְאוּ צַדִּיקִים וְיִירָאוּ וְעָלָיו יִשְׂחָקוּ: הִנֵּה הַגֶּבֶר לֹא יָשִׂים נ"א צדיקים
י אֱלֹהִים מָעוּזּוֹ וַיִּבְטַח בְּרֹב עָשְׁרוֹ יָעֹז בְּהַוָּתוֹ: וַאֲנִי ׀ כְּזַיִת דגש אחר שורק
רַעֲנָן בְּבֵית אֱלֹהִים בָּטַחְתִּי בְחֶסֶד־אֱלֹהִים עוֹלָם וָעֶד:
11 אוֹדְךָ לְעוֹלָם כִּי עָשִׂיתָ וַאֲקַוֶּה שִׁמְךָ כִי־טוֹב נֶגֶד נ"א ואקוה
א חֲסִידֶיךָ: נג לַמְנַצֵּחַ עַל־מָחֲלַת מַשְׂכִּיל לְדָוִד:

PSAL. LIII. Rursus universos homines, post quamcunque Dei de cœlo prospectantis manifestationem, corruptissimos esse docet.

2 אָמַר נָבָל בְּלִבּוֹ אֵין אֱלֹהִים הִשְׁחִיתוּ וְהִתְעִיבוּ עָוֶל אֵין
3 עֹשֵׂה־טוֹב: אֱלֹהִים מִשָּׁמַיִם הִשְׁקִיף עַל־בְּנֵי־אָדָם לִרְאוֹת
נ"א נאלחו 4 הֲיֵשׁ מַשְׂכִּיל דֹּרֵשׁ אֶת־אֱלֹהִים: כֻּלּוֹ סָג יַחְדָּו נֶאֱלָחוּ
נ"א פעלי א ה אֵין עֹשֵׂה־טוֹב אֵין גַּם־אֶחָד: הֲלֹא יָדְעוּ פֹּעֲלֵי אָוֶן אֹכְלֵי
6 עַמִּי אָכְלוּ לֶחֶם אֱלֹהִים לֹא קָרָאוּ: שָׁם ׀ פָּחֲדוּ־פַחַד לֹא־
הָיָה פָחַד כִּי־אֱלֹהִים פִּזַּר עַצְמוֹת חֹנָךְ הֱבִשֹׁתָה כִּי־
אלהים

אֱלֹהִים מְאָסָם׃ מִי יִתֵּן מִצִּיּוֹן יְשֻׁעוֹת יִשְׂרָאֵל בְּשׁוּב 7
אֱלֹהִים שְׁבוּת עַמּוֹ יָגֵל יַעֲקֹב יִשְׂמַח יִשְׂרָאֵל׃ נד
לַמְנַצֵּחַ בִּנְגִינֹת מַשְׂכִּיל לְדָוִד׃ בְּבוֹא הַזִּיפִים וַיֹּאמְרוּ א 2

PSAL. LIV. Ziphæorum scelus insectatur: & salutem suam Deo unicè commendat.

לְשָׁאוּל הֲלֹא דָוִד מִסְתַּתֵּר עִמָּנוּ׃ אֱלֹהִים בְּשִׁמְךָ 3
הוֹשִׁיעֵנִי וּבִגְבוּרָתְךָ תְדִינֵנִי׃ אֱלֹהִים שְׁמַע תְּפִלָּתִי 4 ב'א ב ג
הַאֲזִינָה לְאִמְרֵי־פִי׃ כִּי זָרִים ׀ קָמוּ עָלַי וְעָרִיצִים בִּקְשׁוּ ה נ'א בקשו
נ'א לא נַפְשִׁי לֹא שָׂמוּ אֱלֹהִים לְנֶגְדָּם סֶלָה׃ הִנֵּה אֱלֹהִים עֹזֵר לִי 6
ישיב קרי אֲדֹנָי בְּסֹמְכֵי נַפְשִׁי׃ יָשׁוּב הָרַע לְשֹׁרְרָי בַּאֲמִתְּךָ הַצְמִיתֵם׃ 7
בִּנְדָבָה אֶזְבְּחָה־לָּךְ אוֹדֶה שִּׁמְךָ יְהוָה כִּי־טוֹב׃ כִּי מִכָּל־ 8 9
צָרָה הִצִּילָנִי וּבְאֹיְבַי רָאֲתָה עֵינִי׃ נה לַמְנַצֵּחַ א

PSAL. LV. Queritur se undiquè ab hostibus obsideri: & liberationem ab illis petit, imprimis ab hoste domestico.

בִּנְגִינֹת מַשְׂכִּיל לְדָוִד׃ הַאֲזִינָה אֱלֹהִים תְּפִלָּתִי וְאַל־ 2
תִּתְעַלַּם מִתְּחִנָּתִי׃ הַקְשִׁיבָה לִּי וַעֲנֵנִי אָרִיד בְּשִׂיחִי 3
וְאָהִימָה׃ מִקּוֹל אוֹיֵב מִפְּנֵי עָקַת רָשָׁע כִּי־יָמִיטוּ עָלַי אָוֶן 4
וּבְאַף יִשְׂטְמוּנִי׃ לִבִּי יָחִיל בְּקִרְבִּי וְאֵימוֹת מָוֶת נָפְלוּ עָלָי׃ ה
יִרְאָה וָרַעַד יָבֹא בִי וַתְּכַסֵּנִי פַּלָּצוּת׃ וָאֹמַר מִי־יִתֶּן־לִּי אֵבֶר 6 7
כַּיּוֹנָה אָעוּפָה וְאֶשְׁכֹּנָה׃ הִנֵּה אַרְחִיק נְדֹד אָלִין בַּמִּדְבָּר 8
סֶלָה׃ אָחִישָׁה מִפְלָט לִי מֵרוּחַ סֹעָה מִסָּעַר׃ בַּלַּע אֲדֹנָי 9 י
פַּלַּג לְשׁוֹנָם כִּי־רָאִיתִי חָמָס וְרִיב בָּעִיר׃ יוֹמָם וָלַיְלָה 11
בנ'א יְסוֹבְבֻהָ עַל־חוֹמֹתֶיהָ וְאָוֶן וְעָמָל בְּקִרְבָּהּ׃ הַוּוֹת בְּקִרְבָּהּ 12
מרחובה
בנ'א תך וְלֹא־יָמִישׁ מֵרְחֹבָהּ תֹּךְ וּמִרְמָה׃ כִּי ׀ לֹא־אוֹיֵב יְחָרְפֵנִי 13
וְאֶשָּׂא לֹא־מְשַׂנְאִי עָלַי הִגְדִּיל וְאֶסָּתֵר מִמֶּנּוּ׃ וְאַתָּה 14
אֱנוֹשׁ כְּעֶרְכִּי אַלּוּפִי וּמְיֻדָּעִי׃ אֲשֶׁר יַחְדָּו נַמְתִּיק סוֹד בְּבֵית טו
ישיא מות ק' אֱלֹהִים נְהַלֵּךְ בְּרָגֶשׁ׃ יַשִּׁי מָוֶת ׀ עָלֵימוֹ יֵרְדוּ שְׁאוֹל חַיִּים כִּי־ 16
רָעוֹת בִּמְגוּרָם בְּקִרְבָּם׃ אֲנִי אֶל־אֱלֹהִים אֶקְרָא וַיהוָה 17
יוֹשִׁיעֵנִי׃ עֶרֶב וָבֹקֶר וְצָהֳרַיִם אָשִׂיחָה וְאֶהֱמֶה וַיִּשְׁמַע קוֹלִי׃ 18
נ'א בשלום פָּדָה בְשָׁלוֹם נַפְשִׁי מִקֲּרָב־לִי כִּי־בְרַבִּים הָיוּ עִמָּדִי׃ יִשְׁמַע ׀ 19 כ
בנ'א סלה אֵל ׀ וְיַעֲנֵם וְיֹשֵׁב קֶדֶם סֶלָה ׀ אֲשֶׁר אֵין חֲלִיפוֹת לָמוֹ וְלֹא
יָרְאוּ אֱלֹהִים׃ שָׁלַח יָדָיו בִּשְׁלֹמָיו חִלֵּל בְּרִיתוֹ׃ חָלְקוּ ׀ 21 22

מחמאת

מַחְמָאֹת פִּיו וּקְרָב־לִבּוֹ רַכּוּ דְבָרָיו מִשֶּׁמֶן וְהֵמָּה פְתִחוֹת׃
23 הַשְׁלֵךְ עַל־יְהוָה יְהָבְךָ וְהוּא יְכַלְכְּלֶךָ לֹא־יִתֵּן לְעוֹלָם
24 מוֹט לַצַּדִּיק׃ וְאַתָּה אֱלֹהִים תּוֹרִדֵם לִבְאֵר שַׁחַת אַנְשֵׁי
דָמִים וּמִרְמָה לֹא־יֶחֱצוּ יְמֵיהֶם וַאֲנִי אֶבְטַח־בָּךְ׃ נו
א לַמְנַצֵּחַ עַל־יוֹנַת אֵלֶם רְחֹקִים לְדָוִד מִכְתָּם בֶּאֱחֹז אוֹתוֹ
2 פְלִשְׁתִּים בְּגַת׃ חָנֵּנִי אֱלֹהִים כִּי־שְׁאָפַנִי אֱנוֹשׁ כָּל־הַיּוֹם
3 לֹחֵם יִלְחָצֵנִי׃ שָׁאֲפוּ שׁוֹרְרַי כָּל־הַיּוֹם כִּי־רַבִּים לֹחֲמִים
ה 4 לִי מָרוֹם׃ יוֹם אִירָא אֲנִי אֵלֶיךָ אֶבְטָח׃ בֵּאלֹהִים אֲהַלֵּל
דְּבָרוֹ בֵּאלֹהִים בָּטַחְתִּי לֹא אִירָא מַה־יַּעֲשֶׂה בָשָׂר לִי׃
7 6 כָּל־הַיּוֹם דְּבָרַי יְעַצֵּבוּ עָלַי כָּל־מַחְשְׁבֹתָם לָרָע׃ יָגוּרוּ
8 יִצְפּוֹנוּ הֵמָּה עֲקֵבַי יִשְׁמֹרוּ כַּאֲשֶׁר קִוּוּ נַפְשִׁי׃ עַל־אָוֶן
9 פַּלֶּט־לָמוֹ בְּאַף עַמִּים הוֹרֵד אֱלֹהִים׃ נֹדִי סָפַרְתָּה אָתָּה
י שִׂימָה דִמְעָתִי בְנֹאדֶךָ הֲלֹא בְּסִפְרָתֶךָ׃ אָז יָשׁוּבוּ אוֹיְבַי
11 אָחוֹר בְּיוֹם אֶקְרָא זֶה־יָדַעְתִּי כִּי־אֱלֹהִים לִי׃ בֵּאלֹהִים
12 אֲהַלֵּל דָּבָר בַּיהוָה אֲהַלֵּל דָּבָר׃ בֵּאלֹהִים בָּטַחְתִּי לֹא
13 אִירָא מַה־יַּעֲשֶׂה אָדָם לִי׃ עָלַי אֱלֹהִים נְדָרֶיךָ אֲשַׁלֵּם
14 תּוֹדֹת לָךְ׃ כִּי הִצַּלְתָּ נַפְשִׁי מִמָּוֶת הֲלֹא רַגְלַי מִדֶּחִי
לְהִתְהַלֵּךְ לִפְנֵי אֱלֹהִים בְּאוֹר הַחַיִּים׃ נז
א לַמְנַצֵּחַ אַל־תַּשְׁחֵת לְדָוִד מִכְתָּם בְּבָרְחוֹ מִפְּנֵי־שָׁאוּל
2 בַּמְּעָרָה׃ חָנֵּנִי אֱלֹהִים חָנֵּנִי כִּי בְךָ חָסָיָה נַפְשִׁי וּבְצֵל־
3 כְּנָפֶיךָ אֶחְסֶה עַד־יַעֲבֹר הַוּוֹת׃ אֶקְרָא לֵאלֹהִים עֶלְיוֹן
4 לָאֵל גֹּמֵר עָלָי׃ יִשְׁלַח מִשָּׁמַיִם וְיוֹשִׁיעֵנִי חֵרֵף שֹׁאֲפִי סֶלָה
ה יִשְׁלַח אֱלֹהִים חַסְדּוֹ וַאֲמִתּוֹ׃ נַפְשִׁי בְּתוֹךְ לְבָאִם
אֶשְׁכְּבָה לֹהֲטִים בְּנֵי־אָדָם שִׁנֵּיהֶם חֲנִית וְחִצִּים וּלְשׁוֹנָם
6 חֶרֶב חַדָּה׃ רוּמָה עַל־הַשָּׁמַיִם אֱלֹהִים עַל כָּל־הָאָרֶץ
7 כְּבוֹדֶךָ׃ רֶשֶׁת הֵכִינוּ לִפְעָמַי כָּפַף נַפְשִׁי כָּרוּ לְפָנַי שִׁיחָה
8 נָפְלוּ בְתוֹכָהּ סֶלָה׃ נָכוֹן לִבִּי אֱלֹהִים נָכוֹן לִבִּי אָשִׁירָה
9 וַאֲזַמֵּרָה׃ עוּרָה כְבוֹדִי עוּרָה הַנֵּבֶל וְכִנּוֹר אָעִירָה שָּׁחַר׃

אודך

PSAL. LVI. In maximo periculo constitutus auxilium Dei implorat: seque istâ spe & fiduciâ consolatur.

PSALMUS LVII. Agit hic psalmus de causa Davidis & Saulis: reddit autem ille Deo gratias, cujus misericordiâ è maximo periculo evaserat.

ב"א וקרב לבו — ב"א — תורידם — ב"נ תורידם — נ"א כל — נ"א אליך — נ"א יצפינו — יצפונו קרי — נ"א הורד או הורד — נ"א ותה עמי או — נ"א ישובו — ב"א ישובו — נ"א ידעתי — ב"א להתה — ב"נ להת — נ"א אחסה — נ"א נפשי — נ"א בתוכה

בנ"א אודך אוֹדְךָ בָעַמִּים ׀ אֲדֹנָי אֲזַמֶּרְךָ בַּלְאֻמִּים׃ כִּי־גָדֹל עַד־שָׁמַיִם י 11
נ"א בָעַמִּים ׀ חַסְדֶּךָ וְעַד־שְׁחָקִים אֲמִתֶּךָ׃ רוּמָה עַל־שָׁמַיִם אֱלֹהִים 12
עַל כָּל־הָאָרֶץ כְּבוֹדֶךָ׃ נח לַמְנַצֵּחַ אַל־תַּשְׁחֵת לְדָוִד א

PSALMUS LVIII. David hostes & persecutores suos, ac piorum, accusat & damnat: seque & pios omnes consolatur Dei judicio.

מִכְתָּם׃ הַאֻמְנָם אֵלֶם צֶדֶק תְּדַבֵּרוּן מֵישָׁרִים תִּשְׁפְּטוּ בְּנֵי 2
אָדָם׃ אַף־בְּלֵב עוֹלֹת תִּפְעָלוּן בָּאָרֶץ חֲמַס יְדֵיכֶם 3 נ"א חמס־
תְּפַלֵּסוּן׃ זֹרוּ רְשָׁעִים מֵרָחֶם תָּעוּ מִבֶּטֶן דֹּבְרֵי כָזָב׃ חֲמַת־ 4 ה
לָמוֹ כִּדְמוּת חֲמַת־נָחָשׁ כְּמוֹ־פֶתֶן חֵרֵשׁ יַאְטֵם אָזְנוֹ׃
אֲשֶׁר לֹא־יִשְׁמַע לְקוֹל מְלַחֲשִׁים חוֹבֵר חֲבָרִים מְחֻכָּם׃ 6
נ"א בפימו אֱלֹהִים הֲרָס־שִׁנֵּימוֹ בְּפִימוֹ מַלְתְּעוֹת כְּפִירִים נְתֹץ 7
חציו קרי יְהוָה׃ יִמָּאֲסוּ כְמוֹ־מַיִם יִתְהַלְּכוּ־לָמוֹ יִדְרֹךְ חִצָּו כְּמוֹ 8
בנ"א תמס יִתְמֹלָלוּ׃ כְּמוֹ שַׁבְּלוּל תֶּמֶס יַהֲלֹךְ נֵפֶל אֵשֶׁת בַּל־חָזוּ 9
בנ"א נפל
למד״ שָׁמֶשׁ׃ בְּטֶרֶם יָבִינוּ סִירֹתֵיכֶם אָטָד כְּמוֹ־חַי כְּמוֹ־חָרוֹן י
סירתכם יִשְׂעָרֶנּוּ׃ יִשְׂמַח צַדִּיק כִּי־חָזָה נָקָם פְּעָמָיו יִרְחַץ בְּדַם 11
הָרָשָׁע׃ וְיֹאמַר אָדָם אַךְ־פְּרִי לַצַּדִּיק אַךְ יֵשׁ־אֱלֹהִים 12
שֹׁפְטִים בָּאָרֶץ׃ נט לַמְנַצֵּחַ אַל־תַּשְׁחֵת לְדָוִד א

PS. LIX. Memorat summum discrimen in quo fuerat, cùm domi suæ à satellitibus Saulis circumsideretur: & pro liberatione ex eo gratias agit.

מִכְתָּם בִּשְׁלֹחַ שָׁאוּל וַיִּשְׁמְרוּ אֶת־הַבַּיִת לַהֲמִיתוֹ׃
הַצִּילֵנִי מֵאֹיְבַי ׀ אֱלֹהָי מִמִּתְקוֹמְמַי תְּשַׂגְּבֵנִי׃ הַצִּילֵנִי 3 2 נ"א ממת
מִפֹּעֲלֵי אָוֶן וּמֵאַנְשֵׁי דָמִים הוֹשִׁיעֵנִי׃ כִּי הִנֵּה אָרְבוּ 4 נ"א שי נ"א ומאנשי
לְנַפְשִׁי יָגוּרוּ עָלַי עַזִּים לֹא־פִשְׁעִי וְלֹא־חַטָּאתִי יְהוָה׃ נ"א הנה
בְּלִי־עָוֺן יְרוּצוּן וְיִכּוֹנָנוּ עוּרָה לִקְרָאתִי וּרְאֵה׃ וְאַתָּה יְהוָה־ 6 ה
נ"א אלהים אֱלֹהִים צְבָאוֹת אֱלֹהֵי יִשְׂרָאֵל הָקִיצָה לִפְקֹד כָּל־הַגּוֹיִם
עשי אלהים אַל־תָּחֹן כָּל־בֹּגְדֵי אָוֶן סֶלָה׃ יָשׁוּבוּ לָעֶרֶב יֶהֱמוּ 7
קמץ בלא כַכָּלֶב וִיסוֹבְבוּ עִיר׃ הִנֵּה ׀ יַבִּיעוּן בְּפִיהֶם חֲרָבוֹת 8
א'סף. בנ"א כי־ בְּשִׂפְתוֹתֵיהֶם כִּי־מִי שֹׁמֵעַ׃ וְאַתָּה יְהוָה תִּשְׂחַק־לָמוֹ 9
תִּלְעַג לְכָל־גּוֹיִם׃ עֻזּוֹ אֵלֶיךָ אֶשְׁמֹרָה כִּי־אֱלֹהִים מִשְׂגַּבִּי׃ י
חסדי קרי
נ"א יראני אֱלֹהֵי חַסְדּוֹ יְקַדְּמֵנִי אֱלֹהִים יַרְאֵנִי בְשֹׁרְרָי׃ אַל־תַּהַרְגֵם ׀ 11 12
נ"אבשוררי פֶּן־יִשְׁכְּחוּ עַמִּי הֲנִיעֵמוֹ בְחֵילְךָ וְהוֹרִידֵמוֹ מָגִנֵּנוּ אֲדֹנָי׃
נ"א בחילך חַטַּאת־פִּימוֹ דְּבַר־שְׂפָתֵימוֹ וְיִלָּכְדוּ בִגְאוֹנָם וּמֵאָלָה

ומכחש

14 וּמִכַּחַשׁ יְסַפֵּרוּ׃ כַּלֵּה בְחֵמָה כַּלֵּה וְאֵינֵמוֹ וְיֵדְעוּ כִּֽי־
טו אֱלֹהִים מֹשֵׁל בְּיַעֲקֹב לְאַפְסֵי הָאָרֶץ סֶלָה׃ וְיָשֻׁבוּ לָעֶרֶב קמץ ב״א אסף
16 יֶהֱמוּ כַכָּלֶב וִיסוֹבְבוּ עִיר׃ הֵמָּה יְנוּעוּן לֶאֱכֹל אִם־לֹא ג״א לאכל יניעון קרי
17 יִשְׂבְּעוּ וַיָּלִינוּ׃ וַאֲנִי ׀ אָשִׁיר עֻזֶּךָ וַאֲרַנֵּן לַבֹּקֶר חַסְדֶּךָ כִּֽי־
18 הָיִיתָ מִשְׂגָּב לִי וּמָנוֹס בְּיוֹם צַר־לִי׃ עֻזִּי אֵלֶיךָ אֲזַמֵּרָה כִּֽי־
אֱלֹהִים מִשְׂגַּבִּי אֱלֹהֵי חַסְדִּי׃ ס לַמְנַצֵּחַ

PS. LX. Hymnus, Deo laudes & gratias dicens, ob victoriam & triumphos, quos populo suo de variis hostibus indulserat.

2 עַל־שׁוּשַׁן עֵדוּת מִכְתָּם לְדָוִד לְלַמֵּד׃ בְּהַצּוֹתוֹ ׀ אֶת אֲרַם סגול בלי מקף
נַהֲרַיִם וְאֶת־אֲרַם צוֹבָה וַיָּשָׁב יוֹאָב וַיַּךְ אֶת־אֱדוֹם בְּגֵיא־ ג״א את־ כ״נ ואת־
3 מֶלַח שְׁנֵים עָשָׂר אָלֶף׃ אֱלֹהִים זְנַחְתָּנוּ פְרַצְתָּנוּ אָנַפְתָּ
4 תְּשׁוֹבֵב לָנוּ׃ הִרְעַשְׁתָּה אֶרֶץ פְּצַמְתָּהּ רְפָה שְׁבָרֶיהָ כִי־
הָמָטָה׃ הִרְאִיתָה עַמְּךָ קָשָׁה הִשְׁקִיתָנוּ יַיִן תַּרְעֵלָה׃
7 6 נָתַתָּה לִּירֵאֶיךָ נֵּס לְהִתְנוֹסֵס מִפְּנֵי קֹשֶׁט סֶלָה׃ לְמַעַן נ״א ליראיך
8 יֵחָלְצוּן יְדִידֶיךָ הוֹשִׁיעָה יְמִינְךָ וַעֲנֵנוּ׃ אֱלֹהִים ׀ דִּבֶּר בְּקָדְשׁוֹ ועננו קרי
9 אֶעְלֹזָה אֲחַלְּקָה שְׁכֶם וְעֵמֶק סֻכּוֹת אֲמַדֵּד׃ לִי גִלְעָד ׀ וְלִי כנ״א אחלקה
י מְנַשֶּׁה וְאֶפְרַיִם מָעוֹז רֹאשִׁי יְהוּדָה מְחֹקְקִי׃ מוֹאָב ׀ סִיר
11 רַחְצִי עַל־אֱדוֹם אַשְׁלִיךְ נַעֲלִי עָלַי פְּלֶשֶׁת הִתְרוֹעָעִי׃ מִי עטי״ פלשת
12 יֹבִלֵנִי עִיר מָצוֹר מִי נָחַנִי עַד־אֱדוֹם׃ הֲלֹא־אַתָּה אֱלֹהִים
13 זְנַחְתָּנוּ וְלֹא־תֵצֵא אֱלֹהִים בְּצִבְאוֹתֵינוּ׃ הָבָה־לָּנוּ עֶזְרָת
14 מִצָּר וְשָׁוְא תְּשׁוּעַת אָדָם׃ בֵּאלֹהִים נַעֲשֶׂה־חָיִל וְהוּא

PS. LXI. Opem & auxilium Dei, in tempore difficili, implorat: atque divinis responsis ac promissis sese consolatur.

א יָבוּס צָרֵינוּ׃ סא לַמְנַצֵּחַ ׀ עַל־נְגִינַת לְדָוִד׃
3 2 שִׁמְעָה אֱלֹהִים רִנָּתִי הַקְשִׁיבָה תְּפִלָּתִי׃ מִקְצֵה הָאָרֶץ ׀
4 אֵלֶיךָ אֶקְרָא בַּעֲטֹף לִבִּי בְּצוּר־יָרוּם מִמֶּנִּי תַנְחֵנִי׃ כִּֽי־
ה הָיִיתָ מַחְסֶה לִי מִגְדַּל־עֹז מִפְּנֵי אוֹיֵב׃ אָגוּרָה בְאָהָלְךָ
6 עוֹלָמִים אֶחֱסֶה בְסֵתֶר כְּנָפֶיךָ סֶּלָה׃ כִּי־אַתָּה אֱלֹהִים
7 שָׁמַעְתָּ לִנְדָרָי נָתַתָּ יְרֻשַּׁת יִרְאֵי שְׁמֶךָ׃ יָמִים עַל־יְמֵי־מֶלֶךְ
8 תּוֹסִיף שְׁנוֹתָיו כְּמוֹ־דֹר וָדֹור׃ יֵשֵׁב עוֹלָם לִפְנֵי אֱלֹהִים כנ״א דור
9 חֶסֶד וֶאֱמֶת מַן יִנְצְרֻהוּ׃ כֵּן ׀ אֲזַמְּרָה שִׁמְךָ לָעַד לְשַׁלְּמִי נ״א לא פסיק

PSALMUS LXII. Psalmus

א נְדָרַי יוֹם ׀ יוֹם׃ סב לַמְנַצֵּחַ עַל־יְדוּתוּן מִזְמוֹר

hominis fidelis, animo tranquilli, placidi, sereni, atque in sinu Dei veluti considentis.

לְדָוִד׃ אַךְ אֶל־אֱלֹהִים דּוּמִיָּה נַפְשִׁי מִמֶּנּוּ יְשׁוּעָתִי׃ אַךְ־ 2. 3
הוּא צוּרִי וִישׁוּעָתִי מִשְׂגַּבִּי לֹא־אֶמּוֹט רַבָּה׃ עַד־אָנָה ׀ 4 ב"נ תרצחו
תְּהוֹתְתוּ עַל־אִישׁ תְּרָצְּחוּ כֻלְּכֶם כְּקִיר נָטוּי גָּדֵר נ"א הרצחו
הַדְּחוּיָה׃ אַךְ מִשְּׂאֵתוֹ ׀ יָעֲצוּ לְהַדִּיחַ יִרְצוּ כָזָב בְּפִיו יְבָרֵכוּ ה
וּבְקִרְבָּם יְקַלְלוּ־סֶלָה׃ אַךְ לֵאלֹהִים דּוֹמִּי נַפְשִׁי כִּי־מִמֶּנּוּ 6
תִּקְוָתִי׃ אַךְ־הוּא צוּרִי וִישׁוּעָתִי מִשְׂגַּבִּי לֹא אֶמּוֹט׃ עַל־ 7. 8
אֱלֹהִים יִשְׁעִי וּכְבוֹדִי צוּר־עֻזִּי מַחְסִי בֵּאלֹהִים׃ בִּטְחוּ בוֹ 9
בְכָל־עֵת ׀ עָם שִׁפְכוּ־לְפָנָיו לְבַבְכֶם אֱלֹהִים מַחֲסֶה־לָּנוּ בנ"א לנו
סֶלָה׃ אַךְ ׀ הֶבֶל בְּנֵי־אָדָם כָּזָב בְּנֵי־אִישׁ בְּמֹאזְנַיִם לַעֲלוֹת י בנ"א בני או בני
הֵמָּה מֵהֶבֶל יָחַד׃ אַל־תִּבְטְחוּ בְעֹשֶׁק וּבְגָזֵל אַל־תֶּהְבָּלוּ 11
חַיִל ׀ כִּי־יָנוּב אַל־תָּשִׁיתוּ לֵב׃ אַחַת ׀ דִּבֶּר אֱלֹהִים שְׁתַּיִם־ 12 נ"א תשיתו עט' שתים
זוּ שָׁמָעְתִּי כִּי עֹז לֵאלֹהִים׃ וּלְךָ־אֲדֹנָי חָסֶד כִּי־אַתָּה ׀ 13 ב"א כמ"
תְשַׁלֵּם לְאִישׁ כְּמַעֲשֵׂהוּ׃

PSALMUS LXIII. In deserto Judææ jactatus, desiderium incredibile fruendi Dei sui declarat; & consideratione præteritorum beneficiorum spem suam testatur, seque ipsum consolatur.

סג מִזְמוֹר לְדָוִד א
בִּהְיוֹתוֹ בְּמִדְבַּר יְהוּדָה׃ אֱלֹהִים ׀ אֵלִי אַתָּה אֲשַׁחֲרֶךָּ 2 נ"א כי
צָמְאָה לְךָ ׀ נַפְשִׁי כָּמַהּ לְךָ בְשָׂרִי בְּאֶרֶץ־צִיָּה וְעָיֵף בְּלִי־
מָיִם׃ כֵּן בַּקֹּדֶשׁ חֲזִיתִךָ לִרְאוֹת עֻזְּךָ וּכְבוֹדֶךָ׃ כִּי־טוֹב 3; 4
חַסְדְּךָ מֵחַיִּים שְׂפָתַי יְשַׁבְּחוּנְךָ׃ כֵּן אֲבָרֶכְךָ בְחַיָּי בְּשִׁמְךָ ה נ"א שפתי
אֶשָּׂא כַפָּי׃ כְּמוֹ חֵלֶב וָדֶשֶׁן תִּשְׂבַּע נַפְשִׁי וְשִׂפְתֵי רְנָנוֹת 6
יְהַלֶּל־פִּי׃ אִם־זְכַרְתִּיךָ עַל־יְצוּעָי בְּאַשְׁמֻרוֹת אֶהְגֶּה־בָּךְ׃ 7
כִּי־הָיִיתָ עֶזְרָתָה לִּי וּבְצֵל כְּנָפֶיךָ אֲרַנֵּן׃ דָּבְקָה נַפְשִׁי 8. 9
אַחֲרֶיךָ בִּי תָּמְכָה יְמִינֶךָ׃ וְהֵמָּה לְשׁוֹאָה יְבַקְשׁוּ נַפְשִׁי י
יָבֹאוּ בְּתַחְתִּיּוֹת הָאָרֶץ׃ יַגִּירֻהוּ עַל־יְדֵי־חָרֶב מְנָת 11 ב"ג הארץ
שֻׁעָלִים יִהְיוּ׃ וְהַמֶּלֶךְ יִשְׂמַח בֵּאלֹהִים יִתְהַלֵּל כָּל־ 12 נ"א שועלים ב"א והמלך
הַנִּשְׁבָּע בּוֹ כִּי יִסָּכֵר פִּי דוֹבְרֵי־שָׁקֶר׃ נ"א הנשבע

PSALMUS LXIV. Oratio fidelium pro conservatione ab insidiis & conspiratione hostium suorum.

סד
לַמְנַצֵּחַ מִזְמוֹר לְדָוִד׃ שְׁמַע־אֱלֹהִים קוֹלִי בְשִׂיחִי מִפַּחַד א 2
אוֹיֵב תִּצֹּר חַיָּי׃ תַּסְתִּירֵנִי מִסּוֹד מְרֵעִים מֵרִגְשַׁת פֹּעֲלֵי 3
אָוֶן׃ אֲשֶׁר שָׁנְנוּ כַחֶרֶב לְשׁוֹנָם דָּרְכוּ חִצָּם דָּבָר מָר׃ 4
לִירוֹת בַּמִּסְתָּרִים תָּם פִּתְאֹם יֹרֻהוּ וְלֹא יִירָאוּ׃ יְחַזְּקוּ־ ה 6

לָמוֹ ׀ דָּבָר רָע יְסַפְּרוּ לִטְמוֹן מוֹקְשִׁים אָמְרוּ מִי יִרְאֶה־
7 לָּמוֹ׃ יַחְפְּשׂוּ־עוֹלֹת תַּמְנוּ חֵפֶשׂ מְחֻפָּשׂ וְקֶרֶב אִישׁ וְלֵב
8 9 עָמֹק׃ וַיֹּרֵם אֱלֹהִים חֵץ פִּתְאוֹם הָיוּ מַכּוֹתָם׃ וַיַּכְשִׁילֻהוּ
10 עָלֵימוֹ לְשׁוֹנָם יִתְנֹדְדוּ כָּל־רֹאֵה בָם׃ וַיִּירְאוּ כָּל־אָדָם
11 וַיַּגִּידוּ פֹּעַל אֱלֹהִים וּמַעֲשֵׂהוּ הִשְׂכִּילוּ׃ יִשְׂמַח צַדִּיק
בַּיהוָה וְחָסָה בוֹ וְיִתְהַלְלוּ כָּל־יִשְׁרֵי־לֵב׃ סה לַמְנַצֵּחַ
2 מִזְמוֹר לְדָוִד שִׁיר׃ לְךָ דֻמִיָּה תְהִלָּה אֱלֹהִים בְּצִיּוֹן וּלְךָ
3 4 יְשֻׁלַּם־נֶדֶר׃ שֹׁמֵעַ תְּפִלָּה עָדֶיךָ כָּל־בָּשָׂר יָבֹאוּ׃ דִּבְרֵי
5 עֲוֺנֹת גָּבְרוּ מֶנִּי פְּשָׁעֵינוּ אַתָּה תְכַפְּרֵם׃ אַשְׁרֵי ׀ תִּבְחַר
וּתְקָרֵב יִשְׁכֹּן חֲצֵרֶיךָ נִשְׂבְּעָה בְּטוּב בֵּיתֶךָ קְדֹשׁ הֵיכָלֶךָ׃
6 נוֹרָאוֹת ׀ בְּצֶדֶק תַּעֲנֵנוּ אֱלֹהֵי יִשְׁעֵנוּ מִבְטָח כָּל־קַצְוֵי־אֶרֶץ
7 8 וְיָם רְחֹקִים׃ מֵכִין הָרִים בְּכֹחוֹ נֶאְזָר בִּגְבוּרָה׃ מַשְׁבִּיחַ ׀
9 שְׁאוֹן יַמִּים שְׁאוֹן גַּלֵּיהֶם וַהֲמוֹן לְאֻמִּים׃ וַיִּירְאוּ ׀ יֹשְׁבֵי קְצָוֺת
10 מֵאוֹתֹתֶיךָ מוֹצָאֵי בֹקֶר וָעֶרֶב תַּרְנִין׃ פָּקַדְתָּ הָאָרֶץ
וַתְּשֹׁקְקֶהָ רַבַּת תַּעְשְׁרֶנָּה פֶּלֶג אֱלֹהִים מָלֵא מָיִם תָּכִין
11 דְּגָנָם כִּי־כֵן תְּכִינֶהָ׃ תְּלָמֶיהָ רַוֵּה נַחֵת גְּדוּדֶהָ בִּרְבִיבִים
12 תְּמֹגְגֶנָּה צִמְחָהּ תְּבָרֵךְ׃ עִטַּרְתָּ שְׁנַת טוֹבָתֶךָ וּמַעְגָּלֶיךָ
13 יִרְעֲפוּן דָּשֶׁן׃ יִרְעֲפוּ נְאוֹת מִדְבָּר וְגִיל גְּבָעוֹת תַּחְגֹּרְנָה׃
14 לָבְשׁוּ כָרִים ׀ הַצֹּאן וַעֲמָקִים יַעַטְפוּ־בָר יִתְרוֹעֲעוּ אַף־יָשִׁירוּ׃
2 סו לַמְנַצֵּחַ שִׁיר מִזְמוֹר הָרִיעוּ לֵאלֹהִים כָּל־הָאָרֶץ׃ זַמְּרוּ
3 כְבוֹד־שְׁמוֹ שִׂימוּ כָבוֹד תְּהִלָּתוֹ׃ אִמְרוּ לֵאלֹהִים מַה־
4 נּוֹרָא מַעֲשֶׂיךָ בְּרֹב עֻזְּךָ יְכַחֲשׁוּ לְךָ אֹיְבֶיךָ׃ כָּל־הָאָרֶץ ׀
5 יִשְׁתַּחֲווּ לְךָ וִיזַמְּרוּ־לָךְ יְזַמְּרוּ שִׁמְךָ סֶלָה׃ לְכוּ וּרְאוּ
6 מִפְעֲלוֹת אֱלֹהִים נוֹרָא עֲלִילָה עַל־בְּנֵי אָדָם׃ הָפַךְ יָם ׀
7 לְיַבָּשָׁה בַּנָּהָר יַעַבְרוּ בְרָגֶל שָׁם נִשְׂמְחָה־בּוֹ׃ מֹשֵׁל
בִּגְבוּרָתוֹ ׀ עוֹלָם עֵינָיו בַּגּוֹיִם תִּצְפֶּינָה הַסּוֹרְרִים ׀ אַל־יָרוּמוּ
8 לָמוֹ סֶלָה׃ בָּרְכוּ עַמִּים ׀ אֱלֹהֵינוּ וְהַשְׁמִיעוּ קוֹל תְּהִלָּתוֹ׃
9 הַשָּׂם נַפְשֵׁנוּ בַּחַיִּים וְלֹא־נָתַן לַמּוֹט רַגְלֵנוּ׃ כִּי־בְחַנְתָּנוּ

אלהים

Marginal notes: בנ"א יחפשו ; בנ"א ויתהללו ; נ"א תה ; עטי' דברי ; עטי' תעננו ; נ"א בקר ; נ"א ותשקקה או ותשקק ; נ"א תמגגנה ; נ"א ש' או ש' ; נ"א ועמקים ; נ"א יכחשו ; ב"א זב ; נ"א הסררים ירומו קרי ; נ"א ברכו

PS. LXV. Hymnus Deo dictus ob nomen & cultum suum toto orbe propagatum, multiplicemque gratiam & beneficentiam suam, in omnibus mundi partibus, ostensam.

PS. LXVI. Universa terra Deum adorare & venerari jubetur, propter magnifica opera tum gratiæ, tum potentiæ, in eâ edita.

אֱלֹהִים צְרַפְתָּנוּ כִּצְרָף־כָּסֶף: הֲבֵאתָנוּ בַמְּצוּדָה שַׂמְתָּ 11
מוּעָקָה בְמָתְנֵינוּ: הִרְכַּבְתָּ אֱנוֹשׁ לְרֹאשֵׁנוּ בָּאנוּ בָאֵשׁ 12
וּבַמַּיִם וַתּוֹצִיאֵנוּ לָרְוָיָה: אָבוֹא בֵיתְךָ בְעוֹלוֹת אֲשַׁלֵּם לְךָ 13
נְדָרָי: אֲשֶׁר־פָּצוּ שְׂפָתָי וְדִבֶּר־פִּי בַּצַּר־לִי: עֹלוֹת 14 טו
מֵחִים אַעֲלֶה־לָּךְ עִם־קְטֹרֶת אֵילִים אֶעֱשֶׂה בָקָר עִם־
עַתּוּדִים סֶלָה: לְכוּ־שִׁמְעוּ וַאֲסַפְּרָה כָּל־יִרְאֵי אֱלֹהִים 16
אֲשֶׁר עָשָׂה לְנַפְשִׁי: אֵלָיו פִּי־קָרָאתִי וְרוֹמַם תַּחַת 17
לְשׁוֹנִי: אָוֶן אִם־רָאִיתִי בְלִבִּי לֹא יִשְׁמַע אֲדֹנָי: אָכֵן 18 19
שָׁמַע אֱלֹהִים הִקְשִׁיב בְּקוֹל תְּפִלָּתִי: בָּרוּךְ אֱלֹהִים כ
אֲשֶׁר לֹא־הֵסִיר תְּפִלָּתִי וְחַסְדּוֹ מֵאִתִּי: סז
לַמְנַצֵּחַ בִּנְגִינֹת מִזְמוֹר שִׁיר: אֱלֹהִים יְחָנֵּנוּ א 2
וִיבָרְכֵנוּ יָאֵר פָּנָיו אִתָּנוּ סֶלָה: לָדַעַת בָּאָרֶץ דַּרְכֶּךָ 3
בְּכָל־גּוֹיִם יְשׁוּעָתֶךָ: יוֹדוּךָ עַמִּים ׀ אֱלֹהִים יוֹדוּךָ עַמִּים 4
כֻּלָּם: יִשְׂמְחוּ וִירַנְּנוּ לְאֻמִּים כִּי־תִשְׁפֹּט עַמִּים מִישֹׁר ה
וּלְאֻמִּים ׀ בָּאָרֶץ תַּנְחֵם סֶלָה: יוֹדוּךָ עַמִּים ׀ אֱלֹהִים 6
יוֹדוּךָ עַמִּים כֻּלָּם: אֶרֶץ נָתְנָה יְבוּלָהּ יְבָרְכֵנוּ אֱלֹהִים 7
אֱלֹהֵינוּ: יְבָרְכֵנוּ אֱלֹהִים וְיִירְאוּ אוֹתוֹ כָּל־אַפְסֵי־אָרֶץ: 8
סח לַמְנַצֵּחַ לְדָוִד מִזְמוֹר שִׁיר: יָקוּם א 2
אֱלֹהִים יָפוּצוּ אוֹיְבָיו וְיָנוּסוּ מְשַׂנְאָיו מִפָּנָיו: כְּהִנְדֹּף 3
עָשָׁן תִּנְדֹּף כְּהִמֵּס דּוֹנַג מִפְּנֵי־אֵשׁ יֹאבְדוּ רְשָׁעִים מִפְּנֵי
אֱלֹהִים: וְצַדִּיקִים יִשְׂמְחוּ יַעַלְצוּ לִפְנֵי אֱלֹהִים וְיָשִׂישׂוּ 4
בְשִׂמְחָה: שִׁירוּ לֵאלֹהִים זַמְּרוּ שְׁמוֹ סֹלּוּ לָרֹכֵב ה
בָּעֲרָבוֹת בְּיָהּ שְׁמוֹ וְעִלְזוּ לְפָנָיו: אֲבִי יְתוֹמִים וְדַיַּן 6
אַלְמָנוֹת אֱלֹהִים בִּמְעוֹן קָדְשׁוֹ: אֱלֹהִים ׀ מוֹשִׁיב יְחִידִים ׀ 7
בַּיְתָה מוֹצִיא אֲסִירִים בַּכּוֹשָׁרוֹת אַךְ סוֹרְרִים שָׁכְנוּ
צְחִיחָה: אֱלֹהִים בְּצֵאתְךָ לִפְנֵי עַמֶּךָ בְּצַעְדְּךָ בִישִׁימוֹן 8
סֶלָה: אֶרֶץ רָעָשָׁה ׀ אַף־שָׁמַיִם נָטְפוּ מִפְּנֵי אֱלֹהִים זֶה 9
סִינַי מִפְּנֵי אֱלֹהִים אֱלֹהֵי יִשְׂרָאֵל: גֶּשֶׁם נְדָבוֹת תָּנִיף י
אלהים

PSALMUS LXVII. Orat Deum, ut cæteris etiam gentibus salutem & cognitionem sui impertiatur, idque illum effecturum esse prædicit.

PSALMUS LXVIII. Inducuntur fideles, verbis magnificentissimis, prædicantes potentiam & benignitatem Dei, tum olim exhibitam in populo suo, tum imprimis in erectione Regni sui inter medios hostes, eorumque profligatione.

נ"א אנוש
ג"א באנו ב
בנ"א באש
נ"א ובמים
בנ"א פי
נ"א מיחים
נ"א אעשה
בנ"א לכו
בנ"א הסיר
בנ"א נות
בנ"א סיני

11 אֱלֹהִים נַחֲלָתְךָ וְנִלְאָה אַתָּה כוֹנַנְתָּהּ׃ חַיָּתְךָ יָשְׁבוּ־בָהּ
12 תָּכִין בְּטוֹבָתְךָ לֶעָנִי אֱלֹהִים׃ אֲדֹנָי יִתֶּן־אֹמֶר הַמְבַשְּׂרוֹת
13 צָבָא רָב׃ מַלְכֵי צְבָאוֹת יִדֹּדוּן יִדֹּדוּן וּנְוַת בַּיִת תְּחַלֵּק בנ״א וּנְוַת־
14 שָׁלָל׃ אִם־תִּשְׁכְּבוּן בֵּין שְׁפַתָּיִם כַּנְפֵי יוֹנָה נֶחְפָּה בנ״א בֵּין
טו בַכֶּסֶף וְאֶבְרוֹתֶיהָ בִּירַקְרַק חָרוּץ׃ בְּפָרֵשׂ שַׁדַּי מְלָכִים סגול באתנח
16 בָּהּ תַּשְׁלֵג בְּצַלְמוֹן׃ הַר־אֱלֹהִים הַר־בָּשָׁן הַר גַּבְנֻנִּים בנ״א הַר־
17 הַר־בָּשָׁן׃ לָמָּה ׀ תְּרַצְּדוּן הָרִים גַּבְנֻנִּים הָהָר חָמַד
18 אֱלֹהִים לְשִׁבְתּוֹ אַף־יְהוָה יִשְׁכֹּן לָנֶצַח׃ רֶכֶב אֱלֹהִים
נ״א רבות״ או ת״ 19 רִבֹּתַיִם אַלְפֵי שִׁנְאָן אֲדֹנָי בָם סִינַי בַּקֹּדֶשׁ׃ עָלִיתָ רפה אחר מפיק
לַמָּרוֹם ׀ שָׁבִיתָ שֶּׁבִי לָקַחְתָּ מַתָּנוֹת בָּאָדָם וְאַף סוֹרְרִים נ״א שְׁבִית
עטי״כ לשכן לִשְׁכֹּן ׀ יָהּ אֱלֹהִים׃ בָּרוּךְ אֲדֹנָי יוֹם ׀ יוֹם יַעֲמָס־לָנוּ הָאֵל נ״א יָהּ או יָה
21 יְשׁוּעָתֵנוּ סֶלָה׃ הָאֵל ׀ לָנוּ אֵל לְמוֹשָׁעוֹת וְלֵיהוִה אֲדֹנָי בנ״א ברוך
22 לַמָּוֶת תּוֹצָאוֹת׃ אַךְ־אֱלֹהִים יִמְחַץ רֹאשׁ אֹיְבָיו קָדְקֹד בנ״א אֵל
23 שֵׂעָר מִתְהַלֵּךְ בַּאֲשָׁמָיו׃ אָמַר אֲדֹנָי מִבָּשָׁן אָשִׁיב אָשִׁיב
24 מִמְּצֻלוֹת יָם׃ לְמַעַן ׀ תִּמְחַץ רַגְלְךָ בְּדָם לְשׁוֹן כְּלָבֶיךָ
כה מֵאֹיְבִים מִנֵּהוּ׃ רָאוּ הֲלִיכוֹתֶיךָ אֱלֹהִים הֲלִיכוֹת אֵלִי
26 מַלְכִּי בַקֹּדֶשׁ׃ קִדְּמוּ שָׁרִים אַחַר נֹגְנִים בְּתוֹךְ עֲלָמוֹת
27 תּוֹפֵפוֹת׃ בְּמַקְהֵלוֹת בָּרְכוּ אֱלֹהִים אֲדֹנָי מִמְּקוֹר
28 יִשְׂרָאֵל׃ שָׁם בִּנְיָמִן ׀ צָעִיר רֹדֵם שָׂרֵי יְהוּדָה רִגְמָתָם שָׂרֵי
29 זְבֻלוּן שָׂרֵי נַפְתָּלִי׃ צִוָּה אֱלֹהֶיךָ עֻזֶּךָ עוּזָּה אֱלֹהִים זוּ דגש אחר שורק
ל פָּעַלְתָּ לָּנוּ׃ מֵהֵיכָלֶךָ עַל־יְרוּשָׁלִָם לְךָ יוֹבִילוּ מְלָכִים שָׁי׃ עטי״ מהיכלך
31 גְּעַר חַיַּת קָנֶה עֲדַת אַבִּירִים ׀ בְּעֶגְלֵי עַמִּים מִתְרַפֵּס בנ״א לְךָ
32 בְּרַצֵּי־כָסֶף בִּזַּר עַמִּים קְרָבוֹת יֶחְפָּצוּ׃ יֶאֱתָיוּ חַשְׁמַנִּים בנ״א גְעַר־
33 מִנִּי מִצְרָיִם כּוּשׁ תָּרִיץ יָדָיו לֵאלֹהִים׃ מַמְלְכוֹת הָאָרֶץ
34 שִׁירוּ לֵאלֹהִים זַמְּרוּ אֲדֹנָי סֶלָה׃ לָרֹכֵב בִּשְׁמֵי שְׁמֵי־קֶדֶם
לה הֵן יִתֵּן בְּקוֹלוֹ קוֹל עֹז׃ תְּנוּ עֹז לֵאלֹהִים עַל־יִשְׂרָאֵל בנ״א הֵן
36 גַּאֲוָתוֹ וְעֻזּוֹ בַּשְּׁחָקִים׃ נוֹרָא אֱלֹהִים ׀ מִמִּקְדָּשֶׁיךָ אֵל
יִשְׂרָאֵל הוּא נֹתֵן ׀ עֹז וְתַעֲצֻמוֹת לָעָם בָּרוּךְ אֱלֹהִים׃

למנצח

PSALMUS LXIX. Propheta magnum illum Dei SERVUM iterum introducit, ejusque dolores & passiones enarrat; tandem liberationem, atque superatâ Mundi potentiâ Zionis restitutionem vaticinatur.

2 סט לַמְנַצֵּחַ עַל־שׁוֹשַׁנִּים לְדָוִד׃ הוֹשִׁיעֵנִי א
3 אֱלֹהִים כִּי בָאוּ מַיִם עַד־נָפֶשׁ׃ טָבַעְתִּי ׀ בִּיוֵן מְצוּלָה
וְאֵין מָעֳמָד בָּאתִי בְמַעֲמַקֵּי־מַיִם וְשִׁבֹּלֶת שְׁטָפָתְנִי׃
4 יָגַעְתִּי בְקָרְאִי נִחַר גְּרוֹנִי כָּלוּ עֵינַי מְיַחֵל לֵאלֹהָי׃ רַבּוּ ׀ נ"א עיני
ה מִשַּׂעֲרוֹת רֹאשִׁי שֹׂנְאַי חִנָּם עָצְמוּ מַצְמִיתַי אֹיְבַי שֶׁקֶר סגול כאתנח
6 אֲשֶׁר לֹא־גָזַלְתִּי אָז אָשִׁיב׃ אֱלֹהִים אַתָּה יָדַעְתָּ לְאִוַּלְתִּי
7 וְאַשְׁמוֹתַי מִמְּךָ לֹא־נִכְחָדוּ׃ אַל־יֵבֹשׁוּ בִי ׀ קֹוֶיךָ אֲדֹנָי נ"א ממך
יֱהֹוִה צְבָאוֹת אַל־יִכָּלְמוּ בִי מְבַקְשֶׁיךָ אֱלֹהֵי יִשְׂרָאֵל׃ נ"א ובשו
9 8 כִּי־עָלֶיךָ נָשָׂאתִי חֶרְפָּה כִּסְּתָה כְלִמָּה פָנָי׃ מוּזָר הָיִיתִי נ"א כלמה
לְאֶחָי וְנָכְרִי לִבְנֵי אִמִּי׃ כִּי־קִנְאַת בֵּיתְךָ אֲכָלָתְנִי י
11 וְחֶרְפּוֹת חוֹרְפֶיךָ נָפְלוּ עָלָי׃ וָאֶבְכֶּה בַצּוֹם נַפְשִׁי וַתְּהִי
12 לַחֲרָפוֹת לִי׃ וָאֶתְּנָה לְבוּשִׁי שָׂק וָאֱהִי לָהֶם לְמָשָׁל׃
14 13 יָשִׂיחוּ בִי יֹשְׁבֵי שָׁעַר וּנְגִינוֹת שׁוֹתֵי שֵׁכָר׃ וַאֲנִי תְפִלָּתִי־
לְךָ ׀ יְהוָה עֵת רָצוֹן אֱלֹהִים בְּרָב־חַסְדֶּךָ עֲנֵנִי בֶּאֱמֶת
יִשְׁעֶךָ׃ הַצִּילֵנִי מִטִּיט וְאַל־אֶטְבָּעָה אִנָּצְלָה מִשֹּׂנְאַי טו
16 וּמִמַּעֲמַקֵּי־מָיִם׃ אַל־תִּשְׁטְפֵנִי ׀ שִׁבֹּלֶת מַיִם וְאַל־ ב"נ ואל
17 תִּבְלָעֵנִי מְצוּלָה וְאַל־תֶּאְטַר־עָלַי בְּאֵר פִּיהָ׃ עֲנֵנִי יְהוָה
18 כִּי־טוֹב חַסְדֶּךָ כְּרֹב רַחֲמֶיךָ פְּנֵה אֵלָי׃ וְאַל־תַּסְתֵּר
19 פָּנֶיךָ מֵעַבְדֶּךָ כִּי־צַר־לִי מַהֵר עֲנֵנִי׃ קָרְבָה אֶל־נַפְשִׁי
גְאָלָהּ לְמַעַן אֹיְבַי פְּדֵנִי׃ אַתָּה יָדַעְתָּ חֶרְפָּתִי וּבָשְׁתִּי כ נ"א שברה
21 וּכְלִמָּתִי נֶגְדְּךָ כָּל־צוֹרְרָי׃ חֶרְפָּה ׀ שָׁבְרָה לִבִּי וָאָנוּשָׁה עמי ואנוש"
22 וָאֲקַוֶּה לָנוּד וָאַיִן וְלַמְנַחֲמִים וְלֹא מָצָאתִי׃ וַיִּתְּנוּ בְּבָרוּתִי נ"א ולמנחמים
23 רֹאשׁ וְלִצְמָאִי יַשְׁקוּנִי חֹמֶץ׃ יְהִי־שֻׁלְחָנָם לִפְנֵיהֶם לְפָח נ"א ישקוני
24 וְלִשְׁלוֹמִים לְמוֹקֵשׁ׃ תֶּחְשַׁכְנָה עֵינֵיהֶם מֵרְאוֹת
וּמָתְנֵיהֶם תָּמִיד הַמְעַד׃ שְׁפָךְ־עֲלֵיהֶם זַעְמֶךָ וַחֲרוֹן אַפְּךָ כה
26 יַשִּׂיגֵם׃ תְּהִי־טִירָתָם נְשַׁמָּה בְּאָהֳלֵיהֶם אַל־יְהִי יֹשֵׁב׃
27 כִּי־אַתָּה אֲשֶׁר־הִכִּיתָ רָדָפוּ וְאֶל־מַכְאוֹב חֲלָלֶיךָ יְסַפֵּרוּ׃
29 28 תְּנָה־עָוֹן עַל־עֲוֹנָם וְאַל־יָבֹאוּ בְּצִדְקָתֶךָ׃ יִמָּחוּ מִסֵּפֶר ב"א תנה
חיים

ל חַיִּים וְעִם צַדִּיקִים אַל־יִכָּתֵבוּ׃ וַאֲנִי עָנִי וְכוֹאֵב יְשׁוּעָתְךָ
31 אֱלֹהִים תְּשַׂגְּבֵנִי׃ אֲהַלְלָה שֵׁם־אֱלֹהִים בְּשִׁיר וַאֲגַדְּלֶנּוּ
32 בְתוֹדָה׃ וְתִיטַב לַיהוָה מִשּׁוֹר פָּר מַקְרִן מַפְרִיס׃
33 34 רָאוּ עֲנָוִים יִשְׂמָחוּ דֹּרְשֵׁי אֱלֹהִים וִיחִי לְבַבְכֶם׃ כִּי־
שֹׁמֵעַ אֶל־אֶבְיוֹנִים יְהוָה וְאֶת־אֲסִירָיו לֹא בָזָה׃
36 לה יְהַלְלוּהוּ שָׁמַיִם וָאָרֶץ יַמִּים וְכָל־רֹמֵשׂ בָּם׃ כִּי ב"א יהל הו
ב"נ יהללו אֱלֹהִים יוֹשִׁיעַ צִיּוֹן וְיִבְנֶה עָרֵי יְהוּדָה וְיָשְׁבוּ שָׁם וִירֵשׁוּהָ׃
37 וְזֶרַע עֲבָדָיו יִנְחָלוּהָ וְאֹהֲבֵי שְׁמוֹ יִשְׁכְּנוּ־בָהּ׃

PSALMUS LXX. Oratio Davidis ac fidelium quorumcunque, opem Dei exposcentium.

2 א ע לַמְנַצֵּחַ לְדָוִד לְהַזְכִּיר׃ אֱלֹהִים
צ"א רד 3 לְהַצִּילֵנִי יְהוָה לְעֶזְרָתִי חוּשָׁה׃ יֵבֹשׁוּ וְיַחְפְּרוּ מְבַקְשֵׁי
4 נַפְשִׁי יִסֹּגוּ אָחוֹר וְיִכָּלְמוּ חֲפֵצֵי רָעָתִי׃ יָשׁוּבוּ עַל־
ה עֵקֶב בָּשְׁתָּם הָאֹמְרִים הֶאָח הֶאָח׃ יָשִׂישׂוּ
וְיִשְׂמְחוּ בְּךָ כָּל־מְבַקְשֶׁיךָ וְיֹאמְרוּ תָמִיד יִגְדַּל
6 אֱלֹהִים אֹהֲבֵי יְשׁוּעָתֶךָ׃ וַאֲנִי עָנִי וְאֶבְיוֹן אֱלֹהִים חוּשָׁה־
לִּי עֶזְרִי וּמְפַלְטִי אַתָּה יְהוָה אַל־תְּאַחַר׃ עא

PS. LXXI. David orat, ut Deus sibi ope & gratiâ suâ adsit in senectute; ejusque misericordiam erga sese prædicat.

2 א בְּךָ־יְהוָה חָסִיתִי אַל־אֵבוֹשָׁה לְעוֹלָם׃ בְּצִדְקָתְךָ
3 תַּצִּילֵנִי וּתְפַלְּטֵנִי הַטֵּה־אֵלַי אָזְנְךָ וְהוֹשִׁיעֵנִי׃ הֱיֵה לִי
לְצוּר מָעוֹן לָבוֹא תָּמִיד צִוִּיתָ לְהוֹשִׁיעֵנִי כִּי־סַלְעִי
4 וּמְצוּדָתִי אָתָּה׃ אֱלֹהַי פַּלְּטֵנִי מִיַּד רָשָׁע מִכַּף מְעַוֵּל
ה וְחוֹמֵץ׃ כִּי־אַתָּה תִקְוָתִי אֲדֹנָי יְהוִה מִבְטַחִי מִנְּעוּרָי׃ נ"א אתה
6 עָלֶיךָ נִסְמַכְתִּי מִבֶּטֶן מִמְּעֵי אִמִּי אַתָּה גוֹזִי בְּךָ תְהִלָּתִי נ"א תהלתי
8 7 תָמִיד׃ כְּמוֹפֵת הָיִיתִי לְרַבִּים וְאַתָּה מַחֲסִי־עֹז׃ יִמָּלֵא
9 פִי תְּהִלָּתֶךָ כָּל־הַיּוֹם תִּפְאַרְתֶּךָ׃ אַל־תַּשְׁלִיכֵנִי לְעֵת
י זִקְנָה כִּכְלוֹת כֹּחִי אַל־תַּעַזְבֵנִי׃ כִּי־אָמְרוּ אוֹיְבַי לִי
11 וְשֹׁמְרֵי נַפְשִׁי נוֹעֲצוּ יַחְדָּו׃ לֵאמֹר אֱלֹהִים עֲזָבוֹ רִדְפוּ ב"א רדפו
12 וְתִפְשׂוּהוּ כִּי־אֵין מַצִּיל׃ אֱלֹהִים אַל־תִּרְחַק מִמֶּנִּי אֱלֹהַי בנ"א ותפשוהו
13 לְעֶזְרָתִי חוּשָׁה׃ יֵבֹשׁוּ יִכְלוּ שֹׂטְנֵי נַפְשִׁי יַעֲטוּ חֶרְפָּה חושה קרי
14 וּכְלִמָּה מְבַקְשֵׁי רָעָתִי׃ וַאֲנִי תָּמִיד אֲיַחֵל וְהוֹסַפְתִּי עַל־ נ"א והוספתי
כל

כָּל־תְּהִלָּתֶךָ׃ פִּי ׀ יְסַפֵּר צִדְקָתֶךָ כָּל־הַיּוֹם תְּשׁוּעָתֶךָ טו
כִּי לֹא יָדַעְתִּי סְפֹרוֹת׃ אָבוֹא בִּגְבֻרוֹת אֲדֹנָי יֱהוִה אַזְכִּיר 16
צִדְקָתְךָ לְבַדֶּךָ׃ אֱלֹהִים לִמַּדְתַּנִי מִנְּעוּרָי וְעַד־הֵנָּה אַגִּיד 17
נִפְלְאוֹתֶיךָ׃ וְגַם ׀ עַד־זִקְנָה ׀ וְשֵׂיבָה אֱלֹהִים אַל־תַּעַזְבֵנִי 18
עַד־אַגִּיד זְרוֹעֲךָ לְדוֹר לְכָל־יָבוֹא גְּבוּרָתֶךָ׃ וְצִדְקָתְךָ 19
אֱלֹהִים עַד־מָרוֹם אֲשֶׁר־עָשִׂיתָ גְדֹלוֹת אֱלֹהִים מִי כָמוֹךָ׃
אֲשֶׁר הִרְאִיתָנוּ ׀ צָרוֹת רַבּוֹת וְרָעוֹת תָּשׁוּב תְּחַיֵּינוּ כ
וּמִתְּהֹמוֹת הָאָרֶץ תָּשׁוּב תַּעֲלֵנוּ׃ תֶּרֶב ׀ גְּדֻלָּתִי וְתִסֹּב 21
תְּנַחֲמֵנִי׃ גַּם־אֲנִי ׀ אוֹדְךָ בִכְלִי־נֶבֶל אֲמִתְּךָ אֱלֹהָי 22
אֲזַמְּרָה לְךָ בְכִנּוֹר קְדוֹשׁ יִשְׂרָאֵל׃ תְּרַנֵּנָּה שְׂפָתַי כִּי 23
אֲזַמְּרָה־לָּךְ וְנַפְשִׁי אֲשֶׁר פָּדִיתָ׃ גַּם־לְשׁוֹנִי כָּל־הַיּוֹם 24
תֶּהְגֶּה צִדְקָתֶךָ כִּי־בֹשׁוּ כִי־חָפְרוּ מְבַקְשֵׁי רָעָתִי׃

עב לִשְׁלֹמֹה ׀ אֱלֹהִים מִשְׁפָּטֶיךָ לְמֶלֶךְ תֵּן א
וְצִדְקָתְךָ לְבֶן־מֶלֶךְ׃ יָדִין עַמְּךָ בְצֶדֶק וַעֲנִיֶּיךָ בְמִשְׁפָּט׃ 2
יִשְׂאוּ הָרִים ׀ שָׁלוֹם לָעָם וּגְבָעוֹת בִּצְדָקָה׃ יִשְׁפֹּט ׀ עֲנִיֵּי־עָם 3 4
יוֹשִׁיעַ לִבְנֵי אֶבְיוֹן וִידַכֵּא עוֹשֵׁק׃ יִירָאוּךָ עִם־שָׁמֶשׁ וְלִפְנֵי ה
יָרֵחַ דּוֹר דּוֹרִים׃ יֵרֵד כְּמָטָר עַל־גֵּז כִּרְבִיבִים זַרְזִיף 6
אָרֶץ׃ יִפְרַח־בְּיָמָיו צַדִּיק וְרֹב שָׁלוֹם עַד־בְּלִי יָרֵחַ׃ וְיֵרְדְּ 7 8
מִיָּם עַד־יָם וּמִנָּהָר עַד־אַפְסֵי־אָרֶץ׃ לְפָנָיו יִכְרְעוּ צִיִּים 9
וְאֹיְבָיו עָפָר יְלַחֵכוּ׃ מַלְכֵי תַרְשִׁישׁ וְאִיִּים מִנְחָה יָשִׁיבוּ י
מַלְכֵי שְׁבָא וּסְבָא אֶשְׁכָּר יַקְרִיבוּ׃ וְיִשְׁתַּחֲווּ־לוֹ כָל־ 11
מְלָכִים כָּל־גּוֹיִם יַעַבְדוּהוּ׃ כִּי־יַצִּיל אֶבְיוֹן מְשַׁוֵּעַ וְעָנִי 12
וְאֵין־עֹזֵר לוֹ׃ יָחֹס עַל־דַּל וְאֶבְיוֹן וְנַפְשׁוֹת אֶבְיוֹנִים 13
יוֹשִׁיעַ׃ מִתּוֹךְ וּמֵחָמָס יִגְאַל נַפְשָׁם וְיֵיקַר דָּמָם בְּעֵינָיו׃ 14
וִיחִי וְיִתֶּן־לוֹ מִזְּהַב שְׁבָא וְיִתְפַּלֵּל בַּעֲדוֹ תָמִיד כָּל־הַיּוֹם טו
יְבָרֲכֶנְהוּ׃ יְהִי פִסַּת־בַּר ׀ בָּאָרֶץ בְּרֹאשׁ הָרִים יִרְעַשׁ 16
כַּלְּבָנוֹן פִּרְיוֹ וְיָצִיצוּ מֵעִיר כְּעֵשֶׂב הָאָרֶץ׃ יְהִי שְׁמוֹ ׀ 17
לְעוֹלָם לִפְנֵי־שֶׁמֶשׁ יִנּוֹן שְׁמוֹ וְיִתְבָּרְכוּ בוֹ כָּל־גּוֹיִם נ״א גוים
יאשרהו

בנ״א אגיד
בנ״א זקנה או זקנתי
הראיתני קרי
תחיני קרי
תעלני קרי
קמץ בלא א״ספ
נ״א לעולם
ינון קרי
נ״א ויתברכו

PSALMUS LXXII. Describit magnitudinem, justitiam, & felicitatem Regni Messiæ, veri Salomonis: ejusque adventum & prosperos successus intimis desideriis expetit.

18 יאשרהו: ברוך ׀ יהוה אלהים אלהי ישראל עשה בנ"א עשה
19 נפלאות לבדו: וברוך ׀ שם כבודו לעולם וימלא כבודו
כ את־כל הארץ אמן ׀ ואמן: כלו תפלות דוד בן־ישי:

PSALMUS LXXIII.

Confirmantur fideles contra scandalum ac tentationes à prospero & florente impiorum statu in hac vita: atque beatitudo illorum, qui Deo indivulso nexu adhærent, asseritur.

א ספר שלישי עג מזמור לאסף אך
נטיו ק"
2 טוב לישראל אלהים לברי לבב: ואני כמעט נטוי
שפכו ק"
3 רגלי כאין שפכה אשרי: כי קנאתי בהוללים שלום
4 רשעים אראה: כי אין חרצבות למותם וברי אולם:
6 ה בעמל אנוש אינמו ועם־אדם לא ינגעו: לכן ענקתמו
ג"א 7 גאוה יעטף־שית חמס למו: יצא מחלב עינמו עברו
עיני־מו
8 משכיות לבב: ימיקו ׀ וידברו ברע עשק ממרום
9 ידברו: שתו בשמים פיהם ולשונם תהלך בארץ:
ישוב ק"
11 י לכן ׀ ישיב עמו הלם ומי מלא ימצו למו: ואמרו איכה ג"א איכה
12 ידע־אל ויש דעה בעליון: הנה־אלה רשעים ושלוי
13 עולם השגו־חיל: אך־ריק זכיתי לבבי וארחץ בנקיון
טו 14 כפי: ואהי נגוע כל־היום ותוכחתי לבקרים: אם־
16 אמרתי אספרה כמו הנה דור בניך בגדתי: ואחשבה
17 לדעת זאת עמל היא בעיני: עד־אבוא אל־מקדשי־ הוא קרי
18 אל אבינה לאחריתם: אך בחלקות תשית למו
19 הפלתם למשואות: איך היו לשמה כרגע ספו תמו
כ מן־בלהות: כחלום מהקיץ אדני בעיר ׀ צלמם תבזה:
22 21 כי יתחמץ לבבי וכליותי אשתונן: ואני־בער ולא אדע
23 בהמות הייתי עמך: ואני תמיד עמך אחזת ביד ימיני:
כה 24 בעצתך תנחני ואחר כבוד תקחני: מי־לי בשמים
26 ועמך לא־חפצתי בארץ: כלה שארי ולבבי צור־ ג"א ולבבי
27 לבבי וחלקי אלהים לעולם: כי־הנה רחקיך יאבדו
28 הצמתה כל־זונה ממך: ואני ׀ קרבת אלהים לי טוב ג"א לי־טוב
שתי ׀ באדני יהוה מחסי לספר כל־מלאכותיך:

PSALMUS LXXIV. Sonit &

א עד משכיל לאסף למה אלהים

deplorat Vates hoc lugubri carmine in eundem Templi vastationem Urbis Sanctæ, divini cultus corruptionem, & de nova calamitate, non uno tempore, conqueritur.

זָנַחְתָּ לָנֶצַח יֶעְשַׁן אַפְּךָ בְּצֹאן מַרְעִיתֶךָ׃ זְכֹר עֲדָתְךָ ׀ 2
קָנִיתָ קֶּדֶם גָּאַלְתָּ שֵׁבֶט נַחֲלָתֶךָ הַר־צִיּוֹן זֶה ׀
שָׁכַנְתָּ בּוֹ׃ הָרִימָה פְעָמֶיךָ לְמַשֻּׁאוֹת נֶצַח כָּל־ 3
הֵרַע אוֹיֵב בַּקֹּדֶשׁ׃ שָׁאֲגוּ צֹרְרֶיךָ בְּקֶרֶב מוֹעֲדֶךָ 4
שָׂמוּ אוֹתֹתָם אֹתוֹת׃ יִוָּדַע כְּמֵבִיא לְמָעְלָה בִּסְבָךְ־ ה
עֵץ קַרְדֻּמּוֹת׃ וְעַתְּ פִּתּוּחֶיהָ יָּחַד בְּכַשִּׁיל וְכֵילַפּוֹת 6 ועתה קרי
יַהֲלֹמוּן׃ שִׁלְחוּ בָאֵשׁ מִקְדָּשֶׁךָ לָאָרֶץ חִלְּלוּ מִשְׁכַּן 7 חל׳ רפה
שְׁמֶךָ׃ אָמְרוּ בְלִבָּם נִינָם יָחַד שָׂרְפוּ כָל־מוֹעֲדֵי־אֵל 8
בָּאָרֶץ׃ אוֹתֹתֵינוּ לֹא־רָאִינוּ אֵין־עוֹד נָבִיא וְלֹא־אִתָּנוּ 9
יֹדֵעַ עַד־מָה׃ עַד־מָתַי אֱלֹהִים יְחָרֶף צָר יְנָאֵץ אוֹיֵב י
שִׁמְךָ לָנֶצַח׃ לָמָּה תָשִׁיב יָדְךָ וִימִינֶךָ מִקֶּרֶב חוֹקְךָ 11 חיקך קרי
כַלֵּה׃ וֵאלֹהִים מַלְכִּי מִקֶּדֶם פֹּעֵל יְשׁוּעוֹת בְּקֶרֶב 12
הָאָרֶץ׃ אַתָּה פוֹרַרְתָּ בְעָזְּךָ יָם שִׁבַּרְתָּ רָאשֵׁי תַנִּינִים 13
עַל־הַמָּיִם׃ אַתָּה רִצַּצְתָּ רָאשֵׁי לִוְיָתָן תִּתְּנֶנּוּ מַאֲכָל 14
לְעָם לְצִיִּים׃ אַתָּה בָקַעְתָּ מַעְיָן וָנָחַל אַתָּה הוֹבַשְׁתָּ טו
נַהֲרוֹת אֵיתָן׃ לְךָ יוֹם אַף־לְךָ לָיְלָה אַתָּה הֲכִינוֹתָ 16 בנ א לך
מָאוֹר וָשָׁמֶשׁ׃ אַתָּה הִצַּבְתָּ כָּל־גְּבוּלוֹת אָרֶץ קַיִץ 17
וָחֹרֶף אַתָּה יְצַרְתָּם׃ זְכָר־זֹאת אוֹיֵב חֵרֵף ׀ יְהוָה וְעַם־ 18
נָבָל נִאֲצוּ שְׁמֶךָ׃ אַל־תִּתֵּן לְחַיַּת נֶפֶשׁ תּוֹרֶךָ חַיַּת 19
עֲנִיֶּיךָ אַל־תִּשְׁכַּח לָנֶצַח׃ הַבֵּט לַבְּרִית כִּי־מָלְאוּ כ
מַחֲשַׁכֵּי־אֶרֶץ נְאוֹת חָמָס׃ אַל־יָשֹׁב דַּךְ נִכְלָם 21
עָנִי וְאֶבְיוֹן יְהַלְלוּ שְׁמֶךָ׃ קוּמָה אֱלֹהִים רִיבָה רִיבֶךָ 22
זְכֹר חֶרְפָּתְךָ מִנִּי־נָבָל כָּל־הַיּוֹם׃ אַל־תִּשְׁכַּח 23
קוֹל צֹרְרֶיךָ שְׁאוֹן קָמֶיךָ עֹלֶה תָמִיד׃

PSALMUS LXXV. Celebrant fideles æternum Dei Regnum, ejusque erectionem religiosè

עה
לַמְנַצֵּחַ אַל־תַּשְׁחֵת מִזְמוֹר א
לְאָסָף שִׁיר׃ הוֹדִינוּ לְּךָ ׀ אֱלֹהִים הוֹדִינוּ וְקָרוֹב שְׁמֶךָ 2
סִפְּרוּ נִפְלְאוֹתֶיךָ׃ כִּי אֶקַּח מוֹעֵד אֲנִי מֵישָׁרִים אֶשְׁפֹּט׃ 3
נְמֹגִים־אֶרֶץ וְכָל־יֹשְׁבֶיהָ אָנֹכִי תִכַּנְתִּי עַמּוּדֶיהָ 4
סלה

deprædicant; deinde ad superbos impiosque, in terra homines sermonem convertunt

ה סֶלָה: אָמַרְתִּי לַהוֹלְלִים אַל־תָּהֹלּוּ וְלָרְשָׁעִים אַל־תָּרִימוּ
6 קָרֶן: אַל־תָּרִימוּ לַמָּרוֹם קַרְנְכֶם תְּדַבְּרוּ בְצַוָּאר עָתָק:
7.8 כִּי לֹא מִמּוֹצָא וּמִמַּעֲרָב וְלֹא מִמִּדְבַּר הָרִים: כִּי־אֱלֹהִים
9 שֹׁפֵט זֶה יַשְׁפִּיל וְזֶה יָרִים: כִּי כוֹס בְּיַד־יְהוָה וְיַיִן חָמַר נ"א בְּיַד־
מָלֵא מֶסֶךְ וַיַּגֵּר מִזֶּה אַךְ־שְׁמָרֶיהָ יִמְצוּ יִשְׁתּוּ כֹּל
10 רִשְׁעֵי־אָרֶץ: וַאֲנִי אַגִּיד לְעֹלָם אֲזַמְּרָה לֵאלֹהֵי יַעֲקֹב: נ"א לאלהי
11 וְכָל־קַרְנֵי רְשָׁעִים אֲגַדֵּעַ תְּרוֹמַמְנָה קַרְנוֹת צַדִּיק:

PSALMUS LXXVI. Majestas Dei & præsens auxilium erga suos celebratur, ac extollitur.

א עו לַמְנַצֵּחַ בִּנְגִינֹת מִזְמוֹר לְאָסָף שִׁיר:
2.3 נוֹדָע בִּיהוּדָה אֱלֹהִים בְּיִשְׂרָאֵל גָּדוֹל שְׁמוֹ: וַיְהִי בְשָׁלֵם
4 סֻכּוֹ וּמְעוֹנָתוֹ בְצִיּוֹן: שָׁמָּה שִׁבַּר רִשְׁפֵי־קָשֶׁת מָגֵן נ"א סוכו נ"א שבר
5 וְחֶרֶב וּמִלְחָמָה סֶלָה: נָאוֹר אַתָּה אַדִּיר מֵהַרְרֵי־טָרֶף: הפ" רפה
6 אֶשְׁתּוֹלְלוּ אַבִּירֵי לֵב נָמוּ שְׁנָתָם וְלֹא־מָצְאוּ כָל־אַנְשֵׁי־ נ"א את
7 חַיִל יְדֵיהֶם: מִגַּעֲרָתְךָ אֱלֹהֵי יַעֲקֹב נִרְדָּם וְרֶכֶב וָסוּס: מלרע בנ"א מגערתך
8.9 אַתָּה נוֹרָא אַתָּה וּמִי־יַעֲמֹד לְפָנֶיךָ מֵאָז אַפֶּךָ: מִשָּׁמַיִם
10 הִשְׁמַעְתָּ דִּין אֶרֶץ יָרְאָה וְשָׁקָטָה: בְּקוּם־לַמִּשְׁפָּט
11 אֱלֹהִים לְהוֹשִׁיעַ כָּל־עַנְוֵי־אֶרֶץ סֶלָה: כִּי־חֲמַת אָדָם
12 תּוֹדֶךָּ שְׁאֵרִית חֵמֹת תַּחְגֹּר: נִדְרוּ וְשַׁלְּמוּ לַיהוָה בנ"א נדרו
13 אֱלֹהֵיכֶם כָּל־סְבִיבָיו יוֹבִילוּ שַׁי לַמּוֹרָא: יִבְצֹר רוּחַ בנ"א שי
נְגִידִים נוֹרָא לְמַלְכֵי־אָרֶץ: עז

PSALMUS LXXVII. Gratiarum actio ob liberationem ex maximis angustiis.

א 2 לַמְנַצֵּחַ עַל־יְדוּתוּן לְאָסָף מִזְמוֹר: קוֹלִי אֶל־ ידותון קרי ב"נ על
3 אֱלֹהִים וְאֶצְעָקָה קוֹלִי אֶל־אֱלֹהִים וְהַאֲזִין אֵלָי: בְּיוֹם
צָרָתִי אֲדֹנָי דָּרָשְׁתִּי יָדִי לַיְלָה נִגְּרָה וְלֹא תָפוּג מֵאֲנָה
4 הִנָּחֵם נַפְשִׁי: אֶזְכְּרָה אֱלֹהִים וְאֶהֱמָיָה אָשִׂיחָה
5 וְתִתְעַטֵּף רוּחִי סֶלָה: אָחַזְתָּ שְׁמֻרוֹת עֵינָי נִפְעַמְתִּי וְלֹא
6 7 אֲדַבֵּר: חִשַּׁבְתִּי יָמִים מִקֶּדֶם שְׁנוֹת עוֹלָמִים: אֶזְכְּרָה
נְגִינָתִי בַּלָּיְלָה עִם־לְבָבִי אָשִׂיחָה וַיְחַפֵּשׂ רוּחִי:
8 9 הַלְעוֹלָמִים יִזְנַח אֲדֹנָי וְלֹא־יֹסִיף לִרְצוֹת עוֹד: הֶאָפֵס
10 לָנֶצַח חַסְדּוֹ גָּמַר אֹמֶר לְדֹר וָדֹר: הֲשָׁכַח חַנּוֹת אֵל בנ"א אמר

אִם־קָפַץ בְּאַף רַחֲמָיו סֶלָה׃ וָאֹמַר חַלּוֹתִי הִיא שְׁנוֹת 11
אזכור קרי יְמִין עֶלְיוֹן׃ אַזְכִּיר מַעַלְלֵי־יָהּ כִּי־אֶזְכְּרָה מִקֶּדֶם 12
ב"נ ובעלילות" פִּלְאֶךָ׃ וְהָגִיתִי בְכָל־פָּעֳלֶךָ וּבַעֲלִילוֹתֶיךָ אָשִׂיחָה׃ 13
ב"א ובעלילות" אֱלֹהִים בַּקֹּדֶשׁ דַּרְכֶּךָ מִי־אֵל גָּדוֹל כֵּאלֹהִים׃ אַתָּה 14 טו
הָאֵל עֹשֵׂה פֶלֶא הוֹדַעְתָּ בָעַמִּים עֻזֶּךָ׃ גָּאַלְתָּ בִּזְרוֹעַ 16
עַמֶּךָ בְּנֵי־יַעֲקֹב וְיוֹסֵף סֶלָה׃ רָאוּךָ מַּיִם ׀ אֱלֹהִים רָאוּךָ 17
מַּיִם יָחִילוּ אַף יִרְגְּזוּ תְהֹמוֹת׃ זֹרְמוּ מַיִם ׀ עָבוֹת קוֹל 18
נָתְנוּ שְׁחָקִים אַף־חֲצָצֶיךָ יִתְהַלָּכוּ׃ קוֹל רַעַמְךָ ׀ בַּגַּלְגַּל 19
הֵאִירוּ בְרָקִים תֵּבֵל רָגְזָה וַתִּרְעַשׁ הָאָרֶץ׃ בַּיָּם דַּרְכֶּךָ כ
יתיר י' וּשְׁבִילְךָ בְּמַיִם רַבִּים וְעִקְּבוֹתֶיךָ לֹא נֹדָעוּ׃ נָחִיתָ כַצֹּאן 21
בנ"א משה עַמֶּךָ בְּיַד־מֹשֶׁה וְאַהֲרֹן׃

עח

מַשְׂכִּיל לְאָסָף א נ"א ביד
הַאֲזִינָה עַמִּי תּוֹרָתִי הַטּוּ אָזְנְכֶם לְאִמְרֵי־פִי׃ אֶפְתְּחָה 2
בְמָשָׁל פִּי אַבִּיעָה חִידוֹת מִנִּי־קֶדֶם׃ אֲשֶׁר שָׁמַעְנוּ 3
וַנֵּדָעֵם וַאֲבוֹתֵינוּ סִפְּרוּ־לָנוּ׃ לֹא נְכַחֵד ׀ מִבְּנֵיהֶם לְדוֹר 4
אַחֲרוֹן מְסַפְּרִים תְּהִלּוֹת יְהוָה וֶעֱזוּזוֹ וְנִפְלְאוֹתָיו אֲשֶׁר
עָשָׂה׃ וַיָּקֶם עֵדוּת ׀ בְּיַעֲקֹב וְתוֹרָה שָׂם בְּיִשְׂרָאֵל ה
אֲשֶׁר צִוָּה אֶת־אֲבוֹתֵינוּ לְהוֹדִיעָם לִבְנֵיהֶם׃ לְמַעַן יֵדְעוּ ׀ 6
דּוֹר אַחֲרוֹן בָּנִים יִוָּלֵדוּ יָקֻמוּ וִיסַפְּרוּ לִבְנֵיהֶם׃ וְיָשִׂימוּ 7
בֵאלֹהִים כִּסְלָם וְלֹא יִשְׁכְּחוּ מַעַלְלֵי־אֵל וּמִצְוֺתָיו יִנְצֹרוּ׃
וְלֹא יִהְיוּ ׀ כַּאֲבוֹתָם דּוֹר סוֹרֵר וּמֹרֶה דּוֹר לֹא־הֵכִין לִבּוֹ 8 נ"א ולא
וְלֹא־נֶאֶמְנָה אֶת־אֵל רוּחוֹ׃ בְּנֵי־אֶפְרַיִם נוֹשְׁקֵי רוֹמֵי־ 9
קֶשֶׁת הָפְכוּ בְּיוֹם קְרָב׃ לֹא שָׁמְרוּ בְּרִית אֱלֹהִים י
וּבְתוֹרָתוֹ מֵאֲנוּ לָלֶכֶת׃ וַיִּשְׁכְּחוּ עֲלִילוֹתָיו וְנִפְלְאוֹתָיו 11
עטי" בארץ אֲשֶׁר הֶרְאָם׃ נֶגֶד אֲבוֹתָם עָשָׂה פֶלֶא בְּאֶרֶץ מִצְרַיִם 12
שְׂדֵה־צֹעַן׃ בָּקַע יָם וַיַּעֲבִירֵם וַיַּצֶּב־מַיִם כְּמוֹ־נֵד׃ וַיַּנְחֵם 13 14
בֶּעָנָן יוֹמָם וְכָל־הַלַּיְלָה בְּאוֹר אֵשׁ׃ יְבַקַּע צֻרִים בַּמִּדְבָּר טו
וַיַּשְׁקְ כִּתְהֹמוֹת רַבָּה׃ וַיּוֹצִא נוֹזְלִים מִסָּלַע וַיּוֹרֶד 16
כַּנְּהָרוֹת מָיִם׃ וַיּוֹסִיפוּ עוֹד לַחֲטֹא־לוֹ לַמְרוֹת עֶלְיוֹן 17
בציה

PSALMUS LXXVIII. Multiplicia Dei beneficia erga gentem Hebræam enarrantur monenturque ut Deo Salvatori suo obediant, cumque loquentem audiant, nec incredulitate, aliisque peccatis suis ipsum offendant, & pereant sicut patres ipsorum.

18 בְּצִיָּה׃ וַיְנַסּוּ־אֵל בִּלְבָבָם לִשְׁאׇל־אֹכֶל לְנַפְשָׁם׃
19 וַיְדַבְּרוּ בֵּאלֹהִים אָמְרוּ הֲיוּכַל אֵל לַעֲרֹךְ שֻׁלְחָן נ"א בֵּאלהים
כ בַּמִּדְבָּר׃ הֵן הִכָּה־צוּר ׀ וַיָּזוּבוּ מַיִם וּנְחָלִים יִשְׁטֹפוּ או בֵּאלהים בנ"א הֵן
21 הֲגַם־לֶחֶם יוּכַל תֵּת אִם־יָכִין שְׁאֵר לְעַמּוֹ׃ לָכֵן ׀ שָׁמַע
יְהוָה וַיִּתְעַבָּר וְאֵשׁ נִשְּׂקָה בְיַעֲקֹב וְגַם־אַף עָלָה
22 בְיִשְׂרָאֵל׃ כִּי לֹא הֶאֱמִינוּ בֵּאלֹהִים וְלֹא בָטְחוּ בִּישׁוּעָתוֹ׃
23 24 וַיְצַו שְׁחָקִים מִמָּעַל וְדַלְתֵי שָׁמַיִם פָּתָח׃ וַיַּמְטֵר ׀ עֲלֵיהֶם נ"א וימטר
כה מָן לֶאֱכֹל וּדְגַן־שָׁמַיִם נָתַן לָמוֹ׃ לֶחֶם אַבִּירִים אָכַל אִישׁ
26 צֵידָה שָׁלַח לָהֶם לָשֹׂבַע׃ יַסַּע קָדִים בַּשָּׁמָיִם וַיְנַהֵג בְּעֻזּוֹ
27 תֵימָן׃ וַיַּמְטֵר עֲלֵיהֶם כֶּעָפָר שְׁאֵר וּכְחוֹל יַמִּים עוֹף
28 29 כָּנָף׃ וַיַּפֵּל בְּקֶרֶב מַחֲנֵהוּ סָבִיב לְמִשְׁכְּנֹתָיו׃ וַיֹּאכְלוּ
ל וַיִּשְׂבְּעוּ מְאֹד וְתַאֲוָתָם יָבִא לָהֶם׃ לֹא־זָרוּ מִתַּאֲוָתָם
31 עוֹד אָכְלָם בְּפִיהֶם׃ וְאַף אֱלֹהִים ׀ עָלָה בָהֶם בנ"א בָּהם עטי בָּהם
32 וַיַּהֲרֹג בְּמִשְׁמַנֵּיהֶם וּבַחוּרֵי יִשְׂרָאֵל הִכְרִיעַ׃ בְּכׇל־
33 זֹאת חָטְאוּ־עוֹד וְלֹא הֶאֱמִינוּ בְּנִפְלְאוֹתָיו׃ וַיְכַל־בַּהֶבֶל
34 יְמֵיהֶם וּשְׁנוֹתָם בַּבֶּהָלָה׃ אִם־הֲרָגָם וּדְרָשׁוּהוּ
לה וְשָׁבוּ וְשִׁחֲרוּ־אֵל׃ וַיִּזְכְּרוּ כִּי־אֱלֹהִים צוּרָם וְאֵל עֶלְיוֹן
36 גֹּאֲלָם׃ * וַיְפַתּוּהוּ בְּפִיהֶם וּבִלְשׁוֹנָם יְכַזְּבוּ־לוֹ׃ חצי הספר
37 38 וְלִבָּם לֹא־נָכוֹן עִמּוֹ וְלֹא נֶאֶמְנוּ בִּבְרִיתוֹ׃ וְהוּא
רַחוּם ׀ יְכַפֵּר עָוֹן וְלֹא־יַשְׁחִית וְהִרְבָּה לְהָשִׁיב אַפּוֹ
39 וְלֹא־יָעִיר כׇּל־חֲמָתוֹ׃ וַיִּזְכֹּר כִּי־בָשָׂר הֵמָּה רוּחַ הוֹלֵךְ
מ וְלֹא יָשׁוּב׃ כַּמָּה יַמְרוּהוּ בַמִּדְבָּר יַעֲצִיבוּהוּ בִּישִׁימוֹן׃
41 42 וַיָּשׁוּבוּ וַיְנַסּוּ אֵל וּקְדוֹשׁ יִשְׂרָאֵל הִתְווּ׃ לֹא־זָכְרוּ אֶת־
43 יָדוֹ יוֹם אֲשֶׁר־פָּדָם מִנִּי־צָר׃ אֲשֶׁר־שָׂם בְּמִצְרַיִם בנ"א יוֹם
44 אֹתוֹתָיו וּמוֹפְתָיו בִּשְׂדֵה־צֹעַן׃ וַיַּהֲפֹךְ לְדָם יְאֹרֵיהֶם
מה וְנֹזְלֵיהֶם בַּל־יִשְׁתָּיוּן׃ יְשַׁלַּח בָּהֶם עָרֹב וַיֹּאכְלֵם
46 וּצְפַרְדֵּעַ וַתַּשְׁחִיתֵם׃ וַיִּתֵּן לֶחָסִיל יְבוּלָם וִיגִיעָם
47 48 לָאַרְבֶּה׃ יַהֲרֹג בַּבָּרָד גַּפְנָם וְשִׁקְמוֹתָם בַּחֲנָמַל׃ וַיַּסְגֵּר
לברד

לַבָּרָד בְּעִירָם וּמִקְנֵיהֶם לָרְשָׁפִים׃ יְשַׁלַּח־בָּם ׀ חֲרוֹן 49
אַפּוֹ עֶבְרָה וָזַעַם וְצָרָה מִשְׁלַחַת מַלְאֲכֵי רָעִים׃ יְפַלֵּס נ
נָתִיב לְאַפּוֹ לֹא־חָשַׂךְ מִמָּוֶת נַפְשָׁם וְחַיָּתָם לַדֶּבֶר
הִסְגִּיר׃ וַיַּךְ כָּל־בְּכוֹר בְּמִצְרָיִם רֵאשִׁית אוֹנִים בְּאָהֳלֵי־ 51
חָם׃ וַיַּסַּע כַּצֹּאן עַמּוֹ וַיְנַהֲגֵם כַּעֵדֶר בַּמִּדְבָּר׃ וַיַּנְחֵם 52 53
ב"נ וַיְנַהגם לָבֶטַח וְלֹא פָחָדוּ וְאֶת־אוֹיְבֵיהֶם כִּסָּה הַיָּם׃ וַיְבִיאֵם 54
אֶל־גְּבוּל קָדְשׁוֹ הַר־זֶה קָנְתָה יְמִינוֹ׃ וַיְגָרֶשׁ נה
מִפְּנֵיהֶם ׀ גּוֹיִם וַיַּפִּילֵם בְּחֶבֶל נַחֲלָה וַיַּשְׁכֵּן בְּאָהֳלֵיהֶם
שִׁבְטֵי יִשְׂרָאֵל׃ וַיְנַסּוּ וַיַּמְרוּ אֶת־אֱלֹהִים עֶלְיוֹן 56
וְעֵדוֹתָיו לֹא שָׁמָרוּ׃ וַיִּסֹּגוּ וַיִּבְגְּדוּ כַּאֲבוֹתָם 57
בנ"א בבמותם נֶהְפְּכוּ כְּקֶשֶׁת רְמִיָּה׃ וַיַּכְעִיסוּהוּ בְּבָמוֹתָם 58
וּבִפְסִילֵיהֶם יַקְנִיאוּהוּ׃ שָׁמַע אֱלֹהִים וַיִּתְעַבָּר 59
נ"א ביד־ וַיִּמְאַס מְאֹד בְּיִשְׂרָאֵל׃ וַיִּטֹּשׁ מִשְׁכַּן שִׁלוֹ אֹהֶל שִׁכֵּן ס
או תו ביד־ בָּאָדָם׃ וַיִּתֵּן לַשְּׁבִי עֻזּוֹ וְתִפְאַרְתּוֹ בְיַד־צָר׃ וַיַּסְגֵּר 61 62
לַחֶרֶב עַמּוֹ וּבְנַחֲלָתוֹ הִתְעַבָּר׃ בַּחוּרָיו אָכְלָה־אֵשׁ 63
דגש אחר שורק וּבְתוּלֹתָיו לֹא הוּלָּלוּ׃ כֹּהֲנָיו בַּחֶרֶב נָפָלוּ וְאַלְמְנֹתָיו 64
בנ"א וַיִּקָץ לֹא תִבְכֶּינָה׃ וַיִּקַץ כְּיָשֵׁן ׀ אֲדֹנָי כְּגִבּוֹר מִתְרוֹנֵן מִיָּיִן׃ סה
בנ"א ויך וַיַּךְ צָרָיו אָחוֹר חֶרְפַּת עוֹלָם נָתַן לָמוֹ׃ וַיִּמְאַס בְּאֹהֶל 66 67
יוֹסֵף וּבְשֵׁבֶט אֶפְרַיִם לֹא בָחָר׃ וַיִּבְחַר אֶת־שֵׁבֶט יְהוּדָה 68
בנ"א את־הר אֶת־הַר צִיּוֹן אֲשֶׁר אָהֵב׃ וַיִּבֶן כְּמוֹ־רָמִים מִקְדָּשׁוֹ כְּאֶרֶץ 69
יְסָדָהּ לְעוֹלָם׃ וַיִּבְחַר בְּדָוִד עַבְדּוֹ וַיִּקָּחֵהוּ מִמִּכְלְאֹת ע
צֹאן׃ מֵאַחַר עָלוֹת הֱבִיאוֹ לִרְעוֹת בְּיַעֲקֹב עַמּוֹ וּבְיִשְׂרָאֵל 71
נ"א וירעם נַחֲלָתוֹ׃ וַיִּרְעֵם כְּתֹם לְבָבוֹ וּבִתְבוּנוֹת כַּפָּיו יַנְחֵם׃ 72

נ"א לאסף עט מִזְמוֹר לְאָסָף אֱלֹהִים בָּאוּ גוֹיִם ׀ בְּנַחֲלָתֶךָ א
טִמְּאוּ אֶת־הֵיכַל קָדְשֶׁךָ שָׂמוּ אֶת־יְרוּשָׁלַםִ לְעִיִּים׃ נָתְנוּ 2
אֶת־נִבְלַת עֲבָדֶיךָ מַאֲכָל לְעוֹף הַשָּׁמָיִם בְּשַׂר חֲסִידֶיךָ
לְחַיְתוֹ־אָרֶץ׃ שָׁפְכוּ דָמָם ׀ כַּמַּיִם סְבִיבוֹת יְרוּשָׁלִָם 3
וְאֵין קוֹבֵר׃ הָיִינוּ חֶרְפָּה לִשְׁכֵנֵינוּ לַעַג וָקֶלֶס 4
לסביבותינו

PSALMUS LXXIX. Psalmus propheticus, agens de excidio Hierosolymorum & Templi, deque fidelium gloria.

ה לסביבותינו: עד־מה יהוה תאנף לנצח תבער כמו־
6 אש קנאתך: שפך חמתך אל־הגוים אשר לא־
7 ידעוך ועל־ממלכות אשר בשמך לא קראו: כי אכל
8 את־יעקב ואת־נוהו השמו: אל תזכר־לנו עונת
9 ראשנים מהר יקדמונו רחמיך כי דלונו מאד: עזרנו
אלהי ישענו על־דבר כבוד־שמך והצילנו וכפר על־
י חטאתינו למען שמך: למה יאמרו הגוים איה
אלהיהם יודע בגיים לעינינו נקמת דם־עבדיך השפוך:
11 תבוא לפניך אנקת אסיר כגדל זרועך הותר בני
12 תמותה: והשב לשכנינו שבעתים אל־חיקם חרפתם
13 אשר חרפוך אדני: ואנחנו עמך וצאן מרעיתך נודה
לך לעולם לדור ודר נספר תהלתך: פ

א 2 למנצח אל־ששנים עדות לאסף מזמור: רעה
ישראל האזינה נהג כצאן יוסף ישב הכרבים
3 הופיעה: לפני אפרים ובנימן ומנשה עוררה את־
4 גבורתך ולכה לישעתה לנו: אלהים השיבנו והאר
ה פניך ונושעה: יהוה אלהים צבאות עד־מתי עשנת
6 בתפלת עמך: האכלתם לחם דמעה ותשקמו
7 בדמעות שליש: תשימנו מדון לשכנינו ואיבינו ילעגו־
8 למו: אלהים צבאות השיבנו והאר פניך ונושעה:
י 9 גפן ממצרים תסיע תגרש גוים ותטעה: פנית לפניה
11 ותשרש שרשיה ותמלא־ארץ: כסו הרים צלה וענפיה
12 ארזי־אל: תשלח קציריה עד־ים ואל־נהר יונקותיה:
14 13 למה פרצת גדריה וארוה כל־עברי דרך: יכרסמנה
טו חזיר מיער וזיז שדי ירענה: אלהים צבאות שוב נא
16 הבט משמים וראה ופקד גפן זאת: וכנה אשר־
17 נטעה ימינך ועל־בן אמצתה לך: שרפה באש
18 כסוחה מגערת פניך יאבדו: תהי־ידך על־איש ימינך
על

tione in salute & liberatione Domini.

נ"א והצילנו

ב"ג והצילנו בגוים קרי

ב"נ אלהיהם

נ"א תבוא

בנ"א נורה או נודה

עט"י ודר

PS. LXXX. Eleganti verborum imagine depingitur tum prosper & felix, tum adversus populi Dei status, & utrobique ipsorum desiderium erga Regnum Dei, ejusque gratiam deinceps manifestandam, exprimitur.

ב"א ארזי

ב"נ ארזי

עין תלויה

נ"א עברי

נא שוב־נא או שוב נא

כ" רבתי

בנ"א בן

עַל־בֶּן־אָדָם אִמַּצְתָּ לָּךְ׃ וְלֹא־נָסוֹג מִמֶּךָּ תְּחַיֵּנוּ וּבְשִׁמְךָ 19
נִקְרָא׃ יְהוָה אֱלֹהִים צְבָאוֹת הֲשִׁיבֵנוּ הָאֵר פָּנֶיךָ כ
(בנ״א יהוה)

PSALMUS LXXXI. Memorat insignia Dei in populum Israëliticum beneficia; eumque ingratitudinis & duri cordis accusat.

וְנִוָּשֵׁעָה׃ פא לַמְנַצֵּחַ עַל־הַגִּתִּית לְאָסָף׃ א
(דגש)
הַרְנִינוּ לֵאלֹהִים עוּזֵּנוּ הָרִיעוּ לֵאלֹהֵי יַעֲקֹב׃ שְׂאוּ־זִמְרָה 2
(א אחר שורק)
וּתְנוּ־תֹף כִּנּוֹר נָעִים עִם־נָבֶל׃ תִּקְעוּ בַחֹדֶשׁ שׁוֹפָר 4
בַּכֵּסֶה לְיוֹם חַגֵּנוּ׃ כִּי חֹק לְיִשְׂרָאֵל הוּא מִשְׁפָּט לֵאלֹהֵי ה
יַעֲקֹב׃ עֵדוּת בִּיהוֹסֵף שָׂמוֹ בְּצֵאתוֹ עַל־אֶרֶץ מִצְרָיִם 6
שְׂפַת לֹא־יָדַעְתִּי אֶשְׁמָע׃ הֲסִירוֹתִי מִסֵּבֶל שִׁכְמוֹ כַּפָּיו 7
מִדּוּד תַּעֲבֹרְנָה׃ בַּצָּרָה קָרָאתָ וָאֲחַלְּצֶךָּ אֶעֶנְךָ 8
(בנ״א ואחלצך)
בְּסֵתֶר רַעַם אֶבְחָנְךָ עַל־מֵי מְרִיבָה סֶלָה׃ שְׁמַע עַמִּי 9
(בנ״א רַעַם)
וְאָעִידָה בָּךְ יִשְׂרָאֵל אִם־תִּשְׁמַע־לִי׃ לֹא־יִהְיֶה בְךָ אֵל י
זָר וְלֹא תִשְׁתַּחֲוֶה לְאֵל נֵכָר׃ אָנֹכִי יְהוָה אֱלֹהֶיךָ 11
הַמַּעַלְךָ מֵאֶרֶץ מִצְרָיִם הַרְחֶב־פִּיךָ וַאֲמַלְאֵהוּ׃ וְלֹא־ 12
שָׁמַע עַמִּי לְקוֹלִי וְיִשְׂרָאֵל לֹא־אָבָה לִי׃ וָאֲשַׁלְּחֵהוּ 13
(בנ״א אָבה)
בִּשְׁרִירוּת לִבָּם יֵלְכוּ בְּמוֹעֲצוֹתֵיהֶם׃ לוּ עַמִּי שֹׁמֵעַ לִי 14
(בנ״א לו)
יִשְׂרָאֵל בִּדְרָכַי יְהַלֵּכוּ׃ כִּמְעַט אוֹיְבֵיהֶם אַכְנִיעַ וְעַל־ טו
צָרֵיהֶם אָשִׁיב יָדִי׃ מְשַׂנְאֵי יְהוָה יְכַחֲשׁוּ־לוֹ וִיהִי עִתָּם 16
לְעוֹלָם׃ וַיַּאֲכִילֵהוּ מֵחֵלֶב חִטָּה וּמִצּוּר דְּבַשׁ אַשְׂבִּיעֶךָ׃ 17

PSALMUS LXXXII. Inducit Deum Judices Principesque populi sui acriter castigantem, eosque abrogandos, atque de medio amovendos vaticinatur.

פב מִזְמוֹר לְאָסָף אֱלֹהִים נִצָּב בַּעֲדַת־אֵל א
בְּקֶרֶב אֱלֹהִים יִשְׁפֹּט׃ עַד־מָתַי תִּשְׁפְּטוּ־עָוֶל וּפְנֵי 2
רְשָׁעִים תִּשְׂאוּ־סֶלָה׃ שִׁפְטוּ־דַל וְיָתוֹם עָנִי וָרָשׁ הַצְדִּיקוּ׃ 3
(נ״א דל)
פַּלְּטוּ־דַל וְאֶבְיוֹן מִיַּד רְשָׁעִים הַצִּילוּ׃ לֹא יָדְעוּ וְלֹא־ 4
(ה נ״א ולא)
יָבִינוּ בַּחֲשֵׁכָה יִתְהַלָּכוּ יִמּוֹטוּ כָּל־מוֹסְדֵי אָרֶץ׃ אֲנִי 6
(נהא אני)
אָמַרְתִּי אֱלֹהִים אַתֶּם וּבְנֵי עֶלְיוֹן כֻּלְּכֶם׃ אָכֵן כְּאָדָם 7
תְּמוּתוּן וּכְאַחַד הַשָּׂרִים תִּפֹּלוּ׃ קוּמָה אֱלֹהִים שָׁפְטָה 8

PSALMUS LXXXIII. Populus orat auxilium Dei contra gentes finiti.

הָאָרֶץ כִּי־אַתָּה תִנְחַל בְּכָל־הַגּוֹיִם׃ פג שִׁיר א
מִזְמוֹר לְאָסָף׃ אֱלֹהִים אַל־דֳּמִי־לָךְ אַל־תֶּחֱרַשׁ וְאַל־ 2
(בנ״א אל)
תִּשְׁקֹט אֵל׃ כִּי־הִנֵּה אוֹיְבֶיךָ יֶהֱמָיוּן וּמְשַׂנְאֶיךָ נָשְׂאוּ 3

ראש

ה 4 רֹאשׁ׃ עַל־עַמְּךָ יַעֲרִימוּ סוֹד וְיִתְיָעֲצוּ עַל־צְפוּנֶיךָ׃ אָמְרוּ
6 לְכוּ וְנַכְחִידֵם מִגּוֹי וְלֹא־יִזָּכֵר שֵׁם־יִשְׂרָאֵל עוֹד׃ כִּי נוֹעֲצוּ
7 לֵב יַחְדָּו עָלֶיךָ בְּרִית יִכְרֹתוּ׃ אָהֳלֵי אֱדוֹם וְיִשְׁמְעֵאלִים
8 מוֹאָב וְהַגְרִים׃ גְּבָל וְעַמּוֹן וַעֲמָלֵק פְּלֶשֶׁת עִם־יֹשְׁבֵי
9 צוֹר׃ גַּם־אַשּׁוּר נִלְוָה עִמָּם הָיוּ זְרוֹעַ לִבְנֵי־לוֹט סֶלָה׃
י עֲשֵׂה־לָהֶם כְּמִדְיָן כְּסִיסְרָא כְיָבִין בְּנַחַל קִישׁוֹן׃ נִשְׁמְדוּ בנ"א כסיסרא
12 בְּעֵין־דֹּאר הָיוּ דֹּמֶן לָאֲדָמָה׃ שִׁיתֵמוֹ נְדִיבֵמוֹ כְּעֹרֵב או כסיסרא
13 וְכִזְאֵב וּכְזֶבַח וּכְצַלְמֻנָּע כָּל־נְסִיכֵמוֹ׃ אֲשֶׁר אָמְרוּ נ"א נרשה
14 נִירְשָׁה־לָּנוּ אֵת נְאוֹת אֱלֹהִים׃ אֱלֹהַי שִׁיתֵמוֹ כַגַּלְגַּל נ"א כגלגל
טו כְּקַשׁ לִפְנֵי־רוּחַ׃ כְּאֵשׁ תִּבְעַר־יָעַר וּכְלֶהָבָה תְּלַהֵט
17 16 הָרִים׃ כֵּן תִּרְדְּפֵם בְּסַעֲרֶךָ וּבְסוּפָתְךָ תְבַהֲלֵם׃ מַלֵּא נ"א ובסופתך
18 פְּנֵיהֶם קָלוֹן וִיבַקְשׁוּ שִׁמְךָ יְהוָה׃ יֵבֹשׁוּ וְיִבָּהֲלוּ עֲדֵי־
19 עַד וְיַחְפְּרוּ וְיֹאבֵדוּ׃ וְיֵדְעוּ כִּי־אַתָּה שִׁמְךָ יְהוָה לְבַדֶּךָ
א עֶלְיוֹן עַל־כָּל־הָאָרֶץ׃ פד לַמְנַצֵּחַ עַל־הַגִּתִּית
2 לִבְנֵי־קֹרַח מִזְמוֹר׃ מַה־יְּדִידוֹת מִשְׁכְּנוֹתֶיךָ יְהוָה ב"נ וגם
3 צְבָאוֹת׃ נִכְסְפָה וְגַם־כָּלְתָה נַפְשִׁי לְחַצְרוֹת יְהוָה א אל אל
4 לִבִּי וּבְשָׂרִי יְרַנְּנוּ אֶל אֵל־חָי׃ גַּם־צִפּוֹר מָצְאָה בַיִת אל אל
וּדְרוֹר קֵן לָהּ אֲשֶׁר־שָׁתָה אֶפְרֹחֶיהָ אֶת־מִזְבְּחוֹתֶיךָ נ"א קן נ"א את
ה יְהוָה צְבָאוֹת מַלְכִּי וֵאלֹהָי׃ אַשְׁרֵי יוֹשְׁבֵי בֵיתֶךָ עוֹד
עוד נ"א סלה 6 יְהַלְלוּךָ סֶּלָה׃ אַשְׁרֵי אָדָם עוֹז־לוֹ בָךְ מְסִלּוֹת בִּלְבָבָם׃ נ"א יהללוך
7 עֹבְרֵי בְּעֵמֶק הַבָּכָא מַעְיָן יְשִׁיתוּהוּ גַּם־בְּרָכוֹת יַעְטֶה
8 מוֹרֶה׃ יֵלְכוּ מֵחַיִל אֶל־חָיִל יֵרָאֶה אֶל־אֱלֹהִים בְּצִיּוֹן׃
9 יְהוָה אֱלֹהִים צְבָאוֹת שִׁמְעָה תְפִלָּתִי הַאֲזִינָה אֱלֹהֵי
י יַעֲקֹב סֶלָה׃ מָגִנֵּנוּ רְאֵה אֱלֹהִים וְהַבֵּט פְּנֵי מְשִׁיחֶךָ׃ בנ"א פני
11 כִּי טוֹב־יוֹם בַּחֲצֵרֶיךָ מֵאָלֶף בָּחַרְתִּי הִסְתּוֹפֵף בְּבֵית
12 אֱלֹהַי מִדּוּר בְּאָהֳלֵי־רֶשַׁע׃ כִּי שֶׁמֶשׁ וּמָגֵן יְהוָה אֱלֹהִים פתח באתנח
חֵן וְכָבוֹד יִתֵּן יְהוָה לֹא יִמְנַע־טוֹב לַהֹלְכִים בְּתָמִים׃
13 יְהוָה צְבָאוֹת אַשְׁרֵי אָדָם בֹּטֵחַ בָּךְ׃ נ"א יהוה

mas, quæ factâ conspiratione ad bellum sese accingebant.

PSALMUS LXXXIV. Prædicat quàm jucundum sit in templo & atrio Domini conversari, suumque desiderium sacrosancta illa limina adeundi declarat.

פה למנצח

פה לַמְנַצֵּחַ לִבְנֵי־קֹרַח מִזְמוֹר׃ רָצִיתָ יְהוָה אַרְצֶךָ 2
שַׁבְתָּ שְׁבוּת יַעֲקֹב׃ נָשָׂאתָ עֲוֺן עַמֶּךָ כִּסִּיתָ כָל־חַטָּאתָם 3
סֶלָה׃ אָסַפְתָּ כָל־עֶבְרָתֶךָ הֱשִׁיבוֹתָ מֵחֲרוֹן אַפֶּךָ׃ 4
שׁוּבֵנוּ אֱלֹהֵי יִשְׁעֵנוּ וְהָפֵר כַּעַסְךָ עִמָּנוּ׃ הַלְעוֹלָם 6
תֶּאֱנַף־בָּנוּ תִּמְשֹׁךְ אַפְּךָ לְדֹר וָדֹר׃ הֲלֹא אַתָּה תָּשׁוּב 7
תְּחַיֵּנוּ וְעַמְּךָ יִשְׂמְחוּ־בָךְ׃ הַרְאֵנוּ יְהוָה חַסְדֶּךָ וְיֶשְׁעֲךָ 8
תִּתֶּן־לָנוּ׃ אֶשְׁמְעָה מַה־יְדַבֵּר הָאֵל ׀ יְהוָה כִּי ׀ יְדַבֵּר 9
שָׁלוֹם אֶל־עַמּוֹ וְאֶל־חֲסִידָיו וְאַל־יָשׁוּבוּ לְכִסְלָה׃ אַךְ ׀ י
קָרוֹב לִירֵאָיו יִשְׁעוֹ לִשְׁכֹּן כָּבוֹד בְּאַרְצֵנוּ׃ חֶסֶד־וֶאֱמֶת 11
נִפְגָּשׁוּ צֶדֶק וְשָׁלוֹם נָשָׁקוּ׃ אֱמֶת מֵאֶרֶץ תִּצְמָח 12
וְצֶדֶק מִשָּׁמַיִם נִשְׁקָף׃ גַּם־יְהוָה יִתֵּן הַטּוֹב וְאַרְצֵנוּ תִּתֵּן 13
יְבוּלָהּ׃ צֶדֶק לְפָנָיו יְהַלֵּךְ וְיָשֵׂם לְדֶרֶךְ פְּעָמָיו׃ פו 14
תְּפִלָּה לְדָוִד הַטֵּה־יְהוָה אָזְנְךָ עֲנֵנִי כִּי־עָנִי א
וְאֶבְיוֹן אָנִי׃ שָׁמְרָה נַפְשִׁי כִּי־חָסִיד אָנִי הוֹשַׁע עַבְדְּךָ 2
אַתָּה אֱלֹהַי הַבּוֹטֵחַ אֵלֶיךָ׃ חָנֵּנִי אֲדֹנָי כִּי־אֵלֶיךָ אֶקְרָא 3
כָּל־הַיּוֹם׃ שַׂמֵּחַ נֶפֶשׁ עַבְדֶּךָ כִּי אֵלֶיךָ אֲדֹנָי נַפְשִׁי 4
אֶשָּׂא׃ כִּי־אַתָּה אֲדֹנָי טוֹב וְסַלָּח וְרַב־חֶסֶד לְכָל־ ה
קֹרְאֶיךָ׃ הַאֲזִינָה יְהוָה תְּפִלָּתִי וְהַקְשִׁיבָה בְּקוֹל 6
תַּחֲנוּנוֹתָי׃ בְּיוֹם צָרָתִי אֶקְרָאֶךָּ כִּי תַעֲנֵנִי׃ אֵין־כָּמוֹךָ 7 8
בָאֱלֹהִים ׀ אֲדֹנָי וְאֵין כְּמַעֲשֶׂיךָ׃ כָּל־גּוֹיִם ׀ אֲשֶׁר עָשִׂיתָ 9
יָבוֹאוּ ׀ וְיִשְׁתַּחֲווּ לְפָנֶיךָ אֲדֹנָי וִיכַבְּדוּ לִשְׁמֶךָ׃ כִּי־גָדוֹל י
אַתָּה וְעֹשֵׂה נִפְלָאוֹת אַתָּה אֱלֹהִים לְבַדֶּךָ׃ הוֹרֵנִי יְהוָה ׀ 11
דַּרְכֶּךָ אֲהַלֵּךְ בַּאֲמִתֶּךָ יַחֵד לְבָבִי לְיִרְאָה שְׁמֶךָ׃ אוֹדְךָ ׀ 12
אֲדֹנָי אֱלֹהַי בְּכָל־לְבָבִי וַאֲכַבְּדָה שִׁמְךָ לְעוֹלָם׃ כִּי־ 13
חַסְדְּךָ גָּדוֹל עָלָי וְהִצַּלְתָּ נַפְשִׁי מִשְּׁאוֹל תַּחְתִּיָּה׃
אֱלֹהִים ׀ זֵדִים קָמוּ עָלַי וַעֲדַת עָרִיצִים בִּקְשׁוּ נַפְשִׁי וְלֹא 14
שָׂמוּךָ לְנֶגְדָּם׃ וְאַתָּה אֲדֹנָי אֵל־רַחוּם וְחַנּוּן אֶרֶךְ טו
אַפַּיִם וְרַב־חֶסֶד וֶאֱמֶת׃ פְּנֵה אֵלַי וְחָנֵּנִי תְּנָה־עֻזְּךָ 16
לְעַבְדֶּךָ

PSALMUS LXXXV. Hymnus Israelitarum post restitutionem & conversionem ex diuturna rejectione; atque preces, ut quæ Deus jam instituerat facere, ea perficere maturet.

PSALMUS LXXXVI. Oratio Davidis, & quorumcunque fidelium, ad Deum, ut sese ab injuriis & insidiis improborum, quibuscum in hoc mundo semper colluctantur, tueri & servare velit.

נ"א בֵּאלֹהִים לא פסיק

בנ"א אל־

בנ"א חסד

17 לְעַבְדֶּךָ וְהוֹשִׁיעָה לְבֶן־אֲמָתֶךָ׃ עֲשֵׂה־עִמִּי אוֹת לְטוֹבָה
וְיִרְאוּ שֹׂנְאַי וְיֵבֹשׁוּ כִּי־אַתָּה יְהוָה עֲזַרְתַּנִי וְנִחַמְתָּנִי׃

PSALMUS LXXXVII. Celebrat Hierosolymam & Zionem, ad cujus societatem etiam peregrinæ gentes adducendæ sint.

א פז לִבְנֵי־קֹרַח מִזְמוֹר שִׁיר יְסוּדָתוֹ בְּהַרְרֵי־
2 קֹדֶשׁ׃ אֹהֵב יְהוָה שַׁעֲרֵי צִיּוֹן מִכֹּל מִשְׁכְּנוֹת יַעֲקֹב׃ (נ"א נות)
3 4 נִכְבָּדוֹת מְדֻבָּר בָּךְ עִיר הָאֱלֹהִים סֶלָה׃ אַזְכִּיר רַהַב
וּבָבֶל לְיֹדְעָי הִנֵּה פְלֶשֶׁת וְצוֹר עִם־כּוּשׁ זֶה יֻלַּד־שָׁם׃
ה וּלְצִיּוֹן יֵאָמַר אִישׁ וְאִישׁ יֻלַּד־בָּהּ וְהוּא יְכוֹנְנֶהָ עֶלְיוֹן׃ (ג"א זה) (נ"א יהוה)
6 7 יְהוָה יִסְפֹּר בִּכְתוֹב עַמִּים זֶה יֻלַּד־שָׁם סֶלָה׃ וְשָׁרִים (נ"א לבני־ או לבני־ק)

PSALMUS LXXXVIII. Usurpat Propheta verba pii hominis, in summis angustiis constituti, atque oratione, affectibus & querelis plenâ, ejus dolores atque calamitates exprimit.

א כְּחֹלְלִים כָּל־מַעְיָנַי בָּךְ׃ פח שִׁיר מִזְמוֹר לִבְנֵי־
קֹרַח לַמְנַצֵּחַ עַל־מָחֲלַת לְעַנּוֹת מַשְׂכִּיל לְהֵימָן
2 הָאֶזְרָחִי׃ יְהוָה אֱלֹהֵי יְשׁוּעָתִי יוֹם־צָעַקְתִּי בַלַּיְלָה נֶגְדֶּךָ׃ (נ"א צעקתי)
3 4 תָּבוֹא לְפָנֶיךָ תְּפִלָּתִי הַטֵּה־אָזְנְךָ לְרִנָּתִי׃ כִּי־שָׂבְעָה
ה בְרָעוֹת נַפְשִׁי וְחַיַּי לִשְׁאוֹל הִגִּיעוּ׃ נֶחְשַׁבְתִּי עִם־יוֹרְדֵי
6 בוֹר הָיִיתִי כְּגֶבֶר אֵין־אֱיָל׃ בַּמֵּתִים חָפְשִׁי כְּמוֹ חֲלָלִים
שֹׁכְבֵי קֶבֶר אֲשֶׁר לֹא־זְכַרְתָּם עוֹד וְהֵמָּה מִיָּדְךָ נִגְזָרוּ׃
7 8 שַׁתַּנִי בְּבוֹר תַּחְתִּיּוֹת בְּמַחֲשַׁכִּים בִּמְצֹלוֹת׃ עָלַי סָמְכָה
9 חֲמָתֶךָ וְכָל־מִשְׁבָּרֶיךָ עִנִּיתָ סֶּלָה׃ הִרְחַקְתָּ מְיֻדָּעַי מִמֶּנִּי (נ"א הרחקת) (נ"א עִנית)
י שַׁתַּנִי תוֹעֵבוֹת לָמוֹ כָּלֻא וְלֹא אֵצֵא׃ עֵינִי דָאֲבָה מִנִּי עֹנִי (נ"א תועבת) (כנ"א עיני) (כנ"א עני)
11 קְרָאתִיךָ יְהוָה בְּכָל־יוֹם שִׁטַּחְתִּי אֵלֶיךָ כַפָּי׃ הֲלַמֵּתִים (כנ"א יהוה)
12 תַּעֲשֶׂה־פֶּלֶא אִם־רְפָאִים יָקוּמוּ יוֹדוּךָ סֶּלָה׃ הַיְסֻפַּר (נ"א רפאים) (נ"א יקומו)
13 בַּקֶּבֶר חַסְדֶּךָ אֱמוּנָתְךָ בָּאֲבַדּוֹן׃ הֲיִוָּדַע בַּחֹשֶׁךְ פִּלְאֶךָ
14 וְצִדְקָתְךָ בְּאֶרֶץ נְשִׁיָּה׃ וַאֲנִי אֵלֶיךָ יְהוָה שִׁוַּעְתִּי וּבַבֹּקֶר (פתח באתנח)
טו תְּפִלָּתִי תְקַדְּמֶךָּ׃ לָמָה יְהוָה תִּזְנַח נַפְשִׁי תַּסְתִּיר
16 פָּנֶיךָ מִמֶּנִּי׃ עָנִי אֲנִי וְגֹוֵעַ מִנֹּעַר נָשָׂאתִי אֵמֶיךָ
17 18 אָפוּנָה׃ עָלַי עָבְרוּ חֲרוֹנֶיךָ בִּעוּתֶיךָ צִמְּתוּתֻנִי׃ סַבּוּנִי
19 כַמַּיִם כָּל־הַיּוֹם הִקִּיפוּ עָלַי יָחַד׃ הִרְחַקְתָּ מִמֶּנִּי אֹהֵב

PSALMUS LXXXIX. Prædicat hic psalmus magnifica

א וָרֵעַ מְיֻדָּעַי מַחְשָׁךְ׃ פט מַשְׂכִּיל לְאֵיתָן
2 הָאֶזְרָחִי׃ חַסְדֵי יְהוָה עוֹלָם אָשִׁירָה לְדֹר וָדֹר ׀ אוֹדִיעַ

Dei opera, & imprimis præclara illa promissa Davidi facta commemorat: tandem publicas populi Dei calamitates, everso Templo & Regno, deplorat.

אמונתך בפי: כי־אמרתי עולם חסד יבנה שמים 3 נ"א בפי
תכן אמונתך בהם: כרתי ברית לבחירי נשבעתי 4
לדוד עבדי: עד־עולם אכין זרעך ובניתי לדר־ודור ה
כסאך סלה: ויודו שמים פלאך יהוה אף־אמונתך 6 נ"א ל
בקהל קדשים: כי מי בשחק יערך ליהוה ידמה ליהוה 7
בבני אלים: אל נערץ בסוד־קדשים רבה ונורא על־ 8 נ"א נערץ
כל־סביביו: יהוה אלהי צבאות מי־כמוך חסין יה 9
ואמונתך סביבותיך: אתה מושל בגאות הים בשוא י
ב"נ אתה גליו אתה תשבחם: אתה דכאת כחלל רהב בזרוע 11
ב"נ פזרת נ"א אויביך עזך פזרת אויביך: לך־שמים אף־לך ארץ תבל 12
בנ"א לך ומלאה אתה יסדתם: צפון וימין אתה בראתם תבור 13
בנ"א ידך וחרמון בשמך ירננו: לך־זרוע עם־גבורה תעז ידך 14
עמי' ואמת תרום ימינך: צדק ומשפט מכון כסאך חסד ואמת טו
יקדמו פניך: אשרי העם ידעי תרועה יהוה באור־ 16
פניך יהלכון: בשמך יגילון כל־היום ובצדקתך ירומו: 17
תרום קרי כי־תפארת עזמו אתה וברצונך תרים קרננו: כי 18 19
נ"א דברת ליהוה מגננו ולקדוש ישראל מלכנו: אז דברת־בחזון כ
ב"א דברת לחסידיך ותאמר שויתי עזר על־גבור הרימותי בחור
נ"א בחור מעם: מצאתי דוד עבדי בשמן קדשי משחתיו: אשר 21 22
ידי תכון עמו אף־זרועי תאמצנו: לא־ישא אויב בו 23
ובן־עולה לא יעננו: וכתותי מפניו צריו ומשנאיו 24
אגוף: ואמונתי וחסדי עמו ובשמי תרום קרנו: כה
ב"א ובנהרות ושמתי בים ידו ובנהרות ימינו: הוא יקראני אבי 26 27
אתה אלי וצור ישועתי: אף־אני בכור אתנהו עליון 28
יהיר י למלכי־ארץ: לעולם אשמור־לו חסדי ובריתי נאמנת 29
לו: ושמתי לעד זרעו וכסאו כימי שמים: אם־יעזבו ל 31
בניו תורתי ובמשפטי לא ילכון: אם־חקתי 32
יחללו ומצותי לא ישמרו: ופקדתי בשבט פשעם 33
ובנגעים

34 וּבִנְגָעִים עֲוֺנָם׃ וְחַסְדִּי לֹא־אָפִיר מֵעִמּוֹ וְלֹא אֲשַׁקֵּר ב״נ וּבִנגָעִים
לה בֶּאֱמוּנָתִי׃ לֹא־אֲחַלֵּל בְּרִיתִי וּמוֹצָא שְׂפָתַי לֹא
36 37 אֲשַׁנֶּה׃ אַחַת נִשְׁבַּעְתִּי בְקָדְשִׁי אִם־לְדָוִד אֲכַזֵּב׃ זַרְעוֹ ב״א אִם
38 לְעוֹלָם יִהְיֶה וְכִסְאוֹ כַשֶּׁמֶשׁ נֶגְדִּי׃ כְּיָרֵחַ יִכּוֹן עוֹלָם וְעֵד
39 בַּשַּׁחַק נֶאֱמָן סֶלָה׃ וְאַתָּה זָנַחְתָּ וַתִּמְאָס הִתְעַבַּרְתָּ
מ עִם־מְשִׁיחֶךָ׃ נֵאַרְתָּה בְּרִית עַבְדֶּךָ חִלַּלְתָּ לָאָרֶץ נִזְרוֹ׃
41 42 פָּרַצְתָּ כָל־גְּדֵרֹתָיו שַׂמְתָּ מִבְצָרָיו מְחִתָּה׃ שַׁסֻּהוּ כָּל־ ב״א כָּל־
43 עֹבְרֵי דָרֶךְ הָיָה חֶרְפָּה לִשְׁכֵנָיו׃ הֲרִימוֹתָ יְמִין צָרָיו
הִשְׂמַחְתָּ כָּל־אוֹיְבָיו׃ אַף־תָּשִׁיב צוּר חַרְבּוֹ וְלֹא הֲקֵמֹתוֹ
מה בַּמִּלְחָמָה׃ הִשְׁבַּתָּ מִטְּהָרוֹ וְכִסְאוֹ לָאָרֶץ מִגַּרְתָּה׃ פתח בס״ף
46 47 הִקְצַרְתָּ יְמֵי עֲלוּמָיו הֶעֱטִיתָ עָלָיו בּוּשָׁה סֶלָה׃ עַד־מָה ב״א העטית
48 יְהוָה תִּסָּתֵר לָנֶצַח תִּבְעַר כְּמוֹ־אֵשׁ חֲמָתֶךָ׃ זְכָר־אֲנִי
49 מֶה־חָלֶד עַל־מַה־שָּׁוְא בָּרָאתָ כָל־בְּנֵי־אָדָם׃ מִי גֶבֶר
יִחְיֶה וְלֹא יִרְאֶה־מָּוֶת יְמַלֵּט נַפְשׁוֹ מִיַּד־שְׁאוֹל סֶלָה׃
נ אַיֵּה ׀ חֲסָדֶיךָ הָרִאשֹׁנִים ׀ אֲדֹנָי נִשְׁבַּעְתָּ לְדָוִד בֶּאֱמוּנָתֶךָ׃
51 זְכֹר אֲדֹנָי חֶרְפַּת עֲבָדֶיךָ שְׂאֵתִי בְחֵיקִי כָּל־רַבִּים עַמִּים׃
52 אֲשֶׁר חֵרְפוּ אוֹיְבֶיךָ ׀ יְהוָה אֲשֶׁר חֵרְפוּ עִקְּבוֹת מְשִׁיחֶךָ׃ ב״א אויביך
53 בָּרוּךְ יְהוָה לְעוֹלָם אָמֵן ׀ וְאָמֵן׃

ספר רביעי

PSAL. XC. Psalmus Mosis servi Dei, divinum auxilium & gratiam in hujus vitæ miseriis implorantis; utque populo suo, multiplici certamine afflictionibus exercito, pacem & quieta tempora largiri dignetur, orantis.

א צ תְּפִלָּה לְמֹשֶׁה אִישׁ־הָאֱלֹהִים אֲדֹנָי מָעוֹן נ״א ילדו
2 אַתָּה הָיִיתָ לָּנוּ בְּדֹר וָדֹר׃ בְּטֶרֶם ׀ הָרִים יֻלָּדוּ או ילדו
וַתְּחוֹלֵל אֶרֶץ וְתֵבֵל וּמֵעוֹלָם עַד־עוֹלָם אַתָּה אֵל׃ ב״נ לם ב״נ אתה
3 4 תָּשֵׁב אֱנוֹשׁ עַד־דַּכָּא וַתֹּאמֶר שׁוּבוּ בְנֵי־אָדָם׃ כִּי אֶלֶף
שָׁנִים בְּעֵינֶיךָ כְּיוֹם אֶתְמוֹל כִּי יַעֲבֹר וְאַשְׁמוּרָה
ה בַלָּיְלָה׃ זְרַמְתָּם שֵׁנָה יִהְיוּ בַּבֹּקֶר כֶּחָצִיר יַחֲלֹף׃ בַּבֹּקֶר 6
7 יָצִיץ וְחָלָף לָעֶרֶב יְמוֹלֵל וְיָבֵשׁ׃ כִּי־כָלִינוּ בְאַפֶּךָ ב״נ וב
8 וּבַחֲמָתְךָ נִבְהָלְנוּ׃ שַׁתָּה עֲוֺנֹתֵינוּ לְנֶגְדֶּךָ עֲלֻמֵנוּ לִמְאוֹר שתה ק׳ נ״א עונות
9 פָּנֶיךָ׃ כִּי כָל־יָמֵינוּ פָּנוּ בְעֶבְרָתֶךָ כִּלִּינוּ שָׁנֵינוּ כְמוֹ־
י הֶגֶה׃ יְמֵי־שְׁנוֹתֵינוּ ׀ בָהֶם שִׁבְעִים שָׁנָה וְאִם נ״א בהם נ״א שבעים

בגבורת

נ״א בגבורות בִּגְבוּרֹת שְׁמוֹנִים שָׁנָה וְרָהְבָּם עָמָל וָאָוֶן כִּי־גָז חִישׁ
בנ״א מי וַנָּעֻפָה׃ מִי־יוֹדֵעַ עֹז אַפֶּךָ וּכְיִרְאָתְךָ עֶבְרָתֶךָ׃ לִמְנוֹת 11 12
פתח באתנח נ״א הודע יָמֵינוּ כֵּן הוֹדַע וְנָבִא לְבַב חָכְמָה׃ שׁוּבָה יְהוָה 13
בנ״א לבב עַד־מָתָי וְהִנָּחֵם עַל־עֲבָדֶיךָ׃ שַׂבְּעֵנוּ בַבֹּקֶר חַסְדֶּךָ 14
ב״א ונרננה וּנְרַנְּנָה וְנִשְׂמְחָה בְּכָל־יָמֵינוּ׃ שַׂמְּחֵנוּ כִּימוֹת עִנִּיתָנוּ טו
שְׁנוֹת רָאִינוּ רָעָה׃ יֵרָאֶה אֶל־עֲבָדֶיךָ פָעֳלֶךָ וַהֲדָרְךָ 16
בנ״א אדני עַל־בְּנֵיהֶם׃ וִיהִי נֹעַם יְהוָה אֱלֹהֵינוּ עָלֵינוּ וּמַעֲשֵׂה 17
נ״א ומעשה יָדֵינוּ כּוֹנְנָה עָלֵינוּ וּמַעֲשֵׂה יָדֵינוּ כּוֹנְנֵהוּ׃
ב״נ מעשה

צא יֹשֵׁב בְּסֵתֶר עֶלְיוֹן בְּצֵל שַׁדַּי יִתְלוֹנָן׃ א
אֹמַר לַיהוָה מַחְסִי וּמְצוּדָתִי אֱלֹהַי אֶבְטַח־בּוֹ׃ כִּי 2 3 נ״א יצילך
הוּא יַצִּילְךָ מִפַּח יָקוּשׁ מִדֶּבֶר הַוּוֹת׃ בְּאֶבְרָתוֹ יָסֶךְ 4 נ״א מפח
בנ״א לך לָךְ וְתַחַת־כְּנָפָיו תֶּחְסֶה צִנָּה וְסֹחֵרָה אֲמִתּוֹ׃ לֹא ה
בנ״א ותחת תִירָא מִפַּחַד לָיְלָה מֵחֵץ יָעוּף יוֹמָם׃ מִדֶּבֶר בָּאֹפֶל 6
יַהֲלֹךְ מִקֶּטֶב יָשׁוּד צָהֳרָיִם׃ יִפֹּל מִצִּדְּךָ אֶלֶף וּרְבָבָה 7
מִימִינֶךָ אֵלֶיךָ לֹא יִגָּשׁ׃ רַק בְּעֵינֶיךָ תַבִּיט וְשִׁלֻּמַת 8
רְשָׁעִים תִּרְאֶה׃ כִּי־אַתָּה יְהוָה מַחְסִי עֶלְיוֹן שַׂמְתָּ 9
מְעוֹנֶךָ׃ לֹא־תְאֻנֶּה אֵלֶיךָ רָעָה וְנֶגַע לֹא־יִקְרַב י
בְּאָהֳלֶךָ׃ כִּי מַלְאָכָיו יְצַוֶּה־לָּךְ לִשְׁמָרְךָ בְּכָל־דְּרָכֶיךָ׃ 11
עַל־כַּפַּיִם יִשָּׂאוּנְךָ פֶּן־תִּגֹּף בָּאֶבֶן רַגְלֶךָ׃ עַל־שַׁחַל 12 13
וָפֶתֶן תִּדְרֹךְ תִּרְמֹס כְּפִיר וְתַנִּין׃ כִּי בִי חָשַׁק וַאֲפַלְּטֵהוּ 14
אֲשַׂגְּבֵהוּ כִּי־יָדַע שְׁמִי׃ יִקְרָאֵנִי וְאֶעֱנֵהוּ עִמּוֹ־אָנֹכִי טו
בְצָרָה אֲחַלְּצֵהוּ וַאֲכַבְּדֵהוּ׃ אֹרֶךְ יָמִים אַשְׂבִּיעֵהוּ 16
וְאַרְאֵהוּ בִּישׁוּעָתִי׃

PS. XCI Deprædicat piorum felicitatem, sanctamque securitatem in Deo.

צב מִזְמוֹר שִׁיר לְיוֹם א
הַשַּׁבָּת׃ טוֹב לְהֹדוֹת לַיהוָה וּלְזַמֵּר לְשִׁמְךָ עֶלְיוֹן׃ 2
לְהַגִּיד בַּבֹּקֶר חַסְדֶּךָ וֶאֱמוּנָתְךָ בַּלֵּילוֹת׃ עֲלֵי־עָשׂוֹר 3 4
וַעֲלֵי־נָבֶל עֲלֵי הִגָּיוֹן בְּכִנּוֹר׃ כִּי שִׂמַּחְתַּנִי יְהוָה בְּפָעֳלֶךָ ה
בְּמַעֲשֵׂי יָדֶיךָ אֲרַנֵּן׃ מַה־גָּדְלוּ מַעֲשֶׂיךָ יְהוָה 6
מְאֹד עָמְקוּ מַחְשְׁבֹתֶיךָ׃ אִישׁ־בַּעַר לֹא יֵדָע וּכְסִיל 7

PS. XCII. Eam laudatissimam religionem & cultum Dei esse, quæ in consideratione consiliorum atque operum Dei consistat.

לא

8 לֹא־יָבִין אֶת־זֹאת׃ בִּפְרֹחַ רְשָׁעִים ׀ כְּמוֹ עֵשֶׂב וַיָּצִיצוּ
9 כָּל־פֹּעֲלֵי אָוֶן לְהִשָּׁמְדָם עֲדֵי־עַד׃ וְאַתָּה מָרוֹם לְעֹלָם ג"א לעולם
י יְהוָה׃ כִּי הִנֵּה אֹיְבֶיךָ ׀ יְהוָה כִּי־הִנֵּה אֹיְבֶיךָ יֹאבֵדוּ בנ"א יהוה
11 יִתְפָּרְדוּ כָּל־פֹּעֲלֵי אָוֶן׃ וַתָּרֶם כִּרְאֵים קַרְנִי בַּלֹּתִי בְּשֶׁמֶן עטי' ותרם
12 רַעֲנָן׃ וַתַּבֵּט עֵינִי בְּשׁוּרָי בַּקָּמִים עָלַי מְרֵעִים תִּשְׁמַעְנָה
13 אָזְנָי׃ צַדִּיק כַּתָּמָר יִפְרָח כְּאֶרֶז בַּלְּבָנוֹן יִשְׂגֶּה׃
טו 14 שְׁתוּלִים בְּבֵית יְהוָה בְּחַצְרוֹת אֱלֹהֵינוּ יַפְרִיחוּ׃ עוֹד
16 יְנוּבוּן בְּשֵׂיבָה דְּשֵׁנִים וְרַעֲנַנִּים יִהְיוּ׃ לְהַגִּיד כִּי־יָשָׁר ב"נ דשנים ג"א ורעננים
יְהוָה צוּרִי וְלֹא־עַלְתָה בּוֹ׃ צג עולתה קרי כולו קמץ

PS. XCIII. Agit de Regni Dei manifestatione.

א יְהוָה מָלָךְ גֵּאוּת לָבֵשׁ לָבֵשׁ יְהוָה עֹז הִתְאַזָּר
2 אַף־תִּכּוֹן תֵּבֵל בַּל־תִּמּוֹט׃ נָכוֹן כִּסְאֲךָ מֵאָז מֵעוֹלָם
3 אָתָּה׃ נָשְׂאוּ נְהָרוֹת ׀ יְהוָה נָשְׂאוּ נְהָרוֹת קוֹלָם בנ"א מים
4 יִשְׂאוּ נְהָרוֹת דָּכְיָם׃ מִקֹּלוֹת ׀ מַיִם רַבִּים אַדִּירִים ב"א אדירים בנ"א אדירים
ה מִשְׁבְּרֵי־יָם אַדִּיר בַּמָּרוֹם יְהוָה׃ עֵדֹתֶיךָ ׀ נֶאֶמְנוּ מְאֹד
לְבֵיתְךָ נַאֲוָה־קֹדֶשׁ יְהוָה לְאֹרֶךְ יָמִים׃ צד ב"א אל־

PS. XCIV. Agit de judicio improborum qui regno isti adversantur.

2 א אֵל־נְקָמוֹת יְהוָה אֵל נְקָמוֹת הוֹפִיעַ׃ הִנָּשֵׂא ב"נ אל־
3 שֹׁפֵט הָאָרֶץ הָשֵׁב גְּמוּל עַל־גֵּאִים׃ עַד־מָתַי רְשָׁעִים ׀
4 יְהוָה עַד־מָתַי רְשָׁעִים יַעֲלֹזוּ׃ יַבִּיעוּ יְדַבְּרוּ עָתָק יִתְאַמְּרוּ ב"א יתאמרו
ה כָּל־פֹּעֲלֵי אָוֶן׃ עַמְּךָ יְהוָה יְדַכְּאוּ וְנַחֲלָתְךָ יְעַנּוּ׃
7. 6 אַלְמָנָה וְגֵר יַהֲרֹגוּ וִיתוֹמִים יְרַצֵּחוּ׃ וַיֹּאמְרוּ לֹא יִרְאֶה־
8 יָּהּ וְלֹא־יָבִין אֱלֹהֵי יַעֲקֹב׃ בִּינוּ בֹּעֲרִים בָּעָם וּכְסִילִים
9 מָתַי תַּשְׂכִּילוּ׃ הֲנֹטַע אֹזֶן הֲלֹא יִשְׁמָע אִם־יֹצֵר עַיִן בנ"א יצר
י הֲלֹא יַבִּיט׃ הֲיֹסֵר גּוֹיִם הֲלֹא יוֹכִיחַ הַמְלַמֵּד אָדָם דָּעַת׃
12 11 יְהוָה יֹדֵעַ מַחְשְׁבוֹת אָדָם כִּי־הֵמָּה הָבֶל׃ אַשְׁרֵי הַגֶּבֶר בנ"א יהוה ג"א אשרי
13 אֲשֶׁר־תְּיַסְּרֶנּוּ יָּהּ וּמִתּוֹרָתְךָ תְלַמְּדֶנּוּ׃ לְהַשְׁקִיט לוֹ מִימֵי ג"א תלמדנו
14 רָע עַד יִכָּרֶה לָרָשָׁע שָׁחַת׃ כִּי ׀ לֹא־יִטֹּשׁ יְהוָה עַמּוֹ
טו וְנַחֲלָתוֹ לֹא יַעֲזֹב׃ כִּי־עַד־צֶדֶק יָשׁוּב מִשְׁפָּט וְאַחֲרָיו כָּל־
16 יִשְׁרֵי־לֵב׃ מִי־יָקוּם לִי עִם־מְרֵעִים מִי־יִתְיַצֵּב לִי עִם־פֹּעֲלֵי בנ"א לי בנ"א פעלי
אָוֶן

אָוֶן׃ לוּלֵי יְהוָה עֶזְרָתָה לִּי כִּמְעַט ׀ שָׁכְנָה דוּמָה 17
נַפְשִׁי׃ אִם־אָמַרְתִּי מָטָה רַגְלִי חַסְדְּךָ יְהוָה יִסְעָדֵנִי׃ 18
בְּרֹב שַׂרְעַפַּי בְּקִרְבִּי תַּנְחוּמֶיךָ יְשַׁעַשְׁעוּ נַפְשִׁי׃ 19
דגש אחר חולם הֲיִתְחָבְרְךָ כִּסֵּא הַוּוֹת יֹצֵר עָמָל עֲלֵי־חֹק׃ יָגוֹדּוּ עַל־ כ 21
נֶפֶשׁ צַדִּיק וְדָם נָקִי יַרְשִׁיעוּ׃ וַיְהִי יְהוָה לִי לְמִשְׂגָּב וֵאלֹהַי 22
לְצוּר מַחְסִי׃ וַיָּשֶׁב עֲלֵיהֶם ׀ אֶת־אוֹנָם וּבְרָעָתָם 23
יַצְמִיתֵם יַצְמִיתֵם יְהוָה אֱלֹהֵינוּ׃ צה א
לְכוּ נְרַנְּנָה לַיהוָה נָרִיעָה לְצוּר יִשְׁעֵנוּ׃ 2 3
נְקַדְּמָה פָנָיו בְּתוֹדָה בִּזְמִרוֹת נָרִיעַ לוֹ׃ כִּי אֵל גָּדוֹל 4
יְהוָה וּמֶלֶךְ גָּדוֹל עַל־כָּל־אֱלֹהִים׃ אֲשֶׁר בְּיָדוֹ ה
מֶחְקְרֵי־אָרֶץ וְתוֹעֲפוֹת הָרִים לוֹ׃ אֲשֶׁר־לוֹ הַיָּם וְהוּא 6
עָשָׂהוּ וְיַבֶּשֶׁת יָדָיו יָצָרוּ׃ בֹּאוּ נִשְׁתַּחֲוֶה וְנִכְרָעָה 7 ב״נ לִפְנֵי
נ״א אלהינו נִבְרְכָה לִפְנֵי־יְהוָה עֹשֵׂנוּ׃ כִּי הוּא אֱלֹהֵינוּ נ״א הוּא
וַאֲנַחְנוּ עַם מַרְעִיתוֹ וְצֹאן יָדוֹ הַיּוֹם אִם־בְּקֹלוֹ תִשְׁמָעוּ׃ ב׳א אבי
אַל־תַּקְשׁוּ לְבַבְכֶם כִּמְרִיבָה כְּיוֹם מַסָּה בַּמִּדְבָּר׃ אֲשֶׁר 8 9
נִסּוּנִי אֲבוֹתֵיכֶם בְּחָנוּנִי גַּם־רָאוּ פָעֳלִי׃ אַרְבָּעִים שָׁנָה ׀ י
אָקוּט בְּדוֹר וָאֹמַר עַם תֹּעֵי לֵבָב הֵם וְהֵם לֹא יָדְעוּ
דְרָכָי׃ אֲשֶׁר־נִשְׁבַּעְתִּי בְאַפִּי אִם־יְבֹאוּן אֶל־מְנוּחָתִי׃ 11

PS. XCV. Invitat Israëlem, ut Regno Dei sese subjiciat: atque exemplo majorum, qui in solitudine interierunt, ipsos ab impietate & infidelitate deterret.

צו שִׁירוּ לַיהוָה שִׁיר חָדָשׁ שִׁירוּ לַיהוָה א
כָּל־הָאָרֶץ׃ שִׁירוּ לַיהוָה בָּרְכוּ שְׁמוֹ בַּשְּׂרוּ 2
מִיּוֹם־לְיוֹם יְשׁוּעָתוֹ׃ סַפְּרוּ בַגּוֹיִם כְּבוֹדוֹ בְּכָל־הָעַמִּים 3
נִפְלְאוֹתָיו׃ כִּי גָדוֹל יְהוָה וּמְהֻלָּל מְאֹד נוֹרָא הוּא 4
עַל־כָּל־אֱלֹהִים׃ כִּי ׀ כָּל־אֱלֹהֵי הָעַמִּים אֱלִילִים ה
וַיהוָה שָׁמַיִם עָשָׂה׃ הוֹד־וְהָדָר לְפָנָיו עֹז וְתִפְאֶרֶת 6
בְּמִקְדָּשׁוֹ׃ הָבוּ לַיהוָה מִשְׁפְּחוֹת עַמִּים הָבוּ לַיהוָה 7
בנ״א שאו־ כָּבוֹד וָעֹז׃ הָבוּ לַיהוָה כְּבוֹד שְׁמוֹ שְׂאוּ־מִנְחָה וּבֹאוּ 8
לְחַצְרוֹתָיו׃ הִשְׁתַּחֲווּ לַיהוָה בְּהַדְרַת־קֹדֶשׁ חִילוּ מִפָּנָיו 9
מלו קמץ כָּל־הָאָרֶץ׃ אִמְרוּ בַגּוֹיִם ׀ יְהוָה מָלָךְ אַף־תִּכּוֹן תֵּבֵל י

PS. XCVI. Carmen, quo adventus hujus Regni paratur & promulgatur.

11 בַּל־תִּמּוֹט יָדִין עַמִּים בְּמֵישָׁרִים׃ יִשְׂמְחוּ הַשָּׁמַיִם וְתָגֵל
12 הָאָרֶץ יִרְעַם הַיָּם וּמְלֹאוֹ׃ יַעֲלֹז שָׂדַי וְכָל־אֲשֶׁר־בּוֹ אָז — ב״א ירעם
13 יְרַנְּנוּ כָּל־עֲצֵי־יָעַר׃ לִפְנֵי יְהוָה כִּי בָא כִּי בָא לִשְׁפֹּט — עטי״ לפני / ב״א ישפט
הָאָרֶץ יִשְׁפֹּט־תֵּבֵל בְּצֶדֶק וְעַמִּים בֶּאֱמוּנָתוֹ׃ — כולו קמץ

PS. XCVII. Etiam hoc psalmo in eodem argumento pergit, deque amplitudine & majestate hujus Regni vaticinatur, deque idolorum abolitione.

א צז יְהוָה מָלָךְ תָּגֵל הָאָרֶץ יִשְׂמְחוּ אִיִּים — בנ״א
2 רַבִּים׃ עָנָן וַעֲרָפֶל סְבִיבָיו צֶדֶק וּמִשְׁפָּט מְכוֹן כִּסְאוֹ׃ — מכין
3 אֵשׁ לְפָנָיו תֵּלֵךְ וּתְלַהֵט סָבִיב צָרָיו׃ הֵאִירוּ בְרָקָיו 4
ה תֵּבֵל רָאֲתָה וַתָּחֵל הָאָרֶץ׃ הָרִים כַּדּוֹנַג נָמַסּוּ מִלִּפְנֵי
6 יְהוָה מִלִּפְנֵי אֲדוֹן כָּל־הָאָרֶץ׃ הִגִּידוּ הַשָּׁמַיִם צִדְקוֹ וְרָאוּ
7 כָל־הָעַמִּים כְּבוֹדוֹ׃ יֵבֹשׁוּ כָּל־עֹבְדֵי פֶסֶל הַמִּתְהַלְלִים
8 בָּאֱלִילִים הִשְׁתַּחֲווּ־לוֹ כָּל־אֱלֹהִים׃ שָׁמְעָה וַתִּשְׂמַח
9 צִיּוֹן וַתָּגֵלְנָה בְּנוֹת יְהוּדָה לְמַעַן מִשְׁפָּטֶיךָ יְהוָה׃ כִּי־
אַתָּה יְהוָה עֶלְיוֹן עַל־כָּל־הָאָרֶץ מְאֹד נַעֲלֵיתָ עַל־
י כָּל־אֱלֹהִים׃ אֹהֲבֵי יְהוָה שִׂנְאוּ רָע שֹׁמֵר נַפְשׁוֹת חֲסִידָיו — נ״א אהבי
11 מִיַּד רְשָׁעִים יַצִּילֵם׃ אוֹר זָרֻעַ לַצַּדִּיק וּלְיִשְׁרֵי־לֵב — בנ״א שנאו
12 שִׂמְחָה׃ שִׂמְחוּ צַדִּיקִים בַּיהוָה וְהוֹדוּ לְזֵכֶר קָדְשׁוֹ׃

PSALMUS XCVIII. Ejusdem argumenti & mysterii. Est autem hic cohortatio ad omnigenam lætitiam, Deo Regnum capessente, & ad terram judicandam prodeunte.

א צח מִזְמוֹר שִׁירוּ לַיהוָה שִׁיר חָדָשׁ כִּי־
2 נִפְלָאוֹת עָשָׂה הוֹשִׁיעָה־לּוֹ יְמִינוֹ וּזְרוֹעַ קָדְשׁוֹ׃ הוֹדִיעַ
3 יְהוָה יְשׁוּעָתוֹ לְעֵינֵי הַגּוֹיִם גִּלָּה צִדְקָתוֹ׃ זָכַר חַסְדּוֹ
וֶאֱמוּנָתוֹ לְבֵית יִשְׂרָאֵל רָאוּ כָל־אַפְסֵי־אָרֶץ אֵת יְשׁוּעַת
4 אֱלֹהֵינוּ׃ הָרִיעוּ לַיהוָה כָּל־הָאָרֶץ פִּצְחוּ וְרַנְּנוּ וְזַמֵּרוּ׃ — צ״א
ה זַמְּרוּ לַיהוָה בְּכִנּוֹר בְּכִנּוֹר וְקוֹל זִמְרָה׃ בַּחֲצֹצְרוֹת 6
7 וְקוֹל שׁוֹפָר הָרִיעוּ לִפְנֵי הַמֶּלֶךְ יְהוָה׃ יִרְעַם הַיָּם וּמְלֹאוֹ
8 תֵּבֵל וְיֹשְׁבֵי בָהּ׃ נְהָרוֹת יִמְחֲאוּ־כָף יַחַד הָרִים יְרַנֵּנוּ׃
9 לִפְנֵי־יְהוָה כִּי בָא לִשְׁפֹּט הָאָרֶץ יִשְׁפֹּט־תֵּבֵל בְּצֶדֶק

PS. XCIX. De potentiâ, justitiâ & sanctitate Regis in Regno hoc

א וְעַמִּים בְּמֵישָׁרִים׃ צט יְהוָה מָלָךְ יִרְגְּזוּ — כולו קמץ
2 עַמִּים יֹשֵׁב כְּרוּבִים תָּנוּט הָאָרֶץ׃ יְהוָה בְּצִיּוֹן גָּדוֹל וְרָם
3 הוּא עַל־כָּל־הָעַמִּים׃ יוֹדוּ שִׁמְךָ גָּדוֹל וְנוֹרָא קָדוֹשׁ

הוּא׃ וְעֹז מֶלֶךְ מִשְׁפָּט אָהֵב אַתָּה כּוֹנַנְתָּ מֵישָׁרִים 4
מִשְׁפָּט וּצְדָקָה בְּיַעֲקֹב ׀ אַתָּה עָשִׂיתָ׃ רוֹמְמוּ יְהוָה ה
אֱלֹהֵינוּ וְהִשְׁתַּחֲווּ לַהֲדֹם רַגְלָיו קָדוֹשׁ הוּא׃ מֹשֶׁה 6
וְאַהֲרֹן ׀ בְּכֹהֲנָיו וּשְׁמוּאֵל בְּקֹרְאֵי שְׁמוֹ קֹרְאִים אֶל־יְהוָה
וְהוּא יַעֲנֵם׃ בְּעַמּוּד עָנָן יְדַבֵּר אֲלֵיהֶם שָׁמְרוּ עֵדֹתָיו 7
וְחֹק נָתַן־לָמוֹ׃ יְהוָה אֱלֹהֵינוּ אַתָּה עֲנִיתָם אֵל נֹשֵׂא 8
הָיִיתָ לָהֶם וְנֹקֵם עַל־עֲלִילוֹתָם׃ רוֹמְמוּ יְהוָה אֱלֹהֵינוּ 9
וְהִשְׁתַּחֲווּ לְהַר קָדְשׁוֹ כִּי־קָדוֹשׁ יְהוָה אֱלֹהֵינוּ׃

administrando, demonstratâ,

הא״ נחה

ק מִזְמוֹר לְתוֹדָה הָרִיעוּ לַיהוָה כָּל־הָאָרֶץ׃ א
עִבְדוּ אֶת־יְהוָה בְּשִׂמְחָה בֹּאוּ לְפָנָיו בִּרְנָנָה׃ דְּעוּ כִּי־ 2 3
יְהוָה הוּא אֱלֹהִים הוּא־עָשָׂנוּ וְלֹא ׀ אֲנַחְנוּ עַמּוֹ וְצֹאן
מַרְעִיתוֹ׃ בֹּאוּ שְׁעָרָיו ׀ בְּתוֹדָה חֲצֵרֹתָיו בִּתְהִלָּה הוֹדוּ 4
לוֹ בָּרְכוּ שְׁמוֹ׃ כִּי־טוֹב יְהוָה לְעוֹלָם חַסְדּוֹ וְעַד־דֹּר ה
וָדֹר אֱמוּנָתוֹ׃

נ״א הוא
ולו ק״
נ״א לא פסיק
נ״א אנחנו

PSAL. C. Docet nunquam intermittendas esse gratiarum actiones, inque eo Dei cultum consistere.

קא לְדָוִד מִזְמוֹר חֶסֶד־ א
וּמִשְׁפָּט אָשִׁירָה לְךָ יְהוָה אֲזַמֵּרָה׃ אַשְׂכִּילָה ׀ בְּדֶרֶךְ תָּמִים 2
מָתַי תָּבוֹא אֵלָי אֶתְהַלֵּךְ בְּתָם־לְבָבִי בְּקֶרֶב בֵּיתִי׃ לֹא־ 3
אָשִׁית ׀ לְנֶגֶד עֵינַי דְּבַר־בְּלִיָּעַל עֲשֹׂה־סֵטִים שָׂנֵאתִי לֹא
יִדְבַּק בִּי׃ לֵבָב עִקֵּשׁ יָסוּר מִמֶּנִּי רָע לֹא אֵדָע׃ מְלָושְׁנִי 4 ה
בַסֵּתֶר ׀ רֵעֵהוּ אוֹתוֹ אַצְמִית גְּבַהּ־עֵינַיִם וּרְחַב לֵבָב אֹתוֹ
לֹא אוּכָל׃ עֵינַי ׀ בְּנֶאֶמְנֵי־אֶרֶץ לָשֶׁבֶת עִמָּדִי הֹלֵךְ בְּדֶרֶךְ 6
תָּמִים הוּא יְשָׁרְתֵנִי׃ לֹא־יֵשֵׁב ׀ בְּקֶרֶב בֵּיתִי עֹשֵׂה רְמִיָּה 7
דֹּבֵר שְׁקָרִים לֹא־יִכּוֹן לְנֶגֶד עֵינָי׃ לַבְּקָרִים אַצְמִית כָּל־ 8
רִשְׁעֵי־אָרֶץ לְהַכְרִית מֵעִיר־יְהוָה כָּל־פֹּעֲלֵי אָוֶן׃

PSAL. CI. Describit, in personâ suâ, officia pii et optimi principis.

קב תְּפִלָּה לְעָנִי כִי־יַעֲטֹף וְלִפְנֵי יְהוָה א
יִשְׁפֹּךְ שִׂיחוֹ׃ יְהוָה שִׁמְעָה תְפִלָּתִי וְשַׁוְעָתִי אֵלֶיךָ תָבוֹא׃ 2
אַל־תַּסְתֵּר פָּנֶיךָ ׀ מִמֶּנִּי בְּיוֹם צַר־לִי הַטֵּה־אֵלַי אָזְנֶךָ 3
בְּיוֹם אֶקְרָא מַהֵר עֲנֵנִי׃ כִּי־כָלוּ בְעָשָׁן יָמָי וְעַצְמוֹתַי 4 ה
כְּמוֹקֵד נִחָרוּ׃ הוּכָּה־כָעֵשֶׂב וַיִּבַשׁ לִבִּי כִּי־שָׁכַחְתִּי

ה דגש
הר שורק

מאכל

PSAL. CII. Est hæc oratio populi Dei, in magnâ calamitate constituti, apud Deum lamentantis et querulantis, in

Zionis recordetur.

6 מאכל לחמי׃ מקול אנחתי דבקה עצמי לבשרי׃
7 דמיתי לקאת מדבר הייתי ככוס חרבות׃ שקדתי 8 נ״א לקאת
9 ואהיה כצפור בודד על־גג׃ כל־היום חרפוני אויבי
מהוללי בי נשבעו׃ כי־אפר כלחם אכלתי ושקוי
11 בבכי מסכתי׃ מפני־זעמך וקצפך כי נשאתני
12 ותשליכני׃ ימי כצל נטוי ואני כעשב איבש׃ ואתה 13
14 יהוה לעולם תשב וזכרך לדר ודר׃ אתה תקום
טו תרחם ציון כי־עת לחננה כי־בא מועד׃ כי־רצו עבדיך
16 את־אבניה ואת־עפרה יחננו׃ וייראו גוים את־שם בנ״א גוים
17 יהוה וכל־מלכי הארץ את־כבודך׃ כי־בנה יהוה
18 ציון נראה בכבודו׃ פנה אל־תפלת הערער ולא בזה
19 את־תפלתם׃ תכתב זאת לדור אחרון ועם נברא
כ יהלל־יה׃ כי־השקיף ממרום קדשו יהוה משמים
21 אל־ארץ הביט׃ לשמע אנקת אסיר לפתח בני
22 תמותה׃ לספר בציון שם יהוה ותהלתו בירושלם׃
23 בהקבץ עמים יחדו וממלכות לעבד את־יהוה׃
כה 24 ענה בדרך כחו קצר ימי׃ אמר אלי אל־תעלני בנ״א ענה כחי קרי
26 בחצי ימי בדור דורים שנותיך׃ לפנים הארץ יסדת פתח באתנח
27 ומעשה ידיך שמים׃ המה יאבדו ואתה תעמד נ״א לא פסיק
28 וכלם כבגד יבלו כלבוש תחליפם ויחלפו׃ ואתה
29 הוא ושנותיך לא יתמו׃ בני־עבדיך ישכונו וזרעם נ״א יתמו
א לפניך יכון׃ קג לדוד ברכי נפשי

PS. CIII. Celebrat hoc suavissimo hymno misericordiam & bonitatem Dei, ejusque paternam planè curam & animum in suos extollit.

2 את־יהוה וכל־קרבי את־שם קדשו׃ ברכי נפשי
3 את־יהוה ואל־תשכחי כל־גמוליו׃ הסלח
4 לכל־עונכי הרפא לכל־תחלואיכי׃ הגואל
המשחת חייכי המעטרכי חסד ורחמים׃ המשביע ב״נ המ
6 בטוב עדיך תתחדש כנשר נעוריכי׃ עשה צדקות נ״א עשה
7 יהוה ומשפטים לכל־עשוקים׃ יודיע דרכיו למשה

לִבְנֵי יִשְׂרָאֵל עֲלִילוֹתָיו׃ רַחוּם וְחַנּוּן יְהוָה אֶרֶךְ אַפַּיִם 8
וְרַב־חָסֶד׃ לֹא־לָנֶצַח יָרִיב וְלֹא לְעוֹלָם יִטּוֹר׃ לֹא 9 י
כַחֲטָאֵינוּ עָשָׂה לָנוּ וְלֹא כַעֲוֺנֹתֵינוּ גָּמַל עָלֵינוּ׃ כִּי כִגְבֹהַּ 11 נ"א כעונותינו
שָׁמַיִם עַל־הָאָרֶץ גָּבַר חַסְדּוֹ עַל־יְרֵאָיו׃ כִּרְחֹק מִזְרָח 12
מִמַּעֲרָב הִרְחִיק מִמֶּנּוּ אֶת־פְּשָׁעֵינוּ׃ כְּרַחֵם אָב עַל־ 13 נ"א הִרְחִיק
בָּנִים רִחַם יְהוָה עַל־יְרֵאָיו׃ כִּי־הוּא יָדַע יִצְרֵנוּ זָכוּר 14
כִּי־עָפָר אֲנָחְנוּ׃ אֱנוֹשׁ כֶּחָצִיר יָמָיו כְּצִיץ הַשָּׂדֶה כֵּן טו
יָצִיץ׃ כִּי רוּחַ עָבְרָה־בּוֹ וְאֵינֶנּוּ וְלֹא־יַכִּירֶנּוּ עוֹד 16
מְקוֹמוֹ׃ וְחֶסֶד יְהוָה מֵעוֹלָם וְעַד־עוֹלָם עַל־יְרֵאָיו 17
וְצִדְקָתוֹ לִבְנֵי בָנִים׃ לְשֹׁמְרֵי בְרִיתוֹ וּלְזֹכְרֵי פִקֻּדָיו 18
לַעֲשׂוֹתָם׃ יְהוָה בַּשָּׁמַיִם הֵכִין כִּסְאוֹ וּמַלְכוּתוֹ בַּכֹּל 19
מָשָׁלָה׃ בָּרֲכוּ יְהוָה מַלְאָכָיו גִּבֹּרֵי כֹחַ עֹשֵׂי דְבָרוֹ כ
לִשְׁמֹעַ בְּקוֹל דְּבָרוֹ׃ בָּרֲכוּ יְהוָה כָּל־צְבָאָיו מְשָׁרְתָיו 21
עֹשֵׂי רְצוֹנוֹ׃ בָּרֲכוּ יְהוָה כָּל־מַעֲשָׂיו בְּכָל־מְקֹמוֹת 22
מֶמְשַׁלְתּוֹ בָּרֲכִי נַפְשִׁי אֶת־יְהוָה׃ קד

PS. CIV. Argumenta Deum celebrandi porro persequitur: atque hic elegantissime describit pulchritudinem rerum à Deo conditerum, atque universæ naturæ veluti theatrum aperit.

בָּרֲכִי נַפְשִׁי אֶת־יְהוָה יְהוָה אֱלֹהַי גָּדַלְתָּ מְּאֹד הוֹד וְהָדָר א
לָבָשְׁתָּ׃ עֹטֶה־אוֹר כַּשַּׂלְמָה נוֹטֶה שָׁמַיִם כַּיְרִיעָה׃ 2
הַמְקָרֶה בַמַּיִם עֲלִיּוֹתָיו הַשָּׂם־עָבִים רְכוּבוֹ הַמְהַלֵּךְ 3 נ"א השם
עַל־כַּנְפֵי־רוּחַ׃ עֹשֶׂה מַלְאָכָיו רוּחוֹת מְשָׁרְתָיו אֵשׁ 4
לֹהֵט׃ יָסַד־אֶרֶץ עַל־מְכוֹנֶיהָ בַּל־תִּמּוֹט עוֹלָם וָעֶד׃ ה
תְּהוֹם כַּלְּבוּשׁ כִּסִּיתוֹ עַל־הָרִים יַעַמְדוּ־מָיִם׃ מִן־ 6 7
גַּעֲרָתְךָ יְנוּסוּן מִן־קוֹל רַעַמְךָ יֵחָפֵזוּן׃ יַעֲלוּ הָרִים יֵרְדוּ 8 נ"א יחפ"ז
בְקָעוֹת אֶל־מְקוֹם זֶה יָסַדְתָּ לָהֶם׃ גְּבוּל־שַׂמְתָּ בַּל־ 9 נ"א גבול נ"א יסדת
יַעֲבֹרוּן בַּל־יְשׁוּבוּן לְכַסּוֹת הָאָרֶץ׃ הַמְשַׁלֵּחַ מַעְיָנִים י
בַּנְּחָלִים בֵּין הָרִים יְהַלֵּכוּן׃ יַשְׁקוּ כָּל־חַיְתוֹ שָׂדָי יִשְׁבְּרוּ 11
פְרָאִים צְמָאָם׃ עֲלֵיהֶם עוֹף־הַשָּׁמַיִם יִשְׁכּוֹן מִבֵּין עֳפָאיִם 12 נ"א פ־ראים
יִתְּנוּ־קוֹל׃ מַשְׁקֶה הָרִים מֵעֲלִיּוֹתָיו מִפְּרִי מַעֲשֶׂיךָ 13
תִּשְׂבַּע הָאָרֶץ׃ מַצְמִיחַ חָצִיר לַבְּהֵמָה וְעֵשֶׂב לַעֲבֹדַת 14
הָאָדָם

טו הָאָדָם לְהוֹצִיא לֶחֶם מִן־הָאָרֶץ׃ וְיַיִן ׀ יְשַׂמַּח לְבַב־אֱנוֹשׁ
16 לְהַצְהִיל פָּנִים מִשָּׁמֶן וְלֶחֶם לְבַב־אֱנוֹשׁ יִסְעָד׃ יִשְׂבְּעוּ
17 עֲצֵי יְהוָה אַרְזֵי לְבָנוֹן אֲשֶׁר נָטָע׃ אֲשֶׁר־שָׁם צִפֳּרִים יְקַנֵּנוּ
18 חֲסִידָה בְּרוֹשִׁים בֵּיתָהּ׃ הָרִים הַגְּבֹהִים לַיְּעֵלִים סְלָעִים
19 מַחְסֶה לַשְׁפַנִּים׃ עָשָׂה יָרֵחַ לְמוֹעֲדִים שֶׁמֶשׁ יָדַע השין רפה בנ״א לשפנים
כ מְבוֹאוֹ׃ תָּשֶׁת־חֹשֶׁךְ וִיהִי לָיְלָה בּוֹ־תִרְמֹשׂ כָּל־חַיְתוֹ־
21 יָעַר׃ הַכְּפִירִים שֹׁאֲגִים לַטָּרֶף וּלְבַקֵּשׁ מֵאֵל אָכְלָם׃
22 23 תִּזְרַח הַשֶּׁמֶשׁ יֵאָסֵפוּן וְאֶל־מְעוֹנֹתָם יִרְבָּצוּן׃ יֵצֵא אָדָם
24 לְפָעֳלוֹ וְלַעֲבֹדָתוֹ עֲדֵי־עָרֶב׃ מָה־רַבּוּ מַעֲשֶׂיךָ ׀ יְהוָה בנ״א מה־
כה כֻּלָּם בְּחָכְמָה עָשִׂיתָ מָלְאָה הָאָרֶץ קִנְיָנֶךָ׃ זֶה ׀ הַיָּם נ״א קניניך
גָּדוֹל וּרְחַב יָדָיִם שָׁם־רֶמֶשׂ וְאֵין מִסְפָּר חַיּוֹת קְטַנּוֹת
26 עִם־גְּדֹלוֹת׃ שָׁם אֳנִיּוֹת יְהַלֵּכוּן לִוְיָתָן זֶה־יָצַרְתָּ לְשַׂחֶק־
27 28 בּוֹ׃ כֻּלָּם אֵלֶיךָ יְשַׂבֵּרוּן לָתֵת אָכְלָם בְּעִתּוֹ׃ תִּתֵּן לָהֶם
29 יִלְקֹטוּן תִּפְתַּח יָדְךָ יִשְׂבְּעוּן טוֹב׃ תַּסְתִּיר פָּנֶיךָ יִבָּהֵלוּן נ״א יבהלון
ל תֹּסֵף רוּחָם יִגְוָעוּן וְאֶל־עֲפָרָם יְשׁוּבוּן׃ תְּשַׁלַּח רוּחֲךָ
31 יִבָּרֵאוּן וּתְחַדֵּשׁ פְּנֵי אֲדָמָה׃ יְהִי כְבוֹד יְהוָה לְעוֹלָם
32 יִשְׂמַח יְהוָה בְּמַעֲשָׂיו׃ הַמַּבִּיט לָאָרֶץ וַתִּרְעָד יִגַּע
33 בֶּהָרִים וְיֶעֱשָׁנוּ׃ אָשִׁירָה לַיהוָה בְּחַיָּי אֲזַמְּרָה לֵאלֹהַי
לה 34 בְּעוֹדִי׃ יֶעֱרַב עָלָיו שִׂיחִי אָנֹכִי אֶשְׂמַח בַּיהוָה׃ יִתַּמּוּ
חַטָּאִים ׀ מִן־הָאָרֶץ וּרְשָׁעִים ׀ עוֹד אֵינָם בָּרְכִי נַפְשִׁי אֶת־ בנ״א עוד
א יְהוָה הַלְלוּ־יָהּ׃ קה הוֹדוּ לַיהוָה קִרְאוּ

PSAL. CV. Judæos imprimis, recordatione divinorum beneficiorum, ad Dei laudes excitat, & historiam Gentis ab ipsa origine, inde usque ab Abrahamo, repetit.

2 בִּשְׁמוֹ הוֹדִיעוּ בָעַמִּים עֲלִילוֹתָיו׃ שִׁירוּ־לוֹ זַמְּרוּ־לוֹ
3 שִׂיחוּ בְּכָל־נִפְלְאוֹתָיו׃ הִתְהַלְלוּ בְּשֵׁם קָדְשׁוֹ יִשְׂמַח נ״א התהלל
4 לֵב ׀ מְבַקְשֵׁי יְהוָה׃ דִּרְשׁוּ יְהוָה וְעֻזּוֹ בַּקְּשׁוּ פָנָיו תָּמִיד׃ נ״א מפ
6 ה זִכְרוּ נִפְלְאוֹתָיו אֲשֶׁר־עָשָׂה מֹפְתָיו וּמִשְׁפְּטֵי־פִיו׃ זֶרַע
7 אַבְרָהָם עַבְדּוֹ בְּנֵי יַעֲקֹב בְּחִירָיו׃ הוּא יְהוָה אֱלֹהֵינוּ
8 בְּכָל־הָאָרֶץ מִשְׁפָּטָיו׃ זָכַר לְעוֹלָם בְּרִיתוֹ דָּבָר צִוָּה
9 לְאֶלֶף דּוֹר׃ אֲשֶׁר כָּרַת אֶת־אַבְרָהָם וּשְׁבוּעָתוֹ לְיִשְׂחָק׃ בנ״א ושבועתו

ויעמידה

וַיַּעֲמִידֶהָ לְיַעֲקֹב לְחֹק לְיִשְׂרָאֵל בְּרִית עוֹלָם׃ לֵאמֹר לְךָ 11
בנ"א אתן אֶתֵּן אֶת־אֶרֶץ כְּנָעַן חֶבֶל נַחֲלַתְכֶם׃ בִּהְיוֹתָם מְתֵי 12
נ"א ארץ מִסְפָּר כִּמְעַט וְגָרִים בָּהּ׃ וַיִּתְהַלְּכוּ מִגּוֹי אֶל־גּוֹי מִמַּמְלָכָה 13
אֶל־עַם אַחֵר׃ לֹא־הִנִּיחַ אָדָם לְעָשְׁקָם וַיּוֹכַח עֲלֵיהֶם 14
מְלָכִים׃ אַל־תִּגְּעוּ בִמְשִׁיחָי וְלִנְבִיאַי אַל־תָּרֵעוּ׃ וַיִּקְרָא טו 16
רָעָב עַל־הָאָרֶץ כָּל־מַטֵּה־לֶחֶם שָׁבָר׃ שָׁלַח לִפְנֵיהֶם 17
רגלו קרי אִישׁ לְעֶבֶד נִמְכַּר יוֹסֵף׃ עִנּוּ בַכֶּבֶל רַגְלָיו בַּרְזֶל בָּאָה 18
נַפְשׁוֹ׃ עַד־עֵת בֹּא־דְבָרוֹ אִמְרַת יְהוָה צְרָפָתְהוּ׃ שָׁלַח 19 כ
מֶלֶךְ וַיַּתִּירֵהוּ מֹשֵׁל עַמִּים וַיְפַתְּחֵהוּ׃ שָׂמוֹ אָדוֹן לְבֵיתוֹ 21
וּמֹשֵׁל בְּכָל־קִנְיָנוֹ׃ לֶאְסֹר שָׂרָיו בְּנַפְשׁוֹ וּזְקֵנָיו יְחַכֵּם׃ 22
וַיָּבֹא יִשְׂרָאֵל מִצְרָיִם וְיַעֲקֹב גָּר בְּאֶרֶץ־חָם׃ וַיֶּפֶר אֶת־ 23 24
עַמּוֹ מְאֹד וַיַּעֲצִמֵהוּ מִצָּרָיו׃ הָפַךְ לִבָּם לִשְׂנֹא עַמּוֹ כה
נ"א לְהִתְנַכֵּל בַּעֲבָדָיו׃ שָׁלַח מֹשֶׁה עַבְדּוֹ אַהֲרֹן אֲשֶׁר־בָּחַר 26
ומופתים נ"א שלח בּוֹ׃ שָׂמוּ־בָם דִּבְרֵי אֹתוֹתָיו וּמֹפְתִים בְּאֶרֶץ חָם׃ שָׁלַח 27 28
דברו קרי חֹשֶׁךְ וַיַּחְשִׁךְ וְלֹא מָרוּ אֶת־דְּבָרָיו׃ הָפַךְ אֶת־מֵימֵיהֶם 29
בנ"א הפך לְדָם וַיָּמֶת אֶת־דְּגָתָם׃ שָׁרַץ אַרְצָם צְפַרְדְּעִים בְּחַדְרֵי ל
מַלְכֵיהֶם׃ אָמַר וַיָּבֹא עָרֹב כִּנִּים בְּכָל־גְּבוּלָם׃ נָתַן 31 32
גִּשְׁמֵיהֶם בָּרָד אֵשׁ לֶהָבוֹת בְּאַרְצָם׃ וַיַּךְ גַּפְנָם 33
וּתְאֵנָתָם וַיְשַׁבֵּר עֵץ גְּבוּלָם׃ אָמַר וַיָּבֹא אַרְבֶּה וְיֶלֶק 34
וְאֵין מִסְפָּר׃ וַיֹּאכַל כָּל־עֵשֶׂב בְּאַרְצָם וַיֹּאכַל פְּרִי לה
אַדְמָתָם׃ וַיַּךְ כָּל־בְּכוֹר בְּאַרְצָם רֵאשִׁית לְכָל־אוֹנָם׃ 36
וַיּוֹצִיאֵם בְּכֶסֶף וְזָהָב וְאֵין בִּשְׁבָטָיו כּוֹשֵׁל׃ שָׂמַח מִצְרַיִם 37 38
בְּצֵאתָם כִּי־נָפַל פַּחְדָּם עֲלֵיהֶם׃ פָּרַשׂ עָנָן לְמָסָךְ וְאֵשׁ 39
שליו קרי לְהָאִיר לָיְלָה׃ שָׁאַל וַיָּבֵא שְׂלָו וְלֶחֶם שָׁמַיִם יַשְׂבִּיעֵם׃ מ
בנ"א פתח פָּתַח צוּר וַיָּזוּבוּ מָיִם הָלְכוּ בַּצִּיּוֹת נָהָר׃ כִּי־זָכַר אֶת־ 41 42
בנ"א את־ דְּבַר קָדְשׁוֹ אֶת־אַבְרָהָם עַבְדּוֹ׃ וַיּוֹצִא עַמּוֹ בְשָׂשׂוֹן 43
בְּרִנָּה אֶת־בְּחִירָיו׃ וַיִּתֵּן לָהֶם אַרְצוֹת גּוֹיִם וַעֲמַל 44
לְאֻמִּים יִירָשׁוּ׃ בַּעֲבוּר יִשְׁמְרוּ חֻקָּיו וְתוֹרֹתָיו יִנְצֹרוּ מה
הללו־יה

PS. CVI. Adumbrantur hic Israelis, inter gentes sparsi, pœnitentia, conversio, et ferventes preces, atque gemitus ad Deum fusi.

א הַֽלְלוּ־יָהּ׃ קו הַֽלְלוּיָהּ ׀ הוֹדוּ לַיהוָה
2 כִּי־טוֹב כִּי לְעוֹלָם חַסְדּוֹ׃ מִי יְמַלֵּל גְּבוּרוֹת יְהוָה יַשְׁמִיעַ
3 כָּל־תְּהִלָּתוֹ׃ אַשְׁרֵי שֹׁמְרֵי מִשְׁפָּט עֹשֵׂה צְדָקָה בְכָל־
4 עֵת׃ זָכְרֵנִי יְהוָה בִּרְצוֹן עַמֶּךָ פָּקְדֵנִי בִּישׁוּעָתֶךָ׃
ה לִרְאוֹת ׀ בְּטוֹבַת בְּחִירֶיךָ לִשְׂמֹחַ בְּשִׂמְחַת גּוֹיֶךָ
6 לְהִתְהַלֵּל עִם־נַחֲלָתֶךָ׃ חָטָאנוּ עִם־אֲבוֹתֵינוּ הֶעֱוִינוּ (עט" זָכְרוּ נ"א רוֹב)
7 הִרְשָׁעְנוּ׃ אֲבוֹתֵינוּ בְמִצְרַיִם ׀ לֹא־הִשְׂכִּילוּ נִפְלְאוֹתֶיךָ
לֹא זָכְרוּ אֶת־רֹב חֲסָדֶיךָ וַיַּמְרוּ עַל־יָם בְּיַם־
8 סוּף׃ וַיּוֹשִׁיעֵם לְמַעַן שְׁמוֹ לְהוֹדִיעַ אֶת־גְּבוּרָתוֹ׃ (עטי" וַיּוֹשִׁיעֵם)
9 וַיִּגְעַר בְּיַם־סוּף וַיֶּחֱרָב וַיּוֹלִיכֵם בַּתְּהֹמוֹת כַּמִּדְבָּר׃
י וַיּוֹשִׁיעֵם מִיַּד שׂוֹנֵא וַיִּגְאָלֵם מִיַּד אוֹיֵב׃ (עטי" וַיּוֹשִׁיעֵם)
11 וַיְכַסּוּ־מַיִם צָרֵיהֶם אֶחָד מֵהֶם לֹא נוֹתָר׃
13 12 וַיַּאֲמִינוּ בִדְבָרָיו יָשִׁירוּ תְּהִלָּתוֹ׃ מִהֲרוּ שָׁכְחוּ
14 מַעֲשָׂיו לֹא־חִכּוּ לַעֲצָתוֹ׃ וַיִּתְאַוּוּ תַאֲוָה בַּמִּדְבָּר
טו וַיְנַסּוּ־אֵל בִּישִׁימוֹן׃ וַיִּתֵּן לָהֶם שֶׁאֱלָתָם וַיְשַׁלַּח רָזוֹן
16 בְּנַפְשָׁם׃ וַיְקַנְאוּ לְמֹשֶׁה בַּמַּחֲנֶה לְאַהֲרֹן קְדוֹשׁ
17 יְהוָה׃ תִּפְתַּח־אֶרֶץ וַתִּבְלַע דָּתָן וַתְּכַס עַל־עֲדַת
18 אֲבִירָם׃ וַתִּבְעַר־אֵשׁ בַּעֲדָתָם לֶהָבָה תְּלַהֵט רְשָׁעִים׃
כ 19 יַעֲשׂוּ־עֵגֶל בְּחֹרֵב וַיִּשְׁתַּחֲווּ לְמַסֵּכָה׃ וַיָּמִירוּ אֶת־
21 כְּבוֹדָם בְּתַבְנִית שׁוֹר אֹכֵל עֵשֶׂב׃ שָׁכְחוּ אֵל מוֹשִׁיעָם (עטי' אכל)
22 עֹשֶׂה גְדֹלוֹת בְּמִצְרָיִם׃ נִפְלָאוֹת בְּאֶרֶץ חָם נוֹרָאוֹת (נ"א גְּדֹלוֹת)
23 עַל־יַם־סוּף׃ וַיֹּאמֶר לְהַשְׁמִידָם לוּלֵי מֹשֶׁה בְחִירוֹ (נ"א לְהַשְׁמִידָם)
24 עָמַד בַּפֶּרֶץ לְפָנָיו לְהָשִׁיב חֲמָתוֹ מֵהַשְׁחִית׃ וַיִּמְאֲסוּ
כה בְּאֶרֶץ חֶמְדָּה לֹא־הֶאֱמִינוּ לִדְבָרוֹ׃ וַיֵּרָגְנוּ בְאָהֳלֵיהֶם
26 לֹא שָׁמְעוּ בְּקוֹל יְהוָה׃ וַיִּשָּׂא יָדוֹ לָהֶם לְהַפִּיל אוֹתָם
27 בַּמִּדְבָּר׃ וּלְהַפִּיל זַרְעָם בַּגּוֹיִם וּלְזָרוֹתָם בָּאֲרָצוֹת׃
29 28 וַיִּצָּמְדוּ לְבַעַל פְּעוֹר וַיֹּאכְלוּ זִבְחֵי מֵתִים׃ וַיַּכְעִיסוּ (ב"נ בְּמַעַלְלֵיה")
ל בְּמַעַלְלֵיהֶם וַתִּפְרָץ־בָּם מַגֵּפָה׃ וַיַּעֲמֹד פִּינְחָס וַיְפַלֵּל (נ"א וַיְפַלֵּל)

וַתֵּעָצַר הַמַּגֵּפָה׃ וַתֵּחָשֶׁב לוֹ לִצְדָקָה לְדֹר וָדֹר עַד־ 31
עוֹלָם׃ וַיַּקְצִיפוּ עַל־מֵי מְרִיבָה וַיֵּרַע לְמֹשֶׁה בַּעֲבוּרָם׃ 32
כִּי־הִמְרוּ אֶת־רוּחוֹ וַיְבַטֵּא בִּשְׂפָתָיו׃ לֹא־הִשְׁמִידוּ אֶת־ 33 34
כנ"א אשר הָעַמִּים אֲשֶׁר אָמַר יְהוָה לָהֶם׃ וַיִּתְעָרְבוּ בַגּוֹיִם וַיִּלְמְדוּ לה
מַעֲשֵׂיהֶם׃ וַיַּעַבְדוּ אֶת־עֲצַבֵּיהֶם וַיִּהְיוּ לָהֶם לְמוֹקֵשׁ׃ 36
וַיִּזְבְּחוּ אֶת־בְּנֵיהֶם וְאֶת־בְּנוֹתֵיהֶם לַשֵּׁדִים׃ וַיִּשְׁפְּכוּ דָם 37 38
נָקִי דַּם־בְּנֵיהֶם וּבְנוֹתֵיהֶם אֲשֶׁר זִבְּחוּ לַעֲצַבֵּי כְנָעַן
וַתֶּחֱנַף הָאָרֶץ בַּדָּמִים׃ וַיִּטְמְאוּ בְמַעֲשֵׂיהֶם וַיִּזְנוּ 39
בְּמַעַלְלֵיהֶם׃ וַיִּחַר־אַף יְהוָה בְּעַמּוֹ וַיְתָעֵב אֶת־נַחֲלָתוֹ׃ מ
וַיִּתְּנֵם בְּיַד־גּוֹיִם וַיִּמְשְׁלוּ בָהֶם שֹׂנְאֵיהֶם׃ וַיִּלְחָצוּם 41 42
אוֹיְבֵיהֶם וַיִּכָּנְעוּ תַּחַת יָדָם׃ פְּעָמִים רַבּוֹת יַצִּילֵם וְהֵמָּה 43
יַמְרוּ בַעֲצָתָם וַיָּמֹכּוּ בַּעֲוֹנָם׃ וַיַּרְא בַּצַּר לָהֶם בְּשָׁמְעוֹ 44
הסדיו קרי אֶת־רִנָּתָם׃ וַיִּזְכֹּר לָהֶם בְּרִיתוֹ וַיִּנָּחֵם כְּרֹב חֲסָדָו׃ וַיִּתֵּן מה 46
אוֹתָם לְרַחֲמִים לִפְנֵי כָּל־שׁוֹבֵיהֶם׃ הוֹשִׁיעֵנוּ יְהוָה 47
ב"א וְקַבְּצנו אֱלֹהֵינוּ וְקַבְּצֵנוּ מִן־הַגּוֹיִם לְהֹדוֹת לְשֵׁם קָדְשֶׁךָ
לְהִשְׁתַּבֵּחַ בִּתְהִלָּתֶךָ׃ בָּרוּךְ יְהוָה אֱלֹהֵי יִשְׂרָאֵל מִן־ 48
הָעוֹלָם וְעַד הָעוֹלָם וְאָמַר כָּל־הָעָם אָמֵן הַלְלוּ־יָהּ׃

ספר חמישי קז הֹדוּ לַיהוָה כִּי־טוֹב כִּי לְעוֹלָם א

PS. CVII. Hymnus pulcherrimus, quo bonitas & misericordia Dei erga universos homines, cum afflictione opressi ad ipsum clamant, prædicatur; tum præsertim divina ipsius in populum suum beneficia celebrantur, quem promittit sese.

חַסְדּוֹ׃ יֹאמְרוּ גְּאוּלֵי יְהוָה אֲשֶׁר גְּאָלָם מִיַּד־צָר׃ 2 כ"נ ומארצות
וּמֵאֲרָצוֹת קִבְּצָם מִמִּזְרָח וּמִמַּעֲרָב מִצָּפוֹן וּמִיָּם׃ תָּעוּ 3 4
בַמִּדְבָּר בִּישִׁימוֹן דָּרֶךְ עִיר מוֹשָׁב לֹא מָצָאוּ׃ רְעֵבִים ה נ"א ר"
גַּם־צְמֵאִים נַפְשָׁם בָּהֶם תִּתְעַטָּף׃ וַיִּצְעֲקוּ אֶל־יְהוָה 6
בַּצַּר לָהֶם מִמְּצוּקוֹתֵיהֶם יַצִּילֵם׃ וַיַּדְרִיכֵם בְּדֶרֶךְ יְשָׁרָה 7 נ"א את
לָלֶכֶת אֶל־עִיר מוֹשָׁב׃ יוֹדוּ לַיהוָה חַסְדּוֹ וְנִפְלְאוֹתָיו 8
לִבְנֵי אָדָם׃ כִּי־הִשְׂבִּיעַ נֶפֶשׁ שֹׁקֵקָה וְנֶפֶשׁ רְעֵבָה מִלֵּא־ 9 נ"א לבני
טוֹב׃ יֹשְׁבֵי חֹשֶׁךְ וְצַלְמָוֶת אֲסִירֵי עֳנִי וּבַרְזֶל׃ כִּי־הִמְרוּ י 11
אִמְרֵי־אֵל וַעֲצַת עֶלְיוֹן נָאָצוּ׃ וַיַּכְנַע בֶּעָמָל לִבָּם כָּשְׁלוּ 12
וְאֵין עֹזֵר׃ וַיִּזְעֲקוּ אֶל־יְהוָה בַּצַּר לָהֶם מִמְּצֻקוֹתֵיהֶם
יושיעם

congregaturum ex omnibus locis dispersionis suae, post multas angustias.

14 יוֹשִׁיעֵם׃ יוֹצִיאֵם מֵחֹשֶׁךְ וְצַלְמָוֶת וּמוֹסְרוֹתֵיהֶם יְנַתֵּק׃
16 טו יוֹדוּ לַיהוָה חַסְדּוֹ וְנִפְלְאוֹתָיו לִבְנֵי אָדָם׃ כִּי־שִׁבַּר
17 דַּלְתוֹת נְחֹשֶׁת וּבְרִיחֵי בַרְזֶל גִּדֵּעַ׃ אֱוִלִים מִדֶּרֶךְ פִּשְׁעָם (נ"א אויל")
18 וּמֵעֲוֺנֹתֵיהֶם יִתְעַנּוּ׃ כָּל־אֹכֶל תְּתַעֵב נַפְשָׁם וַיַּגִּיעוּ עַד־
19 שַׁעֲרֵי מָוֶת׃ וַיִּזְעֲקוּ אֶל־יְהוָה בַּצַּר לָהֶם מִמְּצֻקוֹתֵיהֶם
כ יוֹשִׁיעֵם׃ יִשְׁלַח דְּבָרוֹ וְיִרְפָּאֵם וִימַלֵּט מִשְּׁחִיתוֹתָם׃
21 22 יוֹדוּ לַיהוָה חַסְדּוֹ וְנִפְלְאוֹתָיו לִבְנֵי אָדָם׃ וְיִזְבְּחוּ זִבְחֵי
23 תוֹדָה וִיסַפְּרוּ מַעֲשָׂיו בְּרִנָּה׃ יוֹרְדֵי הַיָּם בָּאֳנִיּוֹת עֹשֵׂי
24 מְלָאכָה בְּמַיִם רַבִּים׃ הֵמָּה רָאוּ מַעֲשֵׂי יְהוָה וְנִפְלְאוֹתָיו
26 כה בִּמְצוּלָה׃ וַיֹּאמֶר וַיַּעֲמֵד רוּחַ סְעָרָה וַתְּרוֹמֵם גַּלָּיו׃ יַעֲלוּ (בנ"א ותרומם)
27 שָׁמַיִם יֵרְדוּ תְהוֹמוֹת נַפְשָׁם בְּרָעָה תִתְמוֹגָג׃ יָחוֹגּוּ (דגש אחר חולם)
28 וְיָנוּעוּ כַּשִּׁכּוֹר וְכָל־חָכְמָתָם תִּתְבַּלָּע׃ וַיִּצְעֲקוּ אֶל־יְהוָה
29 בַּצַּר לָהֶם וּמִמְּצוּקֹתֵיהֶם יוֹצִיאֵם׃ יָקֵם סְעָרָה לִדְמָמָה (בנ"א וממצוקות")
ל וַיֶּחֱשׁוּ גַּלֵּיהֶם׃ וַיִּשְׂמְחוּ כִּי־יִשְׁתֹּקוּ וַיַּנְחֵם אֶל־מְחוֹז (בנ"א מחוז)
31 חֶפְצָם׃ יוֹדוּ לַיהוָה חַסְדּוֹ וְנִפְלְאוֹתָיו לִבְנֵי אָדָם׃ (נ"א ונפלאתיו)
32 33 וִירוֹמְמוּהוּ בִּקְהַל עָם וּבְמוֹשַׁב זְקֵנִים יְהַלְלוּהוּ׃ יָשֵׂם
34 נְהָרוֹת לְמִדְבָּר וּמֹצָאֵי מַיִם לְצִמָּאוֹן׃ אֶרֶץ פְּרִי לִמְלֵחָה
לה מֵרָעַת יוֹשְׁבֵי בָהּ׃ יָשֵׂם מִדְבָּר לַאֲגַם־מַיִם וְאֶרֶץ צִיָּה (פתח באתנח)
36 לְמֹצָאֵי מָיִם׃ וַיּוֹשֶׁב שָׁם רְעֵבִים וַיְכוֹנְנוּ עִיר מוֹשָׁב׃
37 38 וַיִּזְרְעוּ שָׂדוֹת וַיִּטְּעוּ כְרָמִים וַיַּעֲשׂוּ פְּרִי תְבוּאָה׃ וַיְבָרְכֵם
39 וַיִּרְבּוּ מְאֹד וּבְהֶמְתָּם לֹא יַמְעִיט׃ וַיִּמְעֲטוּ וַיָּשֹׁחוּ מֵעֹצֶר
מ רָעָה וְיָגוֹן׃ שֹׁפֵךְ בּוּז עַל־נְדִיבִים וַיַּתְעֵם בְּתֹהוּ לֹא־דָרֶךְ׃ (עטי" כתהו)
41 42 וַיְשַׂגֵּב אֶבְיוֹן מֵעוֹנִי וַיָּשֶׂם כַּצֹּאן מִשְׁפָּחוֹת׃ יִרְאוּ יְשָׁרִים
43 וְיִשְׂמָחוּ וְכָל־עַוְלָה קָפְצָה פִּיהָ׃ מִי־חָכָם וְיִשְׁמָר־אֵלֶּה
א וְיִתְבּוֹנְנוּ חַסְדֵי יְהוָה׃ קח שִׁיר מִזְמוֹר
2 לְדָוִד׃ נָכוֹן לִבִּי אֱלֹהִים אָשִׁירָה וַאֲזַמְּרָה אַף־כְּבוֹדִי׃ (נ"א)
3 4 עוּרָה הַנֵּבֶל וְכִנּוֹר אָעִירָה שָּׁחַר׃ אוֹדְךָ בָעַמִּים יְהוָה (נ"א)
ה וַאֲזַמֶּרְךָ בַּלְאֻמִּים׃ כִּי־גָדוֹל מֵעַל־שָׁמַיִם חַסְדֶּךָ וְעַד־ (נ"א עד־)
שְׁחָקִים׃

PS. CVIII. Ostendant fideles promtum alacremque animum suum, ad Deum celebrandum;

4 ט

שחקים אמתך: רומה על־שמים אלהים ועל כל־הארץ 6 וענני ק"
כבודך: למען יחלצון ידידיך הושיעה ימינך ועננו: 7
אלהים ׀ דבר בקדשו אעלזה אחלקה שכם ועמק סכות 8
אמדד: לי גלעד ׀ לי מנשה ואפרים מעוז ראשי יהודה 9
בנ"א עלי־ מחקקי: מואב ׀ סיר רחצי על־אדום אשליך נעלי עלי י
נ"א יובלני פלשת אתרועע: מי יבלני עיר מבצר מי נחני עד־אדום: 11
הלא־אלהים זנחתנו ולא־תצא אלהים בצבאתינו: 12
בנ"א־לנו הבה־לנו עזרת מצר ושוא תשועת אדם: באלהים 13 14
נ"א באלהים נעשה־חיל והוא יבוס צרינו: קט למנצח א
לדוד מזמור אלהי תהלתי אל־תחרש: כי פי רשע ופי־ 2 נ"א ופי
מרמה עלי פתחו דברו אתי לשון שקר: ודברי שנאה 3
סבבוני וילחמוני חנם: תחת־אהבתי ישטנוני ואני 4 בנ"א ויל"
תפלה: וישימו עלי רעה תחת טובה ושנאה תחת ה
נ"א רעה אהבתי: הפקד עליו רשע ושטן יעמד על־ימינו: 6
נ"א ימיו בהשפטו יצא רשע ותפלתו תהיה לחטאה: יהיו־ימיו 7 8
נ"א יקח מעטים פקדתו יקח אחר: יהיו־בניו יתומים ואשתו 9
אלמנה: ונוע ינועו בניו ושאלו ודרשו מחרבותיהם: י
ב"א אל ינקש נושה לכל־אשר־לו ויבזו זרים יגיעו: אל־יהי־ 11 12
לו משך חסד ואל־יהי חונן ליתומיו: יהי־אחריתו 13
להכרית בדור אחר ימח שמם: יזכר ׀ עון אבתיו 14
אל־יהוה וחטאת אמו אל־תמח: יהיו נגד־טו
יהוה תמיד ויכרת מארץ זכרם: יען אשר ׀ לא־ 16
ג"א ואביון זכר עשות חסד וירדף איש־עני ואביון ונכאה
בנ"א לבב לבב למותת: ויאהב קללה ותבואהו ולא־ 17
חפץ בברכה ותרחק ממנו: וילבש קללה 18
כמדו ותבא כמים בקרבו וכשמן בעצמותיו: תהי־ 19
לו כבגד יעטה ולמזח תמיד יחגרה: זאת ׀ פעלת כ
שטני מאת יהוה והדברים רע על־נפשי: ואתה 21
יהוה

ejusque triumphos & victoria, narrant; atque in eo sese confidere & gloriari demonstrant.

PSAL. CIX. Continet hic psalmus gravissimas in improbos homines, & Regni Dei adversarios, Sententias

יֱהֹוִה אֲדֹנָי עֲשֵׂה־אִתִּי לְמַעַן שְׁמֶךָ כִּי־טוֹב חַסְדְּךָ
22 23 הַצִּילֵנִי׃ כִּי־עָנִי וְאֶבְיוֹן אָנֹכִי וְלִבִּי חָלַל בְּקִרְבִּי׃ כְּצֵל
24 כִּנְטוֹתוֹ נֶהֱלָכְתִּי נִנְעַרְתִּי כָּאַרְבֶּה׃ בִּרְכַּי כָּשְׁלוּ מִצּוֹם
כה וּבְשָׂרִי כָּחַשׁ מִשָּׁמֶן׃ וַאֲנִי הָיִיתִי חֶרְפָּה לָהֶם יִרְאוּנִי
26 יְנִיעוּן רֹאשָׁם׃ עָזְרֵנִי יְהֹוָה אֱלֹהָי הוֹשִׁיעֵנִי כְחַסְדֶּךָ׃
27 28 וְיֵדְעוּ כִּי־יָדְךָ זֹּאת אַתָּה יְהֹוָה עֲשִׂיתָהּ׃ יְקַלְלוּ־הֵמָּה
29 וְאַתָּה תְבָרֵךְ קָמוּ וַיֵּבֹשׁוּ וְעַבְדְּךָ יִשְׂמָח׃ יִלְבְּשׁוּ שׂוֹטְנַי נ"א ויבשו
ל כְּלִמָּה וְיַעֲטוּ כַמְעִיל בָּשְׁתָּם׃ אוֹדֶה יְהֹוָה מְאֹד בְּפִי
31 וּבְתוֹךְ רַבִּים אֲהַלְלֶנּוּ׃ כִּי־יַעֲמֹד לִימִין אֶבְיוֹן לְהוֹשִׁיעַ
נ"א שב א מִשֹּׁפְטֵי נַפְשׁוֹ׃ קי לְדָוִד מִזְמוֹר נְאֻם יְהֹוָה לצע"מזמר

PSAL. CX. Rursus introducit Regem in Zione, ipsumque Sacerdotem solemnibus verbis pronunciat.

נ"א מטה ב לַאדֹנִי שֵׁב לִימִינִי עַד־אָשִׁית אֹיְבֶיךָ הֲדֹם לְרַגְלֶיךָ׃ מַטֵּה
3 עֻזְּךָ יִשְׁלַח יְהֹוָה מִצִּיּוֹן רְדֵה בְּקֶרֶב אֹיְבֶיךָ׃ עַמְּךָ נְדָבֹת
נ"א בהר" בְּיוֹם חֵילֶךָ בְּהַדְרֵי־קֹדֶשׁ מֵרֶחֶם מִשְׁחָר לְךָ טַל יַלְדֻתֶיךָ׃
4 נִשְׁבַּע יְהֹוָה וְלֹא יִנָּחֵם אַתָּה־כֹהֵן לְעוֹלָם עַל־דִּבְרָתִי
ה מַלְכִּי־צֶדֶק׃ אֲדֹנָי עַל־יְמִינְךָ מָחַץ בְּיוֹם־אַפּוֹ מְלָכִים׃
6 7 יָדִין בַּגּוֹיִם מָלֵא גְוִיּוֹת מָחַץ רֹאשׁ עַל־אֶרֶץ רַבָּה׃ מִנַּחַל
בַּדֶּרֶךְ יִשְׁתֶּה עַל־כֵּן יָרִים רֹאשׁ׃ קיא

PSAL. CXI. Dei opera et virtutes celebrat.

א הַלְלוּ יָהּ אוֹדֶה יְהֹוָה בְּכָל־לֵבָב בְּסוֹד יְשָׁרִים וְעֵדָה׃
נ"א והדר 2 3 גְּדֹלִים מַעֲשֵׂי יְהֹוָה דְּרוּשִׁים לְכָל־חֶפְצֵיהֶם׃ הוֹד־וְהָדָר
4 פָּעֳלוֹ וְצִדְקָתוֹ עֹמֶדֶת לָעַד׃ זֵכֶר עָשָׂה לְנִפְלְאוֹתָיו חַנּוּן
ה וְרַחוּם יְהֹוָה׃ טֶרֶף נָתַן לִירֵאָיו יִזְכֹּר לְעוֹלָם בְּרִיתוֹ׃
6 7 כֹּחַ מַעֲשָׂיו הִגִּיד לְעַמּוֹ לָתֵת לָהֶם נַחֲלַת גּוֹיִם׃ מַעֲשֵׂי
8 יָדָיו אֱמֶת וּמִשְׁפָּט נֶאֱמָנִים כָּל־פִּקּוּדָיו׃ סְמוּכִים לָעַד
9 לְעוֹלָם עֲשׂוּיִם בֶּאֱמֶת וְיָשָׁר׃ פְּדוּת שָׁלַח לְעַמּוֹ צִוָּה בנ"א צות
י לְעוֹלָם בְּרִיתוֹ קָדוֹשׁ וְנוֹרָא שְׁמוֹ׃ רֵאשִׁית חָכְמָה יִרְאַת
יְהֹוָה שֵׂכֶל טוֹב לְכָל־עֹשֵׂיהֶם תְּהִלָּתוֹ עֹמֶדֶת לָעַד׃ נ"א עמדת

PS. CXII. Beatitudinem ac felicitatem

א קיב הַלְלוּ יָהּ אַשְׁרֵי־אִישׁ יָרֵא אֶת־יְהֹוָה
2 בְּמִצְוֹתָיו חָפֵץ מְאֹד׃ גִּבּוֹר בָּאָרֶץ יִהְיֶה זַרְעוֹ דּוֹר יְשָׁרִים

יְבֹרָךְ׃ הוֹן־וָעֹשֶׁר בְּבֵיתוֹ וְצִדְקָתוֹ עֹמֶדֶת לָעַד׃ זָרַח 4 3

piorum exponit

בַחֹשֶׁךְ אוֹר לַיְשָׁרִים חַנּוּן וְרַחוּם וְצַדִּיק׃ טוֹב־אִישׁ חוֹנֵן ה
וּמַלְוֶה יְכַלְכֵּל דְּבָרָיו בְּמִשְׁפָּט׃ כִּי־לְעוֹלָם לֹא־יִמּוֹט 6
לְזֵכֶר עוֹלָם יִהְיֶה צַדִּיק׃ מִשְּׁמוּעָה רָעָה לֹא יִירָא נָכוֹן 7
לִבּוֹ בָּטֻחַ בַּיהוָה׃ סָמוּךְ לִבּוֹ לֹא יִירָא עַד אֲשֶׁר־יִרְאֶה 8
בְצָרָיו׃ פִּזַּר נָתַן לָאֶבְיוֹנִים צִדְקָתוֹ עֹמֶדֶת לָעַד קַרְנוֹ 9
ב נ"א וכעס תָּרוּם בְּכָבוֹד׃ רָשָׁע יִרְאֶה וְכָעַס שִׁנָּיו יַחֲרֹק וְנָמָס י
תַּאֲוַת רְשָׁעִים תֹּאבֵד׃ קיג הַלְלוּ יָהּ א

PS. CXIII. Hortatur ad celebrationem nominis divini, per totum mundum patefacti.

הַלְלוּ עַבְדֵי יְהוָה הַלְלוּ אֶת־שֵׁם יְהוָה׃ יְהִי שֵׁם יְהוָה 2
מְבֹרָךְ מֵעַתָּה וְעַד־עוֹלָם׃ מִמִּזְרַח־שֶׁמֶשׁ עַד־מְבוֹאוֹ 3
מְהֻלָּל שֵׁם יְהוָה׃ רָם עַל־כָּל־גּוֹיִם יְהוָה עַל הַשָּׁמַיִם 4
ב"א הַמַּגְבִּיהִי כְּבוֹדוֹ׃ מִי כַּיהוָה אֱלֹהֵינוּ הַמַּגְבִּיהִי לָשָׁבֶת׃ הַמַּשְׁפִּילִי ה 6
לִרְאוֹת בַּשָּׁמַיִם וּבָאָרֶץ׃ מְקִימִי מֵעָפָר דָּל מֵאַשְׁפֹּת 7
יָרִים אֶבְיוֹן׃ לְהוֹשִׁיבִי עִם־נְדִיבִים עִם נְדִיבֵי עַמּוֹ׃ 8
ב נ"א אם־ מוֹשִׁיבִי עֲקֶרֶת הַבַּיִת אֵם־הַבָּנִים שְׂמֵחָה הַלְלוּ־יָהּ׃ 9
קיד בְּצֵאת יִשְׂרָאֵל מִמִּצְרָיִם בֵּית א

PS. CXIV. Hoc hymno celebrat prodigia, quæ Deus edidit, cum Israëlem ab Ægypto traduceret in regna Chananæorum; similemque rursus Domini adventum, eumque majori cum gloria, vaticinatur

יַעֲקֹב מֵעַם לֹעֵז׃ הָיְתָה יְהוּדָה לְקָדְשׁוֹ יִשְׂרָאֵל 2
מַמְשְׁלוֹתָיו׃ הַיָּם רָאָה וַיָּנֹס הַיַּרְדֵּן יִסֹּב לְאָחוֹר׃ 3
הֶהָרִים רָקְדוּ כְאֵילִים גְּבָעוֹת כִּבְנֵי־צֹאן׃ מַה־לְּךָ הַיָּם ה 4
כִּי תָנוּס הַיַּרְדֵּן תִּסֹּב לְאָחוֹר׃ הֶהָרִים תִּרְקְדוּ כְאֵילִים 6
גְּבָעוֹת כִּבְנֵי־צֹאן׃ מִלִּפְנֵי אָדוֹן חוּלִי אָרֶץ מִלִּפְנֵי אֱלוֹהַּ 7
יַעֲקֹב׃ הַהֹפְכִי הַצּוּר אֲגַם־מָיִם חַלָּמִישׁ לְמַעְיְנוֹ־מָיִם׃ 8
קטו לֹא לָנוּ יְהוָה לֹא־לָנוּ כִּי־לְשִׁמְךָ א נ"א לא־לנו

PS. CXV. Vanitatem falsarum religionem irridit, & Deo confidere, omnigenamque benedictionem ab ipso exspectare jubet.

תֵּן כָּבוֹד עַל־חַסְדְּךָ עַל־אֲמִתֶּךָ׃ לָמָּה יֹאמְרוּ הַגּוֹיִם 2
אַיֵּה־נָא אֱלֹהֵיהֶם׃ וֵאלֹהֵינוּ בַשָּׁמָיִם כֹּל אֲשֶׁר־חָפֵץ 3
עָשָׂה׃ עֲצַבֵּיהֶם כֶּסֶף וְזָהָב מַעֲשֵׂה יְדֵי אָדָם׃ פֶּה־לָהֶם ה 4
וְלֹא יְדַבֵּרוּ עֵינַיִם לָהֶם וְלֹא יִרְאוּ׃ אָזְנַיִם לָהֶם וְלֹא יִשְׁמָעוּ 6
עט׳ ידיהם ג אַף לָהֶם וְלֹא יְרִיחוּן׃ יְדֵיהֶם וְלֹא יְמִישׁוּן רַגְלֵיהֶם וְלֹא 7
יהלכו

8 יְהַלֵּכוּ לֹא־יֶהְגּוּ בִּגְרוֹנָם׃ כְּמוֹהֶם יִהְיוּ עֹשֵׂיהֶם כֹּל אֲשֶׁר־
9 בֹּטֵחַ בָּהֶם׃ יִשְׂרָאֵל בְּטַח בַּיהוָה עֶזְרָם וּמָגִנָּם הוּא׃
11 י בֵּית אַהֲרֹן בִּטְחוּ בַיהוָה עֶזְרָם וּמָגִנָּם הוּא׃ יִרְאֵי יְהוָה
12 בִּטְחוּ בַיהוָה עֶזְרָם וּמָגִנָּם הוּא׃ יְהוָה זְכָרָנוּ יְבָרֵךְ יְבָרֵךְ
13 אֶת־בֵּית יִשְׂרָאֵל יְבָרֵךְ אֶת־בֵּית אַהֲרֹן׃ יְבָרֵךְ יִרְאֵי יְהוָה
14 הַקְּטַנִּים עִם־הַגְּדֹלִים׃ יֹסֵף יְהוָה עֲלֵיכֶם עֲלֵיכֶם וְעַל־
טו בְּנֵיכֶם׃ בְּרוּכִים אַתֶּם לַיהוָה עֹשֵׂה שָׁמַיִם וָאָרֶץ׃
16 17 הַשָּׁמַיִם שָׁמַיִם לַיהוָה וְהָאָרֶץ נָתַן לִבְנֵי־אָדָם׃ לֹא
18 הַמֵּתִים יְהַלְלוּ־יָהּ וְלֹא כָּל־יֹרְדֵי דוּמָה׃ וַאֲנַחְנוּ נְבָרֵךְ
נ"א מעתה יָהּ מֵעַתָּה וְעַד־עוֹלָם הַלְלוּ־יָהּ׃ קיו

נ"א ישמע׳

PS. CXVI. Psalmus, quo fideles, ex maximis & multiplicibus periculis ac angustias liberati, Deo gratias agunt.

א אָהַבְתִּי כִּי־יִשְׁמַע יְהוָה אֶת־קוֹלִי תַּחֲנוּנָי׃
2, 3 כִּי־הִטָּה אָזְנוֹ לִי וּבְיָמַי אֶקְרָא׃ אֲפָפוּנִי חֶבְלֵי־מָוֶת
4 וּמְצָרֵי שְׁאוֹל מְצָאוּנִי צָרָה וְיָגוֹן אֶמְצָא׃ וּבְשֵׁם־יְהוָה
ה אֶקְרָא אָנָּה יְהוָה מַלְּטָה נַפְשִׁי׃ חַנּוּן יְהוָה
נ"א פתאים 6 וְצַדִּיק וֵאלֹהֵינוּ מְרַחֵם׃ שֹׁמֵר פְּתָאיִם יְהוָה
7 דַּלּוֹתִי וְלִי יְהוֹשִׁיעַ׃ שׁוּבִי נַפְשִׁי לִמְנוּחָיְכִי כִּי־יְהוָה
8 גָּמַל עָלָיְכִי׃ כִּי חִלַּצְתָּ נַפְשִׁי מִמָּוֶת אֶת־עֵינִי מִן נ"א עיני
9 דִּמְעָה אֶת־רַגְלִי מִדֶּחִי׃ אֶתְהַלֵּךְ לִפְנֵי יְהוָה בְּאַרְצוֹת
11 י הַחַיִּים׃ הֶאֱמַנְתִּי כִּי אֲדַבֵּר אֲנִי עָנִיתִי מְאֹד׃ אֲנִי
12 אָמַרְתִּי בְחָפְזִי כָּל־הָאָדָם כֹּזֵב׃ מָה־אָשִׁיב לַיהוָה נ"א בחפזי
13 כָּל־תַּגְמוּלוֹהִי עָלָי׃ כּוֹס־יְשׁוּעוֹת אֶשָּׂא וּבְשֵׁם יְהוָה
14 אֶקְרָא׃ נְדָרַי לַיהוָה אֲשַׁלֵּם נֶגְדָה־נָּא לְכָל־עַמּוֹ׃ עמי נגדה
16 טו יָקָר בְּעֵינֵי יְהוָה הַמָּוְתָה לַחֲסִידָיו׃ אָנָּה יְהוָה כִּי־
17 אֲנִי עַבְדֶּךָ אֲנִי עַבְדְּךָ בֶּן־אֲמָתֶךָ פִּתַּחְתָּ לְמוֹסֵרָי׃ לְךָ נ"א אני נ"א לך
18 אֶזְבַּח זֶבַח תּוֹדָה וּבְשֵׁם יְהוָה אֶקְרָא׃ נְדָרַי לַיהוָה נ"נ לך
19 אֲשַׁלֵּם נֶגְדָה־נָּא לְכָל־עַמּוֹ׃ בְּחַצְרוֹת בֵּית יְהוָה נ"א ירושלם
בְּתוֹכֵכִי יְרוּשָׁלָםִ הַלְלוּ־יָהּ׃ קיז קמץ בלא א׳ סף

PS. CXVII. Gentes ob

א הַלְלוּ אֶת־יְהוָה כָּל־גּוֹיִם שַׁבְּחוּהוּ כָּל־הָאֻמִּים׃
כי

2 כִּי גָבַר עָלֵינוּ חַסְדּוֹ וֶאֱמֶת־יְהוָה לְעוֹלָם הַלְלוּ־יָהּ׃
קיח הוֹדוּ לַיהוָה כִּי־טוֹב כִּי לְעוֹלָם א
נ"א נא בית 3 2 חַסְדּוֹ׃ יֹאמַר־נָא יִשְׂרָאֵל כִּי לְעוֹלָם חַסְדּוֹ׃ יֹאמְרוּ־
ב' נ כן 4 נָא בֵית־אַהֲרֹן כִּי לְעוֹלָם חַסְדּוֹ׃ יֹאמְרוּ־נָא יִרְאֵי
נ"א המצר ה יְהוָה כִּי לְעוֹלָם חַסְדּוֹ׃ מִן־הַמֵּצַר קָרָאתִי יָּהּ
נ"א ית 6 עָנָנִי בַמֶּרְחָב יָהּ׃ יְהוָה לִי לֹא אִירָא מַה־יַּעֲשֶׂה
7 לִי אָדָם׃ יְהוָה לִי בְּעֹזְרָי וַאֲנִי אֶרְאֶה בְשֹׂנְאָי׃
9 8 טוֹב לַחֲסוֹת בַּיהוָה מִבְּטֹחַ בָּאָדָם׃ טוֹב
י לַחֲסוֹת בַּיהוָה מִבְּטֹחַ בִּנְדִיבִים׃ כָּל־ ב"א לחסות
11 גּוֹיִם סְבָבוּנִי בְּשֵׁם יְהוָה כִּי אֲמִילַם׃ סַבּוּנִי גַם־
12 סְבָבוּנִי בְּשֵׁם יְהוָה כִּי אֲמִילַם׃ סַבּוּנִי כִדְבוֹרִים דֹּעֲכוּ נ"א בשם
13 כְּאֵשׁ קוֹצִים בְּשֵׁם יְהוָה כִּי אֲמִילַם׃ דַּחֹה דְחִיתַנִי
טו 14 לִנְפֹּל וַיהוָה עֲזָרָנִי׃ עָזִּי וְזִמְרָת יָהּ וַיְהִי־לִי לִישׁוּעָה׃ קוֹל בנ"א קיל
16 רִנָּה וִישׁוּעָה בְּאָהֳלֵי צַדִּיקִים יְמִין יְהוָה עֹשָׂה חָיִל׃ יְמִין
17 יְהוָה רוֹמֵמָה יְמִין יְהוָה עֹשָׂה חָיִל׃ לֹא אָמוּת כִּי־אֶחְיֶה
18 וַאֲסַפֵּר מַעֲשֵׂי יָהּ׃ יַסֹּר יִסְּרַנִּי יָּהּ וְלַמָּוֶת לֹא נְתָנָנִי׃ נ"א מעשי
כ 19 פִּתְחוּ־לִי שַׁעֲרֵי־צֶדֶק אָבֹא־בָם אוֹדֶה יָהּ׃ זֶה־הַשַּׁעַר נ"א מעשי
21 לַיהוָה צַדִּיקִים יָבֹאוּ בוֹ׃ אוֹדְךָ כִּי עֲנִיתָנִי וַתְּהִי־לִי
23 22 לִישׁוּעָה׃ אֶבֶן מָאֲסוּ הַבּוֹנִים הָיְתָה לְרֹאשׁ פִּנָּה׃ מֵאֵת
נ"א הושיעה 24 יְהוָה הָיְתָה זֹּאת הִיא נִפְלָאת בְּעֵינֵינוּ׃ זֶה־הַיּוֹם עָשָׂה בנ"א היא
כה יְהוָה נָגִילָה וְנִשְׂמְחָה בוֹ׃ אָנָּא יְהוָה הוֹשִׁיעָה נָּא אָנָּא בנ"א אנא או אנא
מלרע נ"א נא 26 יְהוָה הַצְלִיחָה נָּא׃ בָּרוּךְ הַבָּא בְּשֵׁם יְהוָה בֵּרַכְנוּכֶם נ"א לא פסיק נ"א אנא או
27 מִבֵּית יְהוָה׃ אֵל יְהוָה וַיָּאֶר לָנוּ אִסְרוּ־חַג בַּעֲבֹתִים עַד־ אנא נ"א
28 קַרְנוֹת הַמִּזְבֵּחַ׃ אֵלִי אַתָּה וְאוֹדֶךָּ אֱלֹהַי אֲרוֹמְמֶךָּ׃ נ"א ויאר לנו
29 הוֹדוּ לַיהוָה כִּי־טוֹב כִּי לְעוֹלָם חַסְדּוֹ׃ קיט
אַשְׁרֵי תְמִימֵי־דָרֶךְ הַהֹלְכִים בְּתוֹרַת יְהוָה׃ א
3 2 אַשְׁרֵי נֹצְרֵי עֵדֹתָיו בְּכָל־לֵב יִדְרְשׁוּהוּ׃ אַף לֹא־פָעֲלוּ
4 עַוְלָה בִּדְרָכָיו הָלָכוּ׃ אַתָּה צִוִּיתָה פִקֻּדֶיךָ לִשְׁמֹר מְאֹד׃
אחלי

gratiam, veritatem, aliaque beneficia ipsis præstita, Deo laudes dicunt.

PSALMUS CXVIII. Excitatio ad laude & gratiarum actiones ob multiplicem liberationem, & erectionem Regni Dei.

PS. CXIX. Legis atque Verbi Dei efficacia per totum hunc psalmum celebratur; jubenturque fideles

קמץ בלא א׳ ס״פ ה אַחֲלַי יִכֹּנוּ דְרָכָי לִשְׁמֹר חֻקֶּיךָ : אָז לֹא־אֵבוֹשׁ בְּהַבִּיטִי נ״א אז
ו׳ 7 אֶל־כָּל־מִצְוֺתֶיךָ : אוֹדְךָ בְּיֹשֶׁר לֵבָב בְּלָמְדִי מִשְׁפְּטֵי
כ״א אַל 8 צִדְקֶךָ : אֶת־חֻקֶּיךָ אֶשְׁמֹר אַל־תַּעַזְבֵנִי עַד־מְאֹד :
י 9 בַּמֶּה יְזַכֶּה־נַּעַר אֶת־אָרְחוֹ לִשְׁמֹר כִּדְבָרֶךָ : בְּכָל־
11 לִבִּי דְרַשְׁתִּיךָ אַל־תַּשְׁגֵּנִי מִמִּצְוֺתֶיךָ : בְּלִבִּי צָפַנְתִּי
12 אִמְרָתֶךָ לְמַעַן לֹא אֶחֱטָא־לָךְ : בָּרוּךְ אַתָּה יְהוָֹה לַמְּדֵנִי
13 14 פתח באתנח חֻקֶּיךָ : בִּשְׂפָתַי סִפַּרְתִּי כֹּל מִשְׁפְּטֵי־פִיךָ : בְּדֶרֶךְ
טו עֵדְוֺתֶיךָ שַׂשְׂתִּי כְּעַל כָּל־הוֹן : בְּפִקֻּדֶיךָ אָשִׂיחָה נ״א עדותיך
16 וְאַבִּיטָה אֹרְחֹתֶיךָ : בְּחֻקֹּתֶיךָ אֶשְׁתַּעֲשָׁע לֹא אֶשְׁכַּח נ״א ששתי
17 דְּבָרֶךָ : גְּמֹל עַל־עַבְדְּךָ אֶחְיֶה וְאֶשְׁמְרָה דְבָרֶךָ :
18 19 גַּל־עֵינַי וְאַבִּיטָה נִפְלָאוֹת מִתּוֹרָתֶךָ : גֵּר אָנֹכִי בָאָרֶץ
כ אַל־תַּסְתֵּר מִמֶּנִּי מִצְוֺתֶיךָ : גָּרְסָה נַפְשִׁי לְתַאֲבָה אֶל־
21 מִשְׁפָּטֶיךָ בְכָל־עֵת : גָּעַרְתָּ זֵדִים אֲרוּרִים הַשֹּׁגִים נ״א בכל־
22 מִמִּצְוֺתֶיךָ : גַּל מֵעָלַי חֶרְפָּה וָבוּז כִּי עֵדֹתֶיךָ נָצָרְתִּי :
23 24 גַּם יָשְׁבוּ שָׂרִים בִּי נִדְבָּרוּ עַבְדְּךָ יָשִׂיחַ בְּחֻקֶּיךָ : גַּם־
כה עֵדֹתֶיךָ שַׁעֲשֻׁעָי אַנְשֵׁי עֲצָתִי : דָּבְקָה לֶעָפָר
26 נַפְשִׁי חַיֵּנִי כִּדְבָרֶךָ : דְּרָכַי סִפַּרְתִּי וַתַּעֲנֵנִי לַמְּדֵנִי חֻקֶּיךָ :
27 28 דֶּרֶךְ־פִּקּוּדֶיךָ הֲבִינֵנִי וְאָשִׂיחָה בְּנִפְלְאוֹתֶיךָ : דָּלְפָה
29 נַפְשִׁי מִתּוּגָה קַיְּמֵנִי כִּדְבָרֶךָ : דֶּרֶךְ־שֶׁקֶר הָסֵר מִמֶּנִּי נ״א קימני
נ״א משפטיך ל וְתוֹרָתְךָ חָנֵּנִי : דֶּרֶךְ אֱמוּנָה בָחָרְתִּי מִשְׁפָּטֶיךָ שִׁוִּיתִי : נ״א ותורתך כ״א ות״
31 32 דָּבַקְתִּי בְעֵדְוֺתֶיךָ יְהוָֹה אַל־תְּבִישֵׁנִי : דֶּרֶךְ־מִצְוֺתֶיךָ נ״א בעד״
33 אָרוּץ כִּי תַרְחִיב לִבִּי : הוֹרֵנִי יְהוָֹה דֶּרֶךְ חֻקֶּיךָ נ״א תרחיב
34 וְאֶצְּרֶנָּה עֵקֶב : הֲבִינֵנִי וְאֶצְּרָה תוֹרָתֶךָ וְאֶשְׁמְרֶנָּה עטי הצ״ בח״ק ונ״א ואצר״
לה בְכָל־לֵב : הַדְרִיכֵנִי בִּנְתִיב מִצְוֺתֶיךָ כִּי־בוֹ חָפָצְתִּי : נ״א כי־בו
36 37 הַט־לִבִּי אֶל־עֵדְוֺתֶיךָ וְאַל אֶל־בָּצַע : הַעֲבֵר עֵינַי מֵרְאוֹת
38 שָׁוְא בִּדְרָכֶךָ חַיֵּנִי : הָקֵם לְעַבְדְּךָ אִמְרָתֶךָ אֲשֶׁר
39 לְיִרְאָתֶךָ : הַעֲבֵר חֶרְפָּתִי אֲשֶׁר יָגֹרְתִּי כִּי מִשְׁפָּטֶיךָ
מ טוֹבִים : הִנֵּה תָּאַבְתִּי לְפִקֻּדֶיךָ בְּצִדְקָתְךָ חַיֵּנִי :

ויבאני

omni tentationum tempore ad illud respicere; & ex eo consolationem suavissymasque promissiones haurire: & ad victoriam mundi, atque fidei triumphum contendere.

42 41 וִיבֹאֻנִי חֲסָדֶךָ יְהוָה תְּשׁוּעָתְךָ כְּאִמְרָתֶךָ׃ וְאֶעֱנֶה כ״א
43 חֹרְפִי דָבָר כִּי־בָטַחְתִּי בִּדְבָרֶךָ׃ וְאַל־תַּצֵּל מִפִּי דְבַר־ נ״א ואל
44 אֱמֶת עַד־מְאֹד כִּי לְמִשְׁפָּטֶךָ יִחָלְתִּי׃ וְאֶשְׁמְרָה תוֹרָתְךָ
מה תָמִיד לְעוֹלָם וָעֶד׃ וְאֶתְהַלְּכָה בָרְחָבָה כִּי פִקֻּדֶיךָ ב״א ואתהלכת
46 דָרָשְׁתִּי׃ וַאֲדַבְּרָה בְעֵדֹתֶיךָ נֶגֶד מְלָכִים וְלֹא כ״א ואשתעשע
48 47 אֵבוֹשׁ׃ וְאֶשְׁתַּעֲשַׁע בְּמִצְוֺתֶיךָ אֲשֶׁר אָהָבְתִּי׃ וְאֶשָּׂא בנ״א אשר נ״א ואשא
כַפַּי אֶל־מִצְוֺתֶיךָ אֲשֶׁר אָהָבְתִּי וְאָשִׂיחָה בְחֻקֶּיךָ׃ ב״א אל
נ 49 זְכָר־דָּבָר לְעַבְדֶּךָ עַל אֲשֶׁר יִחַלְתָּנִי׃ זֹאת
51 נֶחָמָתִי בְעָנְיִי כִּי אִמְרָתְךָ חִיָּתְנִי׃ זֵדִים הֱלִיצֻנִי עַד־
52 מְאֹד מִתּוֹרָתְךָ לֹא נָטִיתִי׃ זָכַרְתִּי מִשְׁפָּטֶיךָ מֵעוֹלָם
53 יְהוָה וָאֶתְנֶחָם׃ זַלְעָפָה אֲחָזַתְנִי מֵרְשָׁעִים עֹזְבֵי
נה 54 תּוֹרָתֶךָ׃ זְמִרוֹת הָיוּ־לִי חֻקֶּיךָ בְּבֵית מְגוּרָי׃ זָכַרְתִּי
56 בַלַּיְלָה שִׁמְךָ יְהוָה וָאֶשְׁמְרָה תּוֹרָתֶךָ׃ זֹאת הָיְתָה־לִּי
57 כִּי פִקֻּדֶיךָ נָצָרְתִּי׃ חֶלְקִי יְהוָה אָמַרְתִּי
58 לִשְׁמֹר דְּבָרֶיךָ׃ חִלִּיתִי פָנֶיךָ בְכָל־לֵב חָנֵּנִי כְּאִמְרָתֶךָ׃ בנ״א בכל
ס 59 חִשַּׁבְתִּי דְרָכָי וָאָשִׁיבָה רַגְלַי אֶל־עֵדֹתֶיךָ׃ חַשְׁתִּי וְלֹא
61 הִתְמַהְמָהְתִּי לִשְׁמֹר מִצְוֺתֶיךָ׃ חֶבְלֵי רְשָׁעִים עִוְּדֻנִי
62 תּוֹרָתְךָ לֹא שָׁכָחְתִּי׃ חֲצוֹת־לַיְלָה אָקוּם לְהוֹדוֹת לָךְ
63 עַל מִשְׁפְּטֵי צִדְקֶךָ׃ חָבֵר אָנִי לְכָל־אֲשֶׁר יְרֵאוּךָ וּלְשֹׁמְרֵי
64 פִּקּוּדֶיךָ׃ חַסְדְּךָ יְהוָה מָלְאָה הָאָרֶץ חֻקֶּיךָ לַמְּדֵנִי׃
66 סה טוֹב עָשִׂיתָ עִם־עַבְדְּךָ יְהוָה כִּדְבָרֶךָ׃ טוּב טַעַם ש״א באתנח
67 וָדַעַת לַמְּדֵנִי כִּי בְמִצְוֺתֶיךָ הֶאֱמָנְתִּי׃ טֶרֶם אֶעֱנֶה אֲנִי
68 שֹׁגֵג וְעַתָּה אִמְרָתְךָ שָׁמָרְתִּי׃ טוֹב־אַתָּה וּמֵטִיב לַמְּדֵנִי
69 חֻקֶּיךָ׃ טָפְלוּ עָלַי שֶׁקֶר זֵדִים אֲנִי בְּכָל־לֵב אֱצֹּר
ע פִּקּוּדֶיךָ׃ טָפַשׁ כַּחֵלֶב לִבָּם אֲנִי תּוֹרָתְךָ שִׁעֲשָׁעְתִּי׃
72 71 טוֹב־לִי כִי־עֻנֵּיתִי לְמַעַן אֶלְמַד חֻקֶּיךָ׃ טוֹב־לִי תוֹרַת־
73 פִּיךָ מֵאַלְפֵי זָהָב וָכָסֶף׃ יָדֶיךָ עָשׂוּנִי
74 וַיְכוֹנְנוּנִי הֲבִינֵנִי וְאֶלְמְדָה מִצְוֺתֶיךָ׃ יְרֵאֶיךָ יִרְאוּנִי

וישמחו

עה וְיִשְׂמָחוּ כִּי לִדְבָרְךָ יִחָלְתִּי׃ יָדַעְתִּי יְהוָה כִּי־צֶדֶק
76 מִשְׁפָּטֶיךָ וֶאֱמוּנָה עִנִּיתָנִי׃ יְהִי־נָא חַסְדְּךָ לְנַחֲמֵנִי
77 כְּאִמְרָתְךָ לְעַבְדֶּךָ׃ יְבֹאוּנִי רַחֲמֶיךָ וְאֶחְיֶה כִּי־תוֹרָתְךָ
78 שַׁעֲשֻׁעָי׃ יֵבֹשׁוּ זֵדִים כִּי־שֶׁקֶר עִוְּתוּנִי אֲנִי אָשִׂיחַ
פ 79 בְּפִקֻּדֶיךָ׃ יָשׁוּבוּ לִי יְרֵאֶיךָ וְיֹדְעֵו עֵדֹתֶיךָ׃ יְהִי־לִבִּי וידעי קרי
81 תָמִים בְּחֻקֶּיךָ לְמַעַן לֹא אֵבוֹשׁ׃ כָּלְתָה
82 לִתְשׁוּעָתְךָ נַפְשִׁי לִדְבָרְךָ יִחָלְתִּי׃ כָּלוּ עֵינַי לְאִמְרָתֶךָ
83 לֵאמֹר מָתַי תְּנַחֲמֵנִי׃ כִּי־הָיִיתִי כְּנֹאד בְּקִיטוֹר חֻקֶּיךָ ב״א תְנחמני
84 לֹא שָׁכָחְתִּי׃ כַּמָּה יְמֵי־עַבְדֶּךָ מָתַי תַּעֲשֶׂה בְרֹדְפַי נ״א ברדפי
פה מִשְׁפָּט׃ כָּרוּ־לִי זֵדִים שִׁיחוֹת אֲשֶׁר לֹא כְתוֹרָתֶךָ׃
86 87 כָּל־מִצְוֹתֶיךָ אֱמוּנָה שֶׁקֶר רְדָפוּנִי עָזְרֵנִי׃ כִּמְעַט כִּלּוּנִי
88 בָאָרֶץ וַאֲנִי לֹא־עָזַבְתִּי פִקֻּדֶיךָ׃ כְּחַסְדְּךָ חַיֵּנִי
89 וְאֶשְׁמְרָה עֵדוּת פִּיךָ׃ לְעוֹלָם יְהוָה דְּבָרְךָ עט״ל לעולם
צ נִצָּב בַּשָּׁמָיִם׃ לְדֹר וָדֹר אֱמוּנָתֶךָ כּוֹנַנְתָּ אֶרֶץ
91 וַתַּעֲמֹד׃ לְמִשְׁפָּטֶיךָ עָמְדוּ הַיּוֹם כִּי הַכֹּל עֲבָדֶיךָ׃
92 93 לוּלֵי תוֹרָתְךָ שַׁעֲשֻׁעָי אָז אָבַדְתִּי בְעָנְיִי׃ לְעוֹלָם לֹא־
94 אֶשְׁכַּח פִּקּוּדֶיךָ כִּי־בָם חִיִּיתָנִי׃ לְךָ־אֲנִי הוֹשִׁיעֵנִי בנ״א לְךָ
צה כִּי פִקּוּדֶיךָ דָרָשְׁתִּי׃ לִי קִוּוּ רְשָׁעִים לְאַבְּדֵנִי עֵדֹתֶיךָ
96 אֶתְבּוֹנָן׃ לְכָל־תִּכְלָה רָאִיתִי קֵץ רְחָבָה מִצְוָתְךָ בנ״א לְכל־
97 מְאֹד׃ מָה־אָהַבְתִּי תוֹרָתֶךָ כָּל־
98 הַיּוֹם הִיא שִׂיחָתִי׃ מֵאֹיְבַי תְּחַכְּמֵנִי מִצְוֹתֶךָ כִּי לְעוֹלָם נ״א מצותך ב״א מכל
99 הִיא־לִי׃ מִכָּל־מְלַמְּדַי הִשְׂכַּלְתִּי כִּי עֵדְוֹתֶיךָ שִׂיחָה נ״א מלמדי
101 ק לִי׃ מִזְּקֵנִים אֶתְבּוֹנָן כִּי פִקּוּדֶיךָ נָצָרְתִּי׃ מִכָּל־ פתח באתנח בנ״א לי
אֹרַח רָע כָּלִאתִי רַגְלָי לְמַעַן אֶשְׁמֹר דְּבָרֶךָ׃
102 103 מִמִּשְׁפָּטֶיךָ לֹא־סָרְתִּי כִּי־אַתָּה הוֹרֵתָנִי׃ מַה־נִּמְלְצוּ בנ״א מִמשפטיך
104 לְחִכִּי אִמְרָתֶךָ מִדְּבַשׁ לְפִי׃ מִפִּקּוּדֶיךָ אֶתְבּוֹנָן עַל־כֵּן נ״א מדבש
קה שָׂנֵאתִי ׀ כָּל־אֹרַח שָׁקֶר׃ נֵר־לְרַגְלִי דְבָרֶךָ
106 וְאוֹר לִנְתִיבָתִי׃ נִשְׁבַּעְתִּי וָאֲקַיֵּמָה לִשְׁמֹר מִשְׁפְּטֵי

צִדְקֶךָ׃ נַעֲנֵיתִי עַד־מְאֹד יְהוָה חַיֵּנִי כִדְבָרֶךָ׃ נִדְבוֹת פִּי 107 108
כנ"א וּמשפטיך רְצֵה־נָא יְהוָה וּמִשְׁפָּטֶיךָ לַמְּדֵנִי׃ נַפְשִׁי בְכַפִּי תָמִיד 109
וכנ"א ומשפטיך, וְתוֹרָתְךָ לֹא שָׁכָחְתִּי׃ נָתְנוּ רְשָׁעִים פַּח לִי וּמִפִּקּוּדֶיךָ קי
לֹא תָעִיתִי׃ נָחַלְתִּי עֵדְוֺתֶיךָ לְעוֹלָם כִּי־שְׂשׂוֹן לִבִּי הֵמָּה׃ 111
נָטִיתִי לִבִּי לַעֲשׂוֹת חֻקֶּיךָ לְעוֹלָם עֵקֶב׃ סֵעֲפִים 113 112
כנ"א ות" שָׂנֵאתִי וְתוֹרָתְךָ אָהָבְתִּי׃ סִתְרִי וּמָגִנִּי אָתָּה לִדְבָרְךָ 114
יִחָלְתִּי׃ סוּרוּ מִמֶּנִּי מְרֵעִים וְאֶצְּרָה מִצְוֺת אֱלֹהָי׃ סָמְכֵנִי קטו 16
כְאִמְרָתְךָ וְאֶחְיֶה וְאַל־תְּבִישֵׁנִי מִשִּׂבְרִי׃ סְעָדֵנִי וְאִוָּשֵׁעָה 117
ג"א בחקיך וְאֶשְׁעָה בְחֻקֶּיךָ תָמִיד׃ סָלִיתָ כָּל־שׁוֹגִים מֵחֻקֶּיךָ כִּי־ 118
שֶׁקֶר תַּרְמִיתָם׃ סִגִים הִשְׁבַּתָּ כָל־רִשְׁעֵי־אָרֶץ לָכֵן 119
אָהַבְתִּי עֵדֹתֶיךָ׃ סָמַר מִפַּחְדְּךָ בְשָׂרִי וּמִמִּשְׁפָּטֶיךָ קכ
יָרֵאתִי׃ עָשִׂיתִי מִשְׁפָּט וָצֶדֶק בַּל־תַּנִּיחֵנִי 121
ג"א אַל־ לְעֹשְׁקָי׃ עֲרֹב עַבְדְּךָ לְטוֹב אַל־יַעַשְׁקֻנִי זֵדִים׃ עֵינַי כָּלוּ 122 123
ג"א כְּחסדך לִישׁוּעָתֶךָ וּלְאִמְרַת צִדְקֶךָ׃ עֲשֵׂה עִם־עַבְדְּךָ כְחַסְדֶּךָ 124
וְחֻקֶּיךָ לַמְּדֵנִי׃ עַבְדְּךָ־אָנִי הֲבִינֵנִי וְאֵדְעָה עֵדֹתֶיךָ׃ עֵת קכה 6
לַעֲשׂוֹת לַיהוָה הֵפֵרוּ תּוֹרָתֶךָ׃ עַל־כֵּן אָהַבְתִּי מִצְוֺתֶיךָ 127
מִזָּהָב וּמִפָּז׃ עַל־כֵּן ׀ כָּל־פִּקּוּדֵי כֹל יִשָּׁרְתִּי כָּל־אֹרַח 128
שֶׁקֶר שָׂנֵאתִי׃ פְּלָאוֹת עֵדְוֺתֶיךָ עַל־כֵּן נְצָרָתַם 129
כנ"א פֵּתח נַפְשִׁי׃ פֵּתַח־דְּבָרֶיךָ יָאִיר מֵבִין פְּתָיִים׃ פִּי פָעַרְתִּי קל 31
וָאֶשְׁאָפָה כִּי לְמִצְוֺתֶיךָ יָאָבְתִּי׃ פְּנֵה־אֵלַי וְחָנֵּנִי 132
עשי"ל אֹהבי כְּמִשְׁפָּט לְאֹהֲבֵי שְׁמֶךָ׃ פְּעָמַי הָכֵן בְּאִמְרָתֶךָ וְאַל־ 133
כנ"א וְאל־ תַּשְׁלֶט־בִּי כָל־אָוֶן׃ פְּדֵנִי מֵעֹשֶׁק אָדָם וְאֶשְׁמְרָה 134
פִּקּוּדֶיךָ׃ פָּנֶיךָ הָאֵר בְּעַבְדֶּךָ וְלַמְּדֵנִי אֶת־חֻקֶּיךָ׃ קלה
פַּלְגֵי־מַיִם יָרְדוּ עֵינָי עַל לֹא־שָׁמְרוּ תוֹרָתֶךָ׃ 136
צַדִּיק אַתָּה יְהוָה וְיָשָׁר מִשְׁפָּטֶיךָ׃ צִוִּיתָ צֶדֶק 137 38
עֵדֹתֶיךָ וֶאֱמוּנָה מְאֹד׃ צִמְּתַתְנִי קִנְאָתִי כִּי־שָׁכְחוּ 139
כ"א וְעבדך דְבָרֶיךָ צָרָי׃ צְרוּפָה אִמְרָתְךָ מְאֹד וְעַבְדְּךָ אֲהֵבָהּ׃ קמ
צָעִיר אָנֹכִי וְנִבְזֶה פִּקֻּדֶיךָ לֹא שָׁכָחְתִּי׃ צִדְקָתְךָ 141 12
צדק

143 צדק לעולם ותורתך אמת׃ צר־ומצוק מצאוני ג"א ותורתך
144 מצותיך שעשעי׃ צדק עדותיך לעולם הבינני ואחיה׃
קמה קראתי בכל־לב ענני יהוה חקיך אצרה׃ בנ"א לב
147 146 קראתיך הושיעני ואשמרה עדתיך׃ קדמתי בנשף
148 ואשועה לדבריך יחלתי׃ קדמו עיני אשמרות לשיח יתיר י'
149 באמרתך׃ קולי שמעה כחסדך יהוה כמשפטך [illegible]
151 קנ חיני׃ קרבו רדפי זמה מתורתך רחקו׃ קרוב אתה [illegible]
152 יהוה וכל־מצותיך אמת׃ קדם ידעתי מעדתיך כי ג"א וכל
153 לעולם יסדתם׃ ראה־עניי וחלצני כי־תורתך ג"א מצותיך
נה 154 לא שכחתי׃ ריבה ריבי וגאלני לאמרתך חיני׃ רחוק בנ"א ראת
156 מרשעים ישועה כי־חקיך לא דרשו׃ רחמיך רבים ג"א רחמיך
157 יהוה כמשפטיך חיני׃ רבים רדפי וצרי מעדותיך לא ג"א מעדותיך
158 נטיתי׃ ראיתי בגדים ואתקוטטה אשר אמרתך לא
159 שמרו׃ ראה כי־פקודיך אהבתי יהוה כחסדך חיני׃ ב"א כחסדך
קס ראש־דברך אמת ולעולם כל־משפט צדקך׃
161 שרים רדפוני חנם ומדבריך פחד לבי׃ יתיר ו'
16 162 שש אנכי על־אמרתך כמוצא שלל רב׃ שקר שנאתי
164 ואתעבה תורתך אהבתי׃ שבע ביום הללתיך על
קסה משפטי צדקך׃ שלום רב לאהבי תורתך ואין למו בנ"א ואין
166 מכשול׃ שברתי לישועתך יהוה ומצותיך עשיתי׃
16 167 שמרה נפשי עדתיך ואהבם מאד׃ שמרתי פקודיך
169 ועדתיך כי כל־דרכי נגדך׃ תקרב רנתי נ"א לי
קע לפניך יהוה כדברך הבינני׃ תבוא תחנתי לפניך ג"א כדברך
171 כאמרתך הצילני׃ תבענה שפתי תהלה כי תלמדני
172 חקיך׃ תען לשוני אמרתך כי כל־מצותיך צדק׃
17 173 תהי־ידך לעזרני כי פקודיך בחרתי׃ תאבתי
קעה לישועתך יהוה ותורתך שעשעי׃ תחי־נפשי נ"א תחיה
176 ותהללך ומשפטך יעזרני׃ תעיתי כשה אבד בקש

עַבְדֶּךָ כִּי מִצְוֹתֶיךָ לֹא שָׁכָחְתִּי׃ קכ

PS. CXX. Queruntur fideles se non unâ calamitate exerceri.

שִׁיר הַמַּעֲלוֹת אֶל־יְהוָה בַּצָּרָתָה לִּי קָרָאתִי א
וַיַּעֲנֵנִי׃ יְהוָה הַצִּילָה נַפְשִׁי מִשְּׂפַת־שֶׁקֶר מִלָּשׁוֹן רְמִיָּה׃ 2 נ"א יהוה
מַה־יִּתֵּן לְךָ וּמַה־יֹּסִיף לָךְ לָשׁוֹן רְמִיָּה׃ חִצֵּי גִבּוֹר 3 4
שְׁנוּנִים עִם גַּחֲלֵי רְתָמִים׃ אוֹיָה־לִי כִּי־גַרְתִּי מֶשֶׁךְ ה עמי' ל
שָׁכְנָתִּי עִם־אָהֳלֵי קֵדָר׃ רַבַּת שָׁכְנָה־לָּהּ נַפְשִׁי 6 כ'א עם
עִם שׂוֹנֵא שָׁלוֹם׃ אֲנִי־שָׁלוֹם וְכִי אֲדַבֵּר הֵמָּה 7 כ'א אני
לַמִּלְחָמָה׃ קכא

PS. CXXI. Præsens Dei auxilium, ac nunquam irritam piorum in ipso spem, commendat.

שִׁיר לַמַּעֲלוֹת אֶשָּׂא א
עֵינַי אֶל־הֶהָרִים מֵאַיִן יָבֹא עֶזְרִי׃ עֶזְרִי מֵעִם יְהוָה
עֹשֵׂה שָׁמַיִם וָאָרֶץ׃ אַל־יִתֵּן לַמּוֹט רַגְלֶךָ אַל־יָנוּם 3
שֹׁמְרֶךָ׃ הִנֵּה לֹא־יָנוּם וְלֹא יִישָׁן שׁוֹמֵר יִשְׂרָאֵל׃ 4
יְהוָה שֹׁמְרֶךָ יְהוָה צִלְּךָ עַל־יַד יְמִינֶךָ׃ יוֹמָם הַשֶּׁמֶשׁ לֹא־ ה 6
יַכֶּכָּה וְיָרֵחַ בַּלָּיְלָה׃ יְהוָה יִשְׁמָרְךָ מִכָּל־רָע יִשְׁמֹר אֶת־ 7
נַפְשֶׁךָ׃ יְהוָה יִשְׁמָר־צֵאתְךָ וּבוֹאֶךָ מֵעַתָּה וְעַד־עוֹלָם׃ 8

PS. CXXII. Inducit homines pios, qui, ad sacros conventus, Hierosolymam ascendebant, mutuo sibi gratulantes, sanctamque urbem laudibus provehentes, illique bona omnia comprecantes.

קכב שִׁיר הַמַּעֲלוֹת לְדָוִד שָׂמַחְתִּי בְּאֹמְרִים לִי א
בֵּית יְהוָה נֵלֵךְ׃ עֹמְדוֹת הָיוּ רַגְלֵינוּ בִּשְׁעָרַיִךְ יְרוּשָׁלָםִ׃ 2 ב"נ ששם
יְרוּשָׁלַםִ הַבְּנוּיָה כְּעִיר שֶׁחֻבְּרָה־לָּהּ יַחְדָּו׃ שֶׁשָּׁם עָלוּ 3 4
שְׁבָטִים שִׁבְטֵי־יָהּ עֵדוּת לְיִשְׂרָאֵל לְהֹדוֹת לְשֵׁם יְהוָה׃
כִּי שָׁמָּה יָשְׁבוּ כִסְאוֹת לְמִשְׁפָּט כִּסְאוֹת לְבֵית דָּוִד׃ ה נ"א לבית
שַׁאֲלוּ שְׁלוֹם יְרוּשָׁלָםִ יִשְׁלָיוּ אֹהֲבָיִךְ׃ יְהִי־שָׁלוֹם בְּחֵילֵךְ 6 7
שַׁלְוָה בְּאַרְמְנוֹתָיִךְ׃ לְמַעַן אַחַי וְרֵעָי אֲדַבְּרָה־נָּא 8
שָׁלוֹם בָּךְ׃ לְמַעַן בֵּית־יְהוָה אֱלֹהֵינוּ אֲבַקְשָׁה טוֹב לָךְ׃ 9 עמי' עיני · נ"א בעיני

PSALMUS CXXIII. Oratio, affectuplena, hominis gratiam Dei implorantis & præstolantis.

קכג שִׁיר הַמַּעֲלוֹת אֵלֶיךָ נָשָׂאתִי אֶת־עֵינַי א ב"ג הנה
הַיֹּשְׁבִי בַּשָּׁמָיִם׃ הִנֵּה כְעֵינֵי עֲבָדִים אֶל־יַד אֲדוֹנֵיהֶם 2 נ"א הנה
כְּעֵינֵי שִׁפְחָה אֶל־יַד גְּבִרְתָּהּ כֵּן עֵינֵינוּ אֶל־יְהוָה אֱלֹהֵינוּ נ"א יד
עַד שֶׁיְּחָנֵּנוּ׃ חָנֵּנוּ יְהוָה חָנֵּנוּ כִּי־רַב שָׂבַעְנוּ בוּז׃ רַבַּת 3 4 נ"א יד
שָׂבְעָה־לָּהּ נַפְשֵׁנוּ הַלַּעַג הַשַּׁאֲנַנִּים הַבּוּז לִגְאֵיוֹנִים׃ נ"א לגאי לגאי יונים ק'

PSALMUS CXXIV. Gratiarum

קכד שִׁיר הַמַּעֲלוֹת לְדָוִד לוּלֵי יְהוָה שֶׁהָיָה לָנוּ א ב"א שהיה
יאמר

actio pro divinâ ope in præsenti periculo.

2 יֹאמַר־נָא יִשְׂרָאֵל׃ לוּלֵי יְהוָה שֶׁהָיָה לָנוּ בְּקוּם עָלֵינוּ
3 4 אָדָם׃ אֲזַי חַיִּים בְּלָעוּנוּ בַּחֲרוֹת אַפָּם בָּנוּ׃ אֲזַי הַמַּיִם
ה שְׁטָפוּנוּ נַחְלָה עָבַר עַל־נַפְשֵׁנוּ׃ אֲזַי עָבַר עַל־
6 נַפְשֵׁנוּ הַמַּיִם הַזֵּידוֹנִים׃ בָּרוּךְ יְהוָה שֶׁלֹּא נְתָנָנוּ כ"א נתננו
7 טֶרֶף לְשִׁנֵּיהֶם׃ נַפְשֵׁנוּ כְּצִפּוֹר נִמְלְטָה מִפַּח
8 יוֹקְשִׁים הַפַּח נִשְׁבָּר וַאֲנַחְנוּ נִמְלָטְנוּ׃ עֶזְרֵנוּ
בְּשֵׁם יְהוָה עֹשֵׂה שָׁמַיִם וָאָרֶץ׃ קכה

PS. CXXV. Firmitatem atque decus fidelium commendat, eosque cum monte Zione comparat.

א שִׁיר הַמַּעֲלוֹת הַבֹּטְחִים בַּיהוָה כְּהַר־צִיּוֹן לֹא־ ג"א
לה 2 יִמּוֹט לְעוֹלָם יֵשֵׁב׃ יְרוּשָׁלִַם הָרִים סָבִיב לָהּ וַיהוָה נ"א
לא 3 סָבִיב לְעַמּוֹ מֵעַתָּה וְעַד־עוֹלָם׃ כִּי לֹא יָנוּחַ שֵׁבֶט כ"א
למען הָרֶשַׁע עַל גּוֹרַל הַצַּדִּיקִים לְמַעַן לֹא־יִשְׁלְחוּ הַצַּדִּיקִים
4 בְּעַוְלָתָה יְדֵיהֶם׃ הֵיטִיבָה יְהוָה לַטּוֹבִים וְלִישָׁרִים
ה בְּלִבּוֹתָם׃ וְהַמַּטִּים עֲקַלְקַלּוֹתָם יוֹלִיכֵם יְהוָה אֶת־
א פֹּעֲלֵי הָאָוֶן שָׁלוֹם עַל־יִשְׂרָאֵל׃ קכו שִׁיר

PSALMUS CXXVI. Lætitiam fidelium describit, post assertam & ex captivitate restitutam Zionem.

הַמַּעֲלוֹת בְּשׁוּב יְהוָה אֶת־שִׁיבַת צִיּוֹן הָיִינוּ כְּחֹלְמִים׃
נ"א ימלא 2 אָז יִמָּלֵא שְׂחוֹק פִּינוּ וּלְשׁוֹנֵנוּ רִנָּה אָז יֹאמְרוּ בַגּוֹיִם
נ"א שות 3 הִגְדִּיל יְהוָה לַעֲשׂוֹת עִם־אֵלֶּה׃ הִגְדִּיל יְהוָה לַעֲשׂוֹת
4 עִמָּנוּ הָיִינוּ שְׂמֵחִים׃ שׁוּבָה יְהוָה אֶת־שְׁבוּתֵנוּ שביתנו קרי
6 ה כַּאֲפִיקִים בַּנֶּגֶב׃ הַזֹּרְעִים בְּדִמְעָה בְּרִנָּה יִקְצֹרוּ׃ הָלוֹךְ
נ"א משך יֵלֵךְ וּבָכֹה נֹשֵׂא מֶשֶׁךְ־הַזָּרַע בֹּא־יָבֹא בְרִנָּה נֹשֵׂא קמץ בלא א"ס
א אֲלֻמֹּתָיו׃ קכז שִׁיר הַמַּעֲלוֹת לִשְׁלֹמֹה

PSALMUS CXXVII. Salomon domûs, familiæ, Civitatis, salutem, ac imprimis Domûs Dei ædificationem ac custodiam, ab unius Dei providentiâ pendere docet.

כ"כ לכם אִם־יְהוָה לֹא־יִבְנֶה בַיִת שָׁוְא עָמְלוּ בוֹנָיו בּוֹ אִם־יְהוָה
כ"נ לכם 2 לֹא־יִשְׁמָר־עִיר שָׁוְא שָׁקַד שׁוֹמֵר׃ שָׁוְא לָכֶם מַשְׁכִּימֵי קוּם
א"ה במקום מְאַחֲרֵי־שֶׁבֶת אֹכְלֵי לֶחֶם הָעֲצָבִים כֵּן יִתֵּן לִידִידוֹ שֵׁנָא׃
3 4 הִנֵּה נַחֲלַת יְהוָה בָּנִים שָׂכָר פְּרִי הַבָּטֶן׃ כְּחִצִּים בְּיַד־
ה גִּבּוֹר כֵּן בְּנֵי הַנְּעוּרִים׃ אַשְׁרֵי הַגֶּבֶר אֲשֶׁר מִלֵּא אֶת־
אַשְׁפָּתוֹ מֵהֶם לֹא־יֵבֹשׁוּ כִּי־יְדַבְּרוּ אֶת־אוֹיְבִים בַּשָּׁעַר׃

PSALMUS CXXVIII. Beatum

א קכח שִׁיר הַמַּעֲלוֹת אַשְׁרֵי כָּל־יְרֵא יְהוָה הַהֹלֵךְ
בדרכיו

בִּדְרָכָיו׃ יְגִיעַ כַּפֶּיךָ כִּי תֹאכֵל אַשְׁרֶיךָ וְטוֹב לָךְ׃ 2
אֶשְׁתְּךָ ׀ כְּגֶפֶן פֹּרִיָּה בְּיַרְכְּתֵי בֵיתֶךָ בָּנֶיךָ כִּשְׁתִלֵי זֵיתִים 3
סָבִיב לְשֻׁלְחָנֶךָ׃ הִנֵּה כִי־כֵן יְבֹרַךְ גָּבֶר יְרֵא יְהוָה׃ 4
יְבָרֶכְךָ יְהוָה מִצִּיּוֹן וּרְאֵה בְּטוּב יְרוּשָׁלָ͏ִם כֹּל יְמֵי ה
חַיֶּיךָ׃ וּרְאֵה־בָנִים לְבָנֶיךָ שָׁלוֹם עַל־יִשְׂרָאֵל׃ 6

statum illorum, qui Deum timent. depraedicat.

קָמֵץ בלא א׳סף

בנ"א יְהוה

קכט שִׁיר הַמַּעֲלוֹת רַבַּת צְרָרוּנִי מִנְּעוּרָי יֹאמַר־ א
נָא יִשְׂרָאֵל׃ רַבַּת צְרָרוּנִי מִנְּעוּרָי גַּם לֹא־יָכְלוּ לִי׃ עַל־ 2 3
גַּבִּי חָרְשׁוּ חֹרְשִׁים הֶאֱרִיכוּ לְמַעֲנוֹתָם׃ יְהוָה 4
צַדִּיק קִצֵּץ עֲבוֹת רְשָׁעִים׃ יֵבֹשׁוּ וְיִסֹּגוּ אָחוֹר כֹּל שֹׂנְאֵי ה
צִיּוֹן׃ יִהְיוּ כַּחֲצִיר גַּגּוֹת שֶׁקַּדְמַת שָׁלַף יָבֵשׁ׃ שֶׁלֹּא מִלֵּא 6 7
כַפּוֹ קוֹצֵר וְחִצְנוֹ מְעַמֵּר׃ וְלֹא אָמְרוּ ׀ הָעֹבְרִים בִּרְכַּת־ 8
יְהוָה אֲלֵיכֶם בֵּרַכְנוּ אֶתְכֶם בְּשֵׁם יְהוָה׃

למעניתם קרי

PSALMUS CXXIX. Infelices conatus hostium Dei depinguntur: atque Israël in Deo suo confidere jubetur

קל שִׁיר הַמַּעֲלוֹת מִמַּעֲמַקִּים קְרָאתִיךָ יְהוָה׃ אֲדֹנָי א 2
שִׁמְעָה בְקוֹלִי תִּהְיֶינָה אָזְנֶיךָ קַשֻּׁבוֹת לְקוֹל תַּחֲנוּנָי׃
אִם־עֲוֹנוֹת תִּשְׁמָר־יָהּ אֲדֹנָי מִי יַעֲמֹד׃ כִּי־עִמְּךָ 3 4
הַסְּלִיחָה לְמַעַן תִּוָּרֵא׃ קִוִּיתִי יְהוָה קִוְּתָה נַפְשִׁי ה
וְלִדְבָרוֹ הוֹחָלְתִּי׃ נַפְשִׁי לַאדֹנָי מִשֹּׁמְרִים לַבֹּקֶר שֹׁמְרִים 6
לַבֹּקֶר׃ יַחֵל יִשְׂרָאֵל אֶל־יְהוָה כִּי־עִם־יְהוָה הַחֶסֶד 7
וְהַרְבֵּה עִמּוֹ פְדוּת׃ וְהוּא יִפְדֶּה אֶת־יִשְׂרָאֵל מִכֹּל 8
עֲוֹנֹתָיו׃

PS. CXXX. Precatio hominis conscientiâ peccatorum gravissimè cruciati, seque divinae gratiae fiduciâ consolantis.

בנ"א כי־

סגול באתנח

קלא שִׁיר הַמַּעֲלוֹת לְדָוִד יְהוָה ׀ א
לֹא־גָבַהּ לִבִּי וְלֹא־רָמוּ עֵינַי וְלֹא־הִלַּכְתִּי ׀ בִּגְדֹלוֹת
וּבְנִפְלָאוֹת מִמֶּנִּי׃ אִם־לֹא שִׁוִּיתִי ׀ וְדוֹמַמְתִּי נַפְשִׁי 2
כְּגָמֻל עֲלֵי אִמּוֹ כַּגָּמֻל עָלַי נַפְשִׁי׃ יַחֵל יִשְׂרָאֵל אֶל־יְהוָה 3
מֵעַתָּה וְעַד־עוֹלָם׃

נ"א ע״

PSALMUS CXXXI. Protestatur de humilitate & simplicitate cordis sui.

קלב שִׁיר הַמַּעֲלוֹת זְכוֹר־ א
יְהוָה לְדָוִד אֵת כָּל־עֻנּוֹתוֹ׃ אֲשֶׁר נִשְׁבַּע לַיהוָה נָדַר 2
לַאֲבִיר יַעֲקֹב׃ אִם־אָבֹא בְּאֹהֶל בֵּיתִי אִם־אֶעֱלֶה עַל־ 3
עֶרֶשׂ יְצוּעָי׃ אִם־אֶתֵּן שְׁנָת לְעֵינָי לְעַפְעַפַּי תְּנוּמָה׃ 4
עַד־אֶמְצָא מָקוֹם לַיהוָה מִשְׁכָּנוֹת לַאֲבִיר יַעֲקֹב׃ ה

ב"א ול"ד

ב"נ זכר־

ג"א ערש

PSALMUS CXXXII. Describitur studium Davidis in restituendo sacro cultu: promissionesque ipsi factae, de regia dignitate

הנה

In familia ipsius permansura, deque Regno Messiæ, enarrantur.

6 7 הִנֵּה שְׁמַעֲנוּהָ בְאֶפְרָתָה מְצָאנוּהָ בִּשְׂדֵי יָעַר׃ נָבוֹאָה
8 לְמִשְׁכְּנוֹתָיו נִשְׁתַּחֲוֶה לַהֲדֹם רַגְלָיו׃ קוּמָה יְהוָה
9 לִמְנוּחָתֶךָ אַתָּה וַאֲרוֹן עֻזֶּךָ׃ כֹּהֲנֶיךָ יִלְבְּשׁוּ־צֶדֶק
י וַחֲסִידֶיךָ יְרַנֵּנוּ׃ בַּעֲבוּר דָּוִד עַבְדֶּךָ אַל־תָּשֵׁב פְּנֵי
11 מְשִׁיחֶךָ׃ נִשְׁבַּע־יְהוָה לְדָוִד אֱמֶת לֹא־יָשׁוּב מִמֶּנָּה
12 מִפְּרִי בִטְנְךָ אָשִׁית לְכִסֵּא־לָךְ׃ אִם־יִשְׁמְרוּ בָנֶיךָ
בְּרִיתִי וְעֵדֹתִי זוֹ אֲלַמְּדֵם גַּם־בְּנֵיהֶם עֲדֵי־עַד יֵשְׁבוּ
13 14 לְכִסֵּא־לָךְ׃ כִּי־בָחַר יְהוָה בְּצִיּוֹן אִוָּהּ לְמוֹשָׁב לוֹ׃ זֹאת
טו מְנוּחָתִי עֲדֵי־עַד פֹּה אֵשֵׁב כִּי אִוִּתִיהָ׃ צֵידָהּ בָּרֵךְ
16 אֲבָרֵךְ אֶבְיוֹנֶיהָ אַשְׂבִּיעַ לָחֶם׃ וְכֹהֲנֶיהָ אַלְבִּישׁ יֶשַׁע
17 וַחֲסִידֶיהָ רַנֵּן יְרַנֵּנוּ׃ שָׁם אַצְמִיחַ קֶרֶן לְדָוִד עָרַכְתִּי
18 נֵר לִמְשִׁיחִי׃ אוֹיְבָיו אַלְבִּישׁ בֹּשֶׁת וְעָלָיו יָצִיץ נִזְרוֹ׃

נ״א מִמֶּנָּה · בנ״א אִם־ · נ״א זו · ב״נ אלמדם · או זו · נ״א צֵידָה · נ״א טוב

PSALMUS CXXXIII. Commendat cœtum fidelium, in mutua pace & charitate conjunctorum, ad audiendum verbum Dei ac Domini sui.

קלג

א שִׁיר הַמַּעֲלוֹת לְדָוִד הִנֵּה מַה־טּוֹב
2 וּמַה־נָּעִים שֶׁבֶת אַחִים גַּם־יָחַד׃ כַּשֶּׁמֶן הַטּוֹב עַל־
הָרֹאשׁ יֹרֵד עַל־הַזָּקָן זְקַן־אַהֲרֹן שֶׁיֹּרֵד עַל־פִּי מִדּוֹתָיו׃
3 כְּטַל־חֶרְמוֹן שֶׁיֹּרֵד עַל־הַרְרֵי צִיּוֹן כִּי שָׁם צִוָּה
יְהוָה אֶת־הַבְּרָכָה חַיִּים עַד־הָעוֹלָם׃

ב״א הררי

PSALMUS CXXXIV. Hortatur Levitas, qui noctu vigilias agebant in templo, ut laudibus Deum celebrent; eosque propinqui numinis auxilio atque benedictione consolatur.

קלד

א שִׁיר הַמַּעֲלוֹת הִנֵּה בָּרְכוּ אֶת־יְהוָה כָּל־עַבְדֵי
2 יְהוָה הָעֹמְדִים בְּבֵית־יְהוָה בַּלֵּילוֹת׃ שְׂאוּ־יְדֵכֶם
3 קֹדֶשׁ וּבָרְכוּ אֶת־יְהוָה׃ יְבָרֶכְךָ יְהוָה מִצִּיּוֹן עֹשֵׂה שָׁמַיִם
וָאָרֶץ׃

PSALMUS CXXXV. Hoc hymno prædicat potentiam Dei, ejusque gratiam erga Israelem:

קלה

א הַלְלוּ יָהּ הַלְלוּ אֶת־שֵׁם
2 יְהוָה הַלְלוּ עַבְדֵי יְהוָה׃ שֶׁעֹמְדִים בְּבֵית יְהוָה בְּחַצְרוֹת
3 בֵּית אֱלֹהֵינוּ׃ הַלְלוּ־יָהּ כִּי־טוֹב יְהוָה זַמְּרוּ לִשְׁמוֹ
4 כִּי נָעִים׃ כִּי־יַעֲקֹב בָּחַר לוֹ יָהּ יִשְׂרָאֵל לִסְגֻלָּתוֹ׃
ה 6 כִּי אֲנִי יָדַעְתִּי כִּי־גָדוֹל יְהוָה וַאֲדֹנֵינוּ מִכָּל־אֱלֹהִים׃ כֹּל
אֲשֶׁר־חָפֵץ יְהוָה עָשָׂה בַּשָּׁמַיִם וּבָאָרֶץ בַּיַּמִּים וְכָל־
7 תְּהֹמוֹת׃ מַעֲלֶה נְשִׂאִים מִקְצֵה הָאָרֶץ בְּרָקִים
8 לַמָּטָר עָשָׂה מוֹצֵא רוּחַ מֵאוֹצְרוֹתָיו׃ שֶׁהִכָּה בְּכוֹרֵי

מצרים

atque ad laudes ejus celebrandas pios cohortatur.

מִצְרָיִם מֵאָדָם עַד־בְּהֵמָה׃ שָׁלַח ׀ אֹתוֹת וּמֹפְתִים 9
בְּתוֹכֵכִי מִצְרָיִם בְּפַרְעֹה וּבְכָל־עֲבָדָיו׃ שֶׁהִכָּה גּוֹיִם י
בנ״א מלך
רַבִּים וְהָרַג מְלָכִים עֲצוּמִים׃ לְסִיחוֹן ׀ מֶלֶךְ הָאֱמֹרִי 11
וּלְעוֹג מֶלֶךְ הַבָּשָׁן וּלְכֹל מַמְלְכוֹת כְּנָעַן׃ וְנָתַן אַרְצָם 12
בנ״א לישראל
נַחֲלָה נַחֲלָה לְיִשְׂרָאֵל עַמּוֹ׃ יְהוָה שִׁמְךָ לְעוֹלָם יְהוָה 13
זִכְרְךָ לְדֹר־וָדֹר׃ כִּי־יָדִין יְהוָה עַמּוֹ וְעַל־עֲבָדָיו יִתְנֶחָם׃ 14
עֲצַבֵּי הַגּוֹיִם כֶּסֶף וְזָהָב מַעֲשֵׂה יְדֵי אָדָם׃ פֶּה לָהֶם טו 16
וְלֹא יְדַבֵּרוּ עֵינַיִם לָהֶם וְלֹא יִרְאוּ׃ אָזְנַיִם לָהֶם וְלֹא 17
ב״נ אין
יַאֲזִינוּ אַף אֵין־יֶשׁ־רוּחַ בְּפִיהֶם׃ כְּמוֹהֶם יִהְיוּ עֹשֵׂיהֶם 18
בנ״א ברכו
כֹּל אֲשֶׁר־בֹּטֵחַ בָּהֶם׃ בֵּית יִשְׂרָאֵל בָּרְכוּ אֶת־יְהוָה 19
עטי ברכו
בֵּית אַהֲרֹן בָּרְכוּ אֶת־יְהוָה׃ בֵּית הַלֵּוִי בָּרְכוּ אֶת־ כ
בנ״א בר׳
יְהוָה יִרְאֵי יְהוָה בָּרְכוּ אֶת־יְהוָה׃ בָּרוּךְ יְהוָה 21
בנ״א שכן
מִצִּיּוֹן שֹׁכֵן יְרוּשָׁלָם הַלְלוּ־יָהּ׃
ב״א לא סקף

קלו

קמץ ב״א א״סף

PSALMUS CXXXVI. Ad celebrandum Dominum hortatur, ejusque elogia & opera recenset.

הוֹדוּ לַיהוָה כִּי־טוֹב כִּי לְעוֹלָם חַסְדּוֹ׃ הוֹדוּ א 2
לֵאלֹהֵי הָאֱלֹהִים כִּי לְעוֹלָם חַסְדּוֹ׃ הוֹדוּ לַאֲדֹנֵי 3
א״ נעה
הָאֲדֹנִים כִּי לְעוֹלָם חַסְדּוֹ׃ לְעֹשֵׂה נִפְלָאוֹת 4
עטי׳ לעשה
גְּדֹלוֹת לְבַדּוֹ כִּי לְעוֹלָם חַסְדּוֹ׃ לְעֹשֵׂה הַשָּׁמַיִם ה
בִּתְבוּנָה כִּי לְעוֹלָם חַסְדּוֹ׃ לְרֹקַע הָאָרֶץ 6
עַל־הַמָּיִם כִּי לְעוֹלָם חַסְדּוֹ׃ לְעֹשֵׂה אוֹרִים 7
גְּדֹלִים כִּי לְעוֹלָם חַסְדּוֹ׃ אֶת־הַשֶּׁמֶשׁ לְמֶמְשֶׁלֶת 8
בַּיּוֹם כִּי לְעוֹלָם חַסְדּוֹ׃ אֶת־הַיָּרֵחַ וְכוֹכָבִים 9
לְמֶמְשְׁלוֹת בַּלָּיְלָה כִּי לְעוֹלָם חַסְדּוֹ׃ לְמַכֵּה מִצְרַיִם י
בִּבְכוֹרֵיהֶם כִּי לְעוֹלָם חַסְדּוֹ׃ וַיּוֹצֵא יִשְׂרָאֵל מִתּוֹכָם 11
כִּי לְעוֹלָם חַסְדּוֹ׃ בְּיָד חֲזָקָה וּבִזְרוֹעַ נְטוּיָה כִּי לְעוֹלָם 12
חַסְדּוֹ׃ לְגֹזֵר יַם־סוּף לִגְזָרִים כִּי לְעוֹלָם חַסְדּוֹ׃ וְהֶעֱבִיר 13 14
יִשְׂרָאֵל בְּתוֹכוֹ כִּי לְעוֹלָם חַסְדּוֹ׃ וְנִעֵר פַּרְעֹה וְחֵילוֹ טו
בְיַם־סוּף כִּי לְעוֹלָם חַסְדּוֹ׃ לְמוֹלִיךְ עַמּוֹ בַּמִּדְבָּר כִּי 16
לְעוֹלָם חַסְדּוֹ׃ לְמַכֵּה מְלָכִים גְּדֹלִים כִּי לְעוֹלָם חַסְדּוֹ׃ 17

ויהרג

19 18 ויהרג מלכים אדירים כי לעולם חסדו: לסיחון מלך
כ האמרי כי לעולם חסדו: ולעוג מלך הבשן כי לעולם
22 21 חסדו: ונתן ארצם לנחלה כי לעולם חסדו: נחלה
23 לישראל עבדו כי לעולם חסדו: שבשפלנו זכר לנו
24 כי לעולם חסדו: ויפרקנו מצרינו כי לעולם חסדו: נ"א ויפרקנו
26 כה נתן לחם לכל-בשר כי לעולם חסדו: הודו לאל
השמים כי לעולם חסדו: קלז

PSALMUS CXXVII. Israëlitæ, in Babyloniam adducti, commemorant hoc dulcissimo carmine luctum & mœrorem suum; & judicia Dei in filiam Babelis denunciant.

א על-נהרות בבל שם ישבנו גם-בכינו בזכרנו ב"נ על-
2 3 את-ציון: על-ערבים בתוכה תלינו כנורותינו: כי נ"א כנר'
שם שאלונו שובינו דברי-שיר ותוללינו שמחה שירו נ"א שיר
4 לנו משיר ציון: איך נשיר את-שיר-יהוה על אדמת ב"א אם
6 ה נכר: אם-אשכחך ירושלם תשכח ימיני: תדבק קמץ ב"א אם עטי' כח
לשוני לחכי אם-לא אזכרכי אם-לא אעלה את-
7 ירושלם על ראש שמחתי: זכר יהוה לבני אדום פתח באתנח נ"א יום
את יום ירושלם האמרים ערו ערו עד היסוד בה: בלא קמץ א"סף
8 בת-בבל השדודה אשרי שישלם-לך את-גמולך נ"אהשדוד
9 שגמלת לנו: אשרי שיאחז ונפץ את-עלליך אל- נ"אשישלם- ב"א עולליך ונ"א עולליך
א הסלע: קלח לדוד אודך בכל-לבי נגד נ"א בכל-

PSALMUS CXXVIII. Benignitatem Dei erga sese prædicat, eamque semper sese commemoraturum profitetur.

2 אלהים אזמרך: אשתחוה אל-היכל קדשך ואודה נ"א היכל
את-שמך על-חסדך ועל-אמתך כי-הגדלת על-כל- נ"א ותענני
3 שמך אמרתך: ביום קראתי ותענני תרהבני בנפשי נ"א תרהבני
4 עז: יודוך יהוה כל-מלכי-ארץ כי-שמעו אמרי-פיך: נ"א כי
6 ה וישירו בדרכי יהוה כי גדול כבוד יהוה: כי-רם יהוה עטי' בכוד
7 ושפל יראה וגבה ממרחק יידע: אם-אלך בקרב נ"א כי-רם
צרה תחיני על אף איבי תשלח ידך ותושיעני ימינך:
8 יהוה יגמר בעדי יהוה חסדך לעולם מעשי ידיך אל-
א תרף: קלט למנצח לדוד מזמור יהוה
2 חקרתני ותדע: אתה ידעת שבתי וקומי בנתה לרעי

מֵרָחוֹק׃ אָרְחִי וְרִבְעִי זֵרִיתָ וְכָל־דְּרָכַי הִסְכַּנְתָּה׃ כִּי 3 4 פתח בס"ם
אֵין מִלָּה בִּלְשׁוֹנִי הֵן יְהוָה יָדַעְתָּ כֻלָּהּ׃ אָחוֹר וָקֶדֶם ה
צַרְתָּנִי וַתָּשֶׁת עָלַי כַּפֶּכָה׃ פְּלִאיָה דַעַת מִמֶּנִּי נִשְׂגְּבָה 6 פליאה קרי
לֹא־אוּכַל לָהּ׃ אָנָה אֵלֵךְ מֵרוּחֶךָ וְאָנָה מִפָּנֶיךָ אֶבְרָח׃ 7 נ"א אנה נ"א ואנה
אִם־אֶסַּק שָׁמַיִם שָׁם אָתָּה וְאַצִּיעָה שְּׁאוֹל הִנֶּךָּ׃ אֶשָּׂא 8 9
כַנְפֵי־שָׁחַר אֶשְׁכְּנָה בְּאַחֲרִית יָם׃ גַּם־שָׁם יָדְךָ תַנְחֵנִי י
וְתֹאחֲזֵנִי יְמִינֶךָ׃ וָאֹמַר אַךְ־חֹשֶׁךְ יְשׁוּפֵנִי וְלַיְלָה אוֹר 11
בַּעֲדֵנִי׃ גַּם־חֹשֶׁךְ לֹא־יַחְשִׁיךְ מִמֶּךָּ וְלַיְלָה כַּיּוֹם יָאִיר 12
כַּחֲשֵׁיכָה כָּאוֹרָה׃ כִּי־אַתָּה קָנִיתָ כִלְיֹתָי תְּסֻכֵּנִי בְּבֶטֶן 13
אִמִּי׃ אוֹדְךָ עַל כִּי נוֹרָאוֹת נִפְלֵיתִי נִפְלָאִים מַעֲשֶׂיךָ 14
וְנַפְשִׁי יֹדַעַת מְאֹד׃ לֹא־נִכְחַד עָצְמִי מִמֶּךָּ אֲשֶׁר־ טו
עֻשֵּׂיתִי בַסֵּתֶר רֻקַּמְתִּי בְּתַחְתִּיּוֹת אָרֶץ׃ גָּלְמִי רָאוּ 16 בנ"א ועל־
עֵינֶיךָ וְעַל־סִפְרְךָ כֻּלָּם יִכָּתֵבוּ יָמִים יֻצָּרוּ וְלֹא אֶחָד ולו קרי
בָּהֶם׃ וְלִי מַה־יָּקְרוּ רֵעֶיךָ אֵל מֶה עָצְמוּ רָאשֵׁיהֶם׃ 17
אֶסְפְּרֵם מֵחוֹל יִרְבּוּן הֱקִיצֹתִי וְעוֹדִי עִמָּךְ׃ אִם־תִּקְטֹל 18 19
אֱלוֹהַּ רָשָׁע וְאַנְשֵׁי דָמִים סוּרוּ מֶנִּי׃ אֲשֶׁר יֹמְרוּךָ כ למר"ו יאמרוך
לִמְזִמָּה נָשֻׂא לַשָּׁוְא עָרֶיךָ׃ הֲלוֹא־מְשַׂנְאֶיךָ יְהוָה 21 נ"א משנאיך בנ"א יהוה
אֶשְׂנָא וּבִתְקוֹמְמֶיךָ אֶתְקוֹטָט׃ תַּכְלִית שִׂנְאָה שְׂנֵאתִים 22
לְאוֹיְבִים הָיוּ לִי׃ חָקְרֵנִי אֵל וְדַע לְבָבִי בְּחָנֵנִי וְדַע 23
שַׂרְעַפָּי׃ וּרְאֵה אִם־דֶּרֶךְ עֹצֶב בִּי וּנְחֵנִי בְּדֶרֶךְ עוֹלָם׃ 24 בנ"א עֹצב
קמ לַמְנַצֵּחַ מִזְמוֹר לְדָוִד׃ חַלְּצֵנִי יְהוָה א 2
מֵאָדָם רָע מֵאִישׁ חֲמָסִים תִּנְצְרֵנִי׃ אֲשֶׁר חָשְׁבוּ רָעוֹת 3
בְּלֵב כָּל־יוֹם יָגוּרוּ מִלְחָמוֹת׃ שָׁנְנוּ לְשׁוֹנָם כְּמוֹ־נָחָשׁ 4
חֲמַת עַכְשׁוּב תַּחַת שְׂפָתֵימוֹ סֶלָה׃ שָׁמְרֵנִי יְהוָה ה
מִידֵי רָשָׁע מֵאִישׁ חֲמָסִים תִּנְצְרֵנִי אֲשֶׁר חָשְׁבוּ לִדְחוֹת נ"א חשמ
פְּעָמָי׃ טָמְנוּ־גֵאִים פַּח לִי וַחֲבָלִים פָּרְשׂוּ רֶשֶׁת לְיַד־ 6
מַעְגָּל מֹקְשִׁים שָׁתוּ־לִי סֶלָה׃ אָמַרְתִּי לַיהוָה אֵלִי אָתָּה 7
הַאֲזִינָה יְהוָה קוֹל תַּחֲנוּנָי׃ יֱהֹוִה אֲדֹנָי עֹז יְשׁוּעָתִי 8
סכותה

Dei providentiam, utque ipsi cuncta hominum, & dicta, & facta, & cogitata, sint notissima.

PS. CXL. Fideles perpetuam sibi Dei curam, & auxilium contra continuos improborum insultus & insidias, adesse expetunt.

9 סַבּוֹתָה לְרֹאשִׁי בְּיוֹם נָשֶׁק׃ אַל־תִּתֵּן יְהוָה מַאֲוַיֵּי רָשָׁע בנ״א ביום
י זְמָמוֹ אַל־תָּפֵק יָרוּמוּ סֶלָה׃ רֹאשׁ מְסִבָּי עֲמַל שְׂפָתֵימוֹ
11 יְכַסּוּמוֹ׃ יִמּוֹטוּ עֲלֵיהֶם גֶּחָלִים בָּאֵשׁ יַפִּלֵם בְּמַהֲמֹרוֹת נ״א באש יכסימו קרי ימוטו קרי
12 בַּל־יָקוּמוּ׃ אִישׁ לָשׁוֹן בַּל־יִכּוֹן בָּאָרֶץ אִישׁ־חָמָס רָע נ״א יפילם
13 יְצוּדֶנּוּ לְמַדְחֵפֹת׃ יָדַעְתָּ כִּי־יַעֲשֶׂה יְהוָה דִּין עָנִי ידעתי קרי ונ״א ידעתי
14 מִשְׁפַּט אֶבְיֹנִים׃ אַךְ צַדִּיקִים יוֹדוּ לִשְׁמֶךָ יֵשְׁבוּ
א יְשָׁרִים אֶת־פָּנֶיךָ׃ קמא מִזְמוֹר לְדָוִד

PS. CXLI. Continentur & hoc psalmo vota & gemitus piorum, in vario rerum statu.

יְהוָה קְרָאתִיךָ חוּשָׁה לִּי הַאֲזִינָה קוֹלִי בְּקָרְאִי־לָךְ׃
2 תִּכּוֹן תְּפִלָּתִי קְטֹרֶת לְפָנֶיךָ מַשְׂאַת כַּפַּי מִנְחַת־עָרֶב׃
3 שִׁיתָה יְהוָה שָׁמְרָה לְפִי נִצְּרָה עַל־דַּל שְׂפָתָי׃
4 אַל־תַּט לִבִּי לְדָבָר רָע לְהִתְעוֹלֵל עֲלִלוֹת נ״א לדבר ונ״א לדבר נ״א עלילות
בְּרֶשַׁע אֶת־אִישִׁים פֹּעֲלֵי־אָוֶן וּבַל־אֶלְחַם בְּמַנְעַמֵּיהֶם׃
ה יֶהֶלְמֵנִי צַדִּיק חֶסֶד וְיוֹכִיחֵנִי שֶׁמֶן רֹאשׁ אַל־יָנִי רֹאשִׁי נ״א יהלמני
6 כִּי־עוֹד וּתְפִלָּתִי בְּרָעוֹתֵיהֶם׃ נִשְׁמְטוּ בִידֵי־סֶלַע נ״א בידי
7 שֹׁפְטֵיהֶם וְשָׁמְעוּ אֲמָרַי כִּי נָעֵמוּ׃ כְּמוֹ פֹלֵחַ וּבֹקֵעַ
8 בָּאָרֶץ נִפְזְרוּ עֲצָמֵינוּ לְפִי שְׁאוֹל׃ כִּי אֵלֶיךָ יְהוִה
9 אֲדֹנָי עֵינָי בְּכָה חָסִיתִי אַל־תְּעַר נַפְשִׁי׃ שָׁמְרֵנִי מִידֵי
י פַּח יָקְשׁוּ לִי וּמֹקְשׁוֹת פֹּעֲלֵי אָוֶן׃ יִפְּלוּ בְמַכְמֹרָיו ב״א עד
א רְשָׁעִים יַחַד אָנֹכִי עַד־אֶעֱבוֹר׃ קמב מַשְׂכִּיל ב״נ עד

PS. CXLII. Oratio Davidis, Cum in specum sese abdidisset, fugiens Saulem.

2 לְדָוִד בִּהְיוֹתוֹ בַמְּעָרָה תְפִלָּה׃ קוֹלִי אֶל־יְהוָה אֶזְעָק
3 קוֹלִי אֶל־יְהוָה אֶתְחַנָּן׃ אֶשְׁפֹּךְ לְפָנָיו שִׂיחִי צָרָתִי
4 לְפָנָיו אַגִּיד׃ בְּהִתְעַטֵּף עָלַי רוּחִי וְאַתָּה יָדַעְתָּ
ה נְתִיבָתִי בְּאֹרַח־זוּ אֲהַלֵּךְ טָמְנוּ פַח לִי׃ הַבֵּיט יָמִין וּרְאֵה בנ״א פח
וְאֵין־לִי מַכִּיר אָבַד מָנוֹס מִמֶּנִּי אֵין דּוֹרֵשׁ לְנַפְשִׁי׃
6 זָעַקְתִּי אֵלֶיךָ יְהוָה אָמַרְתִּי אַתָּה מַחְסִי חֶלְקִי בְּאֶרֶץ נ״א דלותי
7 הַחַיִּים׃ הַקְשִׁיבָה אֶל־רִנָּתִי כִּי־דַלּוֹתִי מְאֹד מאד
8 הַצִּילֵנִי מֵרֹדְפַי כִּי אָמְצוּ מִמֶּנִּי׃ הוֹצִיאָה מִמַּסְגֵּר נ״א
נַפְשִׁי לְהוֹדוֹת אֶת־שְׁמֶךָ בִּי יַכְתִּרוּ צַדִּיקִים כִּי את־שמך

PSALM. CXLIII. Oratio, exprimens affectum & luctam animi, expectatione gratiæ Dei poenè fatiscentis, ejusque opem contra improborum persecutionem efflagitantis.

תִּגְמֹל עָלָי׃ קמג מִזְמוֹר לְדָוִד א נ״א
יְהוָה ׀ שְׁמַע תְּפִלָּתִי הַאֲזִינָה אֶל־תַּחֲנוּנַי בֶּאֱמֻנָתְךָ נ״י
עֲנֵנִי בְּצִדְקָתֶךָ׃ וְאַל־תָּבוֹא בְמִשְׁפָּט אֶת־עַבְדֶּךָ כִּי לֹא־ 2
יִצְדַּק לְפָנֶיךָ כָל־חָי׃ כִּי רָדַף אוֹיֵב ׀ נַפְשִׁי דִּכָּא 3 כי
לָאָרֶץ חַיָּתִי הוֹשִׁיבַנִי בְמַחֲשַׁכִּים כְּמֵתֵי עוֹלָם׃
וַתִּתְעַטֵּף עָלַי רוּחִי בְּתוֹכִי יִשְׁתּוֹמֵם לִבִּי׃ זָכַרְתִּי יָמִים ׀ 4 ה
מִקֶּדֶם הָגִיתִי בְכָל־פָּעֳלֶךָ בְּמַעֲשֵׂה יָדֶיךָ אֲשׂוֹחֵחַ׃ ב״א במעשת
פֵּרַשְׂתִּי יָדַי אֵלֶיךָ נַפְשִׁי ׀ כְּאֶרֶץ־עֲיֵפָה לְךָ סֶלָה׃ מַהֵר 6 7
עֲנֵנִי ׀ יְהוָה כָּלְתָה רוּחִי אַל־תַּסְתֵּר פָּנֶיךָ מִמֶּנִּי
וְנִמְשַׁלְתִּי עִם־יֹרְדֵי בוֹר׃ הַשְׁמִיעֵנִי בַבֹּקֶר ׀ חַסְדֶּךָ כִּי־ 8
קמץ בלא אס״ף בְךָ בָטָחְתִּי הוֹדִיעֵנִי דֶּרֶךְ־זוּ אֵלֵךְ כִּי־אֵלֶיךָ נָשָׂאתִי
נ״א כסתי נַפְשִׁי׃ הַצִּילֵנִי מֵאֹיְבַי ׀ יְהוָה אֵלֶיךָ כִסִּתִי׃ לַמְּדֵנִי ׀ 9 י
ב״א לעשות קמץ בלא א״סף לַעֲשׂוֹת רְצוֹנֶךָ כִּי־אַתָּה אֱלוֹהָי רוּחֲךָ טוֹבָה תַּנְחֵנִי
נ״א תחייני בְּאֶרֶץ מִישׁוֹר׃ לְמַעַן־שִׁמְךָ יְהוָה תְּחַיֵּנִי בְּצִדְקָתְךָ ׀ 11
קמץ בלא א״כף תּוֹצִיא מִצָּרָה נַפְשִׁי׃ וּבְחַסְדְּךָ תַּצְמִית אֹיְבָי וְהַאֲבַדְתָּ 12
כָּל־צֹרְרֵי נַפְשִׁי כִּי אֲנִי עַבְדֶּךָ׃ קמד לְדָוִד ׀ א

PSALM. CXLIV. Gratias agit Deo, cujus auxilio hostes bello superaverat: ejusque curæ ac providentiæ, & sese, & populum suum, commendat.

בָּרוּךְ יְהוָה ׀ צוּרִי הַמְלַמֵּד יָדַי לַקְרָב אֶצְבְּעוֹתַי
לַמִּלְחָמָה׃ חַסְדִּי וּמְצוּדָתִי מִשְׂגַּבִּי וּמְפַלְטִי לִי מָגִנִּי 2 נ״א בלא מקף
וּבוֹ חָסִיתִי הָרוֹדֵד עַמִּי תַחְתָּי׃ יְהוָה מָה־אָדָם וַתֵּדָעֵהוּ 3
בֶּן־אֱנוֹשׁ וַתְּחַשְּׁבֵהוּ׃ אָדָם לַהֶבֶל דָּמָה יָמָיו כְּצֵל עוֹבֵר׃ 4
יְהוָה הַט־שָׁמֶיךָ וְתֵרֵד גַּע בֶּהָרִים וְיֶעֱשָׁנוּ׃ בְּרוֹק בָּרָק ה 6
וּתְפִיצֵם שְׁלַח חִצֶּיךָ וּתְהֻמֵּם׃ שְׁלַח יָדֶיךָ מִמָּרוֹם פְּצֵנִי 7
ב״א בני וְהַצִּילֵנִי מִמַּיִם רַבִּים מִיַּד בְּנֵי נֵכָר׃ אֲשֶׁר פִּיהֶם דִּבֶּר־שָׁוְא 8
נ״א בנבל וִימִינָם יְמִין שָׁקֶר׃ אֱלֹהִים שִׁיר חָדָשׁ אָשִׁירָה לָּךְ בְּנֵבֶל 9
נ״א הנותן בנ״א פצני עָשׂוֹר אֲזַמְּרָה־לָּךְ׃ הַנּוֹתֵן תְּשׁוּעָה לַמְּלָכִים הַפּוֹצֶה י
אֶת־דָּוִד עַבְדּוֹ מֵחֶרֶב רָעָה׃ פְּצֵנִי וְהַצִּילֵנִי מִיַּד בְּנֵי־נֵכָר 11
אֲשֶׁר פִּיהֶם דִּבֶּר־שָׁוְא וִימִינָם יְמִין שָׁקֶר׃ אֲשֶׁר בָּנֵינוּ ׀ 12
כִּנְטִעִים מְגֻדָּלִים בִּנְעוּרֵיהֶם בְּנוֹתֵינוּ כְזָוִיֹּת מְחֻטָּבוֹת

תבנית

יג תַּבְנִית הֵיכָל : מְזָוֵינוּ מְלֵאִים מְפִיקִים מִזַּן אֶל זַן צֹאונֵנוּ בנ'אזן

14 מַאֲלִיפוֹת מְרֻבָּבוֹת בְּחוּצֹתֵינוּ : אַלּוּפֵינוּ מְסֻבָּלִים אֵין

טו פֶּרֶץ וְאֵין יוֹצֵאת וְאֵין צְוָחָה בִּרְחֹבֹתֵינוּ : אַשְׁרֵי הָעָם

שֶׁכָּכָה לּוֹ אַשְׁרֵי הָעָם שֶׁיְהוָֹה אֱלֹהָיו : קמה ב'א שככה

PS. CXLV. Gloria & Regnum Dei per universam terram, jam sese diffundens, celebratur ejusque misericordia & gratia multis exponitur.

א תְּהִלָּה לְדָוִד אֲרוֹמִמְךָ אֱלוֹהַי הַמֶּלֶךְ וַאֲבָרְכָה נ'א אואיך

2 שִׁמְךָ לְעוֹלָם וָעֶד : בְּכָל יוֹם אֲבָרְכֶךָּ וַאֲהַלְלָה נ"א לעולם

3 שִׁמְךָ לְעוֹלָם וָעֶד : גָּדוֹל יְהוָֹה וּמְהֻלָּל מְאֹד וְלִגְדֻלָּתוֹ נ"א ובגבורתיך

4 אֵין חֵקֶר : דּוֹר לְדוֹר יְשַׁבַּח מַעֲשֶׂיךָ וּגְבוּרֹתֶיךָ יַגִּידוּ נ'א וגבו'

6 הֲדַר כְּבוֹד הוֹדֶךָ וְדִבְרֵי נִפְלְאֹתֶיךָ אָשִׂיחָה : וֶעֱזוּז ונ' גדולתך

7 נוֹרְאֹתֶיךָ יֹאמֵרוּ וּגְדֻלָּתְךָ אֲסַפְּרֶנָּה : זֵכֶר רַב טוּבְךָ נ"א זכר

8 יַבִּיעוּ וְצִדְקָתְךָ יְרַנֵּנוּ : חַנּוּן וְרַחוּם יְהוָֹה אֶרֶךְ אַפַּיִם נ"א

9 וּגְדָל חָסֶד : טוֹב יְהוָֹה לַכֹּל וְרַחֲמָיו עַל כָּל מַעֲשָׂיו : יתיר ו'

11 יוֹדוּךָ יְהוָֹה כָּל מַעֲשֶׂיךָ וַחֲסִידֶיךָ יְבָרְכוּכָה : כְּבוֹד

12 מַלְכוּתְךָ יֹאמֵרוּ וּגְבוּרָתְךָ יְדַבֵּרוּ : לְהוֹדִיעַ לִבְנֵי הָאָדָם

13 גְּבוּרֹתָיו וּכְבוֹד הֲדַר מַלְכוּתוֹ : מַלְכוּתְךָ מַלְכוּת כָּל

14 עֹלָמִים וּמֶמְשַׁלְתְּךָ בְּכָל דּוֹר וָדֹר : סוֹמֵךְ יְהוָֹה לְכָל

טו הַנֹּפְלִים וְזוֹקֵף לְכָל הַכְּפוּפִים : עֵינֵי כֹל אֵלֶיךָ יְשַׂבֵּרוּ נ'א עיני

16 וְאַתָּה נוֹתֵן לָהֶם אֶת אָכְלָם בְּעִתּוֹ : פּוֹתֵחַ אֶת יָדֶךָ

17 וּמַשְׂבִּיעַ לְכָל חַי רָצוֹן : צַדִּיק יְהוָֹה בְּכָל דְּרָכָיו וְחָסִיד

18 בְּכָל מַעֲשָׂיו : קָרוֹב יְהוָֹה לְכָל קֹרְאָיו לְכָל אֲשֶׁר עטי'אשר

19 יִקְרָאֻהוּ בֶאֱמֶת : רְצוֹן יְרֵאָיו יַעֲשֶׂה וְאֶת שַׁוְעָתָם יִשְׁמַע

כ וְיוֹשִׁיעֵם : שׁוֹמֵר יְהוָֹה אֶת כָּל אֹהֲבָיו וְאֵת כָּל בנ'א יהוה

21 הָרְשָׁעִים יַשְׁמִיד : תְּהִלַּת יְהוָֹה יְדַבֶּר פִּי וִיבָרֵךְ כָּל נ'א לא מקף נ'א תהלת

בָּשָׂר שֵׁם קָדְשׁוֹ לְעוֹלָם וָעֶד : קמו נ'א

2 א הַלְלוּ יָהּ הַלְלִי נַפְשִׁי אֶת יְהוָֹה : אֲהַלְלָה יְהוָֹה בְּחַיָּי הללויה

PSALMUS CXLVI.

3 אֲזַמְּרָה לֵאלֹהַי בְּעוֹדִי : אַל תִּבְטְחוּ בִנְדִיבִים בְּבֶן אָדָם עטו' שאין

Prædicat justitiam & misericordiam Dei, ejusque regnum eum

4 שֶׁאֵין לוֹ תְשׁוּעָה : תֵּצֵא רוּחוֹ יָשֻׁב לְאַדְמָתוֹ בַּיּוֹם הַהוּא נ'א אי

ה אָבְדוּ עֶשְׁתֹּנֹתָיו : אַשְׁרֵי שֶׁאֵל יַעֲקֹב בְּעֶזְרוֹ שִׂבְרוֹ עַל אשרין עמו יעקב

יְהוָֹה

principatu hominum componit.

6 יְהוָה אֱלֹהָיו׃ עֹשֶׂה ׀ שָׁמַיִם וָאָרֶץ אֶת־הַיָּם וְאֶת־כָּל־ (נ"א שמים) (בנ"א יהוה)
7 אֲשֶׁר־בָּם הַשֹּׁמֵר אֱמֶת לְעוֹלָם׃ עֹשֶׂה מִשְׁפָּט
8 לָעֲשׁוּקִים נֹתֵן לֶחֶם לָרְעֵבִים יְהוָה מַתִּיר אֲסוּרִים׃ יְהוָה (ג"א השמר)
פֹּקֵחַ עִוְרִים יְהוָה זֹקֵף כְּפוּפִים יְהוָה אֹהֵב צַדִּיקִים׃ (בנ"א אהב)
9 יְהוָה ׀ שֹׁמֵר אֶת־גֵּרִים יָתוֹם וְאַלְמָנָה יְעוֹדֵד וְדֶרֶךְ
רְשָׁעִים יְעַוֵּת׃ יִמְלֹךְ יְהוָה ׀ לְעוֹלָם אֱלֹהַיִךְ צִיּוֹן לְדֹר וָדֹר י
הַלְלוּ־יָהּ׃ קמז הַלְלוּ יָהּ ׀ כִּי־טוֹב זַמְּרָה אֱלֹהֵינוּ כִּי־ א
2 נָעִים נָאוָה תְהִלָּה׃ בּוֹנֵה יְרוּשָׁלַםִ יְהוָה נִדְחֵי יִשְׂרָאֵל
3 4 יְכַנֵּס׃ הָרֹפֵא לִשְׁבוּרֵי לֵב וּמְחַבֵּשׁ לְעַצְּבוֹתָם׃ מוֹנֶה
ה מִסְפָּר לַכּוֹכָבִים לְכֻלָּם שֵׁמוֹת יִקְרָא׃ גָּדוֹל אֲדוֹנֵינוּ וְרַב־ (נ"א אדונינו)
6 כֹּחַ לִתְבוּנָתוֹ אֵין מִסְפָּר׃ מְעוֹדֵד עֲנָוִים יְהוָה מַשְׁפִּיל (נ"א פיל)
7 רְשָׁעִים עֲדֵי־אָרֶץ׃ עֱנוּ לַיהוָה בְּתוֹדָה זַמְּרוּ לֵאלֹהֵינוּ
8 בְכִנּוֹר׃ הַמְכַסֶּה שָׁמַיִם ׀ בְּעָבִים הַמֵּכִין לָאָרֶץ מָטָר (נ"א בכנור)
9 הַמַּצְמִיחַ הָרִים חָצִיר׃ נוֹתֵן לִבְהֵמָה לַחְמָהּ לִבְנֵי עֹרֵב
אֲשֶׁר יִקְרָאוּ׃ לֹא בִגְבוּרַת הַסּוּס יֶחְפָּץ לֹא־בְשׁוֹקֵי הָאִישׁ י (בנ"א לא־)
11 יִרְצֶה׃ רוֹצֶה יְהוָה אֶת־יְרֵאָיו אֶת־הַמְיַחֲלִים לְחַסְדּוֹ׃ (בנ"א את־)
12 13 שַׁבְּחִי יְרוּשָׁלַםִ אֶת־יְהוָה הַלְלִי אֱלֹהַיִךְ צִיּוֹן׃ כִּי־חִזַּק (ב"א ירושלם)
14 בְּרִיחֵי שְׁעָרָיִךְ בֵּרַךְ בָּנַיִךְ בְּקִרְבֵּךְ׃ הַשָּׂם־גְּבוּלֵךְ שָׁלוֹם (ב"נ השם־)
טו חֵלֶב חִטִּים יַשְׂבִּיעֵךְ׃ הַשֹּׁלֵחַ אִמְרָתוֹ אָרֶץ עַד־מְהֵרָה
16 17 יָרוּץ דְּבָרוֹ׃ הַנֹּתֵן שֶׁלֶג כַּצָּמֶר כְּפוֹר כָּאֵפֶר יְפַזֵּר׃ מַשְׁלִיךְ (ג"א כאפר)
18 קַרְחוֹ כְפִתִּים לִפְנֵי קָרָתוֹ מִי יַעֲמֹד׃ יִשְׁלַח דְּבָרוֹ וְיַמְסֵם (בנ"א קרחו)
19 יַשֵּׁב רוּחוֹ יִזְּלוּ־מָיִם׃ מַגִּיד דְּבָרָו לְיַעֲקֹב חֻקָּיו וּמִשְׁפָּטָיו (דבריו קרי)
לְיִשְׂרָאֵל׃ לֹא עָשָׂה כֵן ׀ לְכָל־גּוֹי וּמִשְׁפָּטִים בַּל־יְדָעוּם א
ב הַלְלוּ־יָהּ׃ קמח הַלְלוּ יָהּ ׀ הַלְלוּ אֶת־יְהוָה מִן־ (עט' הלוהו)
2 הַשָּׁמַיִם הַלְלוּהוּ בַּמְּרוֹמִים׃ הַלְלוּהוּ כָל־מַלְאָכָיו (פתח באתנח)
3 הַלְלוּהוּ כָל־צְבָאָו׃ הַלְלוּהוּ שֶׁמֶשׁ וְיָרֵחַ הַלְלוּהוּ כָּל־ (צבאיו קרי)
4 כּוֹכְבֵי אוֹר׃ הַלְלוּהוּ שְׁמֵי הַשָּׁמָיִם וְהַמַּיִם אֲשֶׁר ׀ מֵעַל
ה הַשָּׁמָיִם׃ יְהַלְלוּ אֶת־שֵׁם יְהוָה כִּי הוּא צִוָּה וְנִבְרָאוּ׃

ויעמידם

PSALMUS CXLVII. Ad laudes Dei fideles excitantur: ejusque rei argumenta proponuntur, reductio Israëlis in fines patrios, ejus benignitas singularis erga hanc gentem, atque alia providentiæ opera.

PSALMUS CXLVIII. Omnes creaturas, summas, imas, ipsasque res inanimes, ad prædicandas Dei laudes, exhortatur.

ז 6 וַיַּעֲמִידֵם לָעַד לְעוֹלָם חָק־נָתַן וְלֹא יַעֲבוֹר׃ הַלְלוּ אֶת־
8 יְהוָה מִן־הָאָרֶץ תַּנִּינִים וְכָל־תְּהֹמוֹת׃ אֵשׁ וּבָרָד שֶׁלֶג
9 וְקִיטוֹר רוּחַ סְעָרָה עֹשָׂה דְבָרוֹ׃ הֶהָרִים וְכָל־גְּבָעוֹת עֵץ
י פְּרִי וְכָל־אֲרָזִים׃ הַחַיָּה וְכָל־בְּהֵמָה רֶמֶשׂ וְצִפּוֹר כָּנָף׃
11 מַלְכֵי־אֶרֶץ וְכָל־לְאֻמִּים שָׂרִים וְכָל־שֹׁפְטֵי אָרֶץ׃
13 12 בַּחוּרִים וְגַם־בְּתוּלֹת זְקֵנִים עִם־נְעָרִים׃ יְהַלְלוּ אֶת־
נ"א נשגב שֵׁם יְהוָה כִּי־נִשְׂגָּב שְׁמוֹ לְבַדּוֹ הוֹדוֹ עַל־אֶרֶץ וְשָׁמָיִם׃
נ"א תהלת בנ"א לכל־ 14 וַיָּרֶם קֶרֶן ׀ לְעַמּוֹ תְּהִלָּה לְכָל־חֲסִידָיו לִבְנֵי יִשְׂרָאֵל
נ"א הללויה א עַם קְרֹבוֹ הַלְלוּ־יָהּ׃ קמט הַלְלוּ יָהּ ׀ שִׁירוּ
2 לַיהוָה שִׁיר חָדָשׁ תְּהִלָּתוֹ בִּקְהַל חֲסִידִים׃ יִשְׂמַח
נ"א בני 3 יִשְׂרָאֵל בְּעֹשָׂיו בְּנֵי־צִיּוֹן יָגִילוּ בְמַלְכָּם׃ יְהַלְלוּ שְׁמוֹ
4 בְמָחוֹל בְּתֹף וְכִנּוֹר יְזַמְּרוּ־לוֹ׃ כִּי־רוֹצֶה יְהוָה
ה בְּעַמּוֹ יְפָאֵר עֲנָוִים בִּישׁוּעָה׃ יַעְלְזוּ חֲסִידִים
6 בְּכָבוֹד יְרַנְּנוּ עַל־מִשְׁכְּבוֹתָם׃ רוֹמְמוֹת אֵל
ז בִּגְרוֹנָם וְחֶרֶב פִּיפִיּוֹת בְּיָדָם׃ לַעֲשׂוֹת נְקָמָה בַּגּוֹיִם נ"א נקמת
8 תּוֹכֵחוֹת בַּלְאֻמִּים׃ לֶאְסֹר מַלְכֵיהֶם בְּזִקִּים
9 וְנִכְבְּדֵיהֶם בְּכַבְלֵי בַרְזֶל׃ לַעֲשׂוֹת בָּהֶם ׀ מִשְׁפָּט כָּתוּב נ"א לא פסיק
הָדָר הוּא לְכָל־חֲסִידָיו הַלְלוּ־יָהּ׃
קנ
נ"א הללויה א הַלְלוּ יָהּ ׀ הַלְלוּ־אֵל בְּקָדְשׁוֹ הַלְלוּהוּ בִּרְקִיעַ
3 2 עֻזּוֹ׃ הַלְלוּהוּ בִגְבוּרֹתָיו הַלְלוּהוּ כְּרֹב גֻּדְלוֹ׃ הַלְלוּהוּ
4 בְּתֵקַע שׁוֹפָר הַלְלוּהוּ בְּנֵבֶל וְכִנּוֹר׃ הַלְלוּהוּ בְתֹף
נ"א בצ" ה וּמָחוֹל הַלְלוּהוּ בְּמִנִּים וְעוּגָב׃ הַלְלוּהוּ בְצִלְצְלֵי־שָׁמַע
נ"א הללויה 6 הַלְלוּהוּ בְּצִלְצְלֵי תְרוּעָה׃ כֹּל הַנְּשָׁמָה תְּהַלֵּל יָהּ
הַלְלוּ־יָהּ׃ * חזק

PSALMUS CXLIX. Zion lætari & exultare jubetur in Deo Rege ac Liberatore suo.

PSAL. CL. Hoc hymno Psalmorum liber clauditur, singulisque propemodum verbis omnes ad laudes Dei dicendas excitantur.

* Sis fortis.

†סכום פסוקי דספר תהלים אלפים וחמש מאות ועשרים ושבעה. וסימנו ״
אהבתי מעון ביתך ומקום משכן כבודך׃ ‡ וחציו ויפתוהו בפיהם׃
** וסדריו תשעה עשר. וסימנו המשביע בטוב עדיך׃

† Summa Versuum libri Psalmorum est 2527. Cujus numeri symbolum est א״ בוך״, vel Aliis, Psal. 26: 8. Domine, diligo tabernaculum domus tuæ & locum habitationis gloriæ tuæ: ubi literæ אבתי עון ביתך קו שכ numericè efficiunt 2527.

‡ Et medius ejus (libri) versus est Ps. 78: 36. Et (vel sed) blandiebantur ei ore suo.

Sectiones vero ipsius Masorethicæ sunt XIX; earumque signum memoriale est Ps. 103: 5. *Qui satiat bono* בטוב *desiderium (vel os) tuum.*

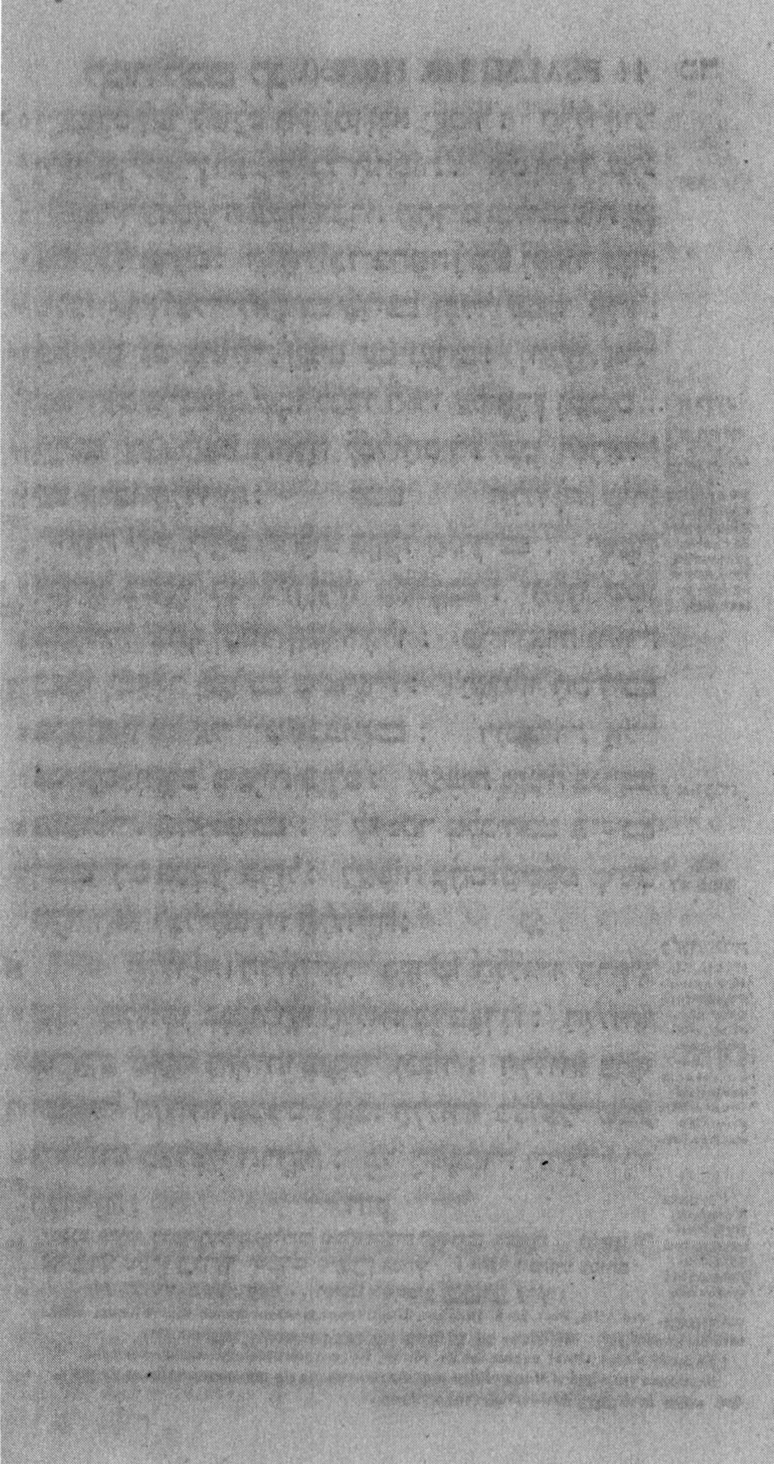